本书为北方民族大学高层次人才引进科研启动项目（31519040299）成果

北方民族大学文库

视听媒体传播新论

冶进海◎著

A New View
on Audio-Visual Media
Communication

中国社会科学出版社

图书在版编目（CIP）数据

视听媒体传播新论/冶进海著.—北京：中国社会科学出版社，2019.12（2021.8 重印）

ISBN 978-7-5203-5738-8

Ⅰ.①视… Ⅱ.①冶… Ⅲ.①试听传播—研究 Ⅳ.①G206.2

中国版本图书馆 CIP 数据核字（2019）第 270044 号

出 版 人	赵剑英
责任编辑	郭晓鸿
特约编辑	宗彦辉
责任校对	李　剑
责任印制	戴　宽

出　　版	中国社会科学出版社
社　　址	北京鼓楼西大街甲 158 号
邮　　编	100720
网　　址	http://www.csspw.cn
发 行 部	010-84083685
门 市 部	010-84029450
经　　销	新华书店及其他书店
印　　刷	北京明恒达印务有限公司
装　　订	廊坊市广阳区广增装订厂
版　　次	2019 年 12 月第 1 版
印　　次	2021 年 8 月第 2 次印刷
开　　本	710×1000　1/16
印　　张	17.5
插　　页	2
字　　数	268 千字
定　　价	96.00 元

凡购买中国社会科学出版社图书，如有质量问题请与本社营销中心联系调换

电话：010-84083683

版权所有　侵权必究

序　　言

　　传播是信息与信息之间的交流。无名天地之始，有名万物之母，从根本上讲，人类诞生之初的微生物与微生物之间相互结合是一种信息交流，构成物质的分子、原子、质子、中子等粒子间高速运动也是一种信息交流，动植物之间如牛羊要吃草时也会进行信息的交流，牛羊嗅嗅草的味道，草会做出反应，一种看不见摸不着听不见的信息在秘密地传递并产生反应。现代意义上的传播通常是个体层面和组织层面的传播，一个人生产的信息传播给大多数人，或者一个组织机构生产的信息传播给大多数人，传播的内容还是信息，不管是政治的、经济的、文化的，不管用的是什么传播媒介和传播手段，都是一种信息的传递。某种意义上，信息的流动构成了这个世界的多姿多彩。

　　时至今日，人类进入了视听媒体新时代，媒介革新和融合的结果，就是技术门槛不断降低，传统媒体逐渐消亡，新媒介平台不断激活着每一位个体的传播潜能，视频数量前所未有地繁盛并进行裂变式增长。可以预期，未来的传播是在视听传播基础上的视频互联、同步共享乃至人机一体化的智能化传播，植入随时可以通过人体每个人设备、外联设备来观看乃至触摸、感知世间万物、大千百态。视听媒体作为一种新型的快速增长的媒体，会使人类真正进入福柯所说的全景敞开式监狱状态中？这时候，传播信息源会从哪儿来？谁是受众，谁又是传者？通过哪些渠道传播？并以什么方式传播？一种全新的媒介和传播方式将会导致一种新文明的产生，视听媒体的极大繁荣会相应改变传播伦理规则乃至引发时空嬗变激发有关人类生存、科技伦理、价值重估等议题的讨论。

　　视频跟文字、图片和语音手段一样是人类历史的记录符号。不过视频因其声画合一并直观生动更容易被人类理解和接受，同时综合了前面几种记录的手段。视听媒体的极大繁盛，在于对视频这一技术手段更符合人类的记录和传播方式。可以说，视听媒体发展到今天的地步，是技术手段支持下人类文明进化的一种需求，会呈现出迥异于以往的传播形态、特征、方式与价值，不断地改变人类的生存方式和时空观念，带动视听信息的空前繁荣与人类文明的进一步升级。当然，大数据基础上的视听媒体在智能算法推荐下，有时会根据受众偏好形成一种信息闭合，造成信息短视、信息迷雾乃至信息茧房包裹起来的回音壁效应。同时，也会因为视频的内容来源、传播速度、技术规则等，引发一些难以解决的传播伦理价值问题。

不管如何，未来媒体的革新进化，将进入一个以多屏（全息方式的无屏等）为常态，一体化、精巧化、移动化、平台化、智能化、艺术化为主要特征的视听媒体高度发达的时代，人性化是其根本特征，从传播主体、内容生成、制作运营乃至对信息的主动选择等环节，全程以高科技为支撑，以满足人的需求为发展方向。纵有千古，横有八荒，视听媒体不断拓展、延伸、叠加、置换着时空维度。就当下来看，以报纸、广播、电视等为代表的传统媒体不断式微，以视频直播为基础的新的视听媒体创新求变，充满想象。和所有的信息流通的传播环节一样，当下视听媒体的传播由传播主体、信息内容、媒介渠道、运营扩散、受众反应等众多环节构成。概括而言，以视听媒体的传播主体为着眼点，以人类面临的媒介生态环境即受众被电子屏幕包围和裹挟的多屏媒介现状出发，从传统电视遭遇到的巨大冲击和媒介融合切入，提出后电视时代在大数据分析基础上加快视听媒体的开放平台建设、植入互联网基因、走产业化道路、多渠道占有受众等发展方向，是值得深入研究的一个课题。在此基础上，应该看到媒介技术变革对传播和承受主体在行为习惯、存在状态、思维模式、时空观念、价值体验等方面带来的巨大变化，由此可以对多屏时代的视听媒体的特征做出以下概括：传播主体的不确定与广泛化、视听媒体内容形态的多元化和分众化、内容来源的多样化、盈利模式的丰富化、传播渠道（终端）的无所不在、开放式传播与更高的全程互动性等。另外需要认识到的是，视听媒体智能化的功能演化与场域重构，首先是大数据基础上的智脑芯片、可穿戴技术等带来的人机一体化，其次是智能传感等技术发展促使人会随时与万物信息相连，逐渐感触万物、空气、能量等；最终人脑与人脑相连，读懂对方想法与记忆；人脑与万物相连，感知万物生存的状态。人就成为信息的一部分，虚假时空中的 ID 账号在媒介平台上升级迭代，成为智能体。应当说，人脑科学是智媒发展的根本所向。随着科学和技术的发展，人类用脑率不断提高，智媒不断跟大脑一起自我进化、自动相连，并不断爆发出来，想法所至，相关信息快速呈现而且能自我辨别。这种状态下，每个细胞之间相互对话，互相交换信息，细胞聚集起来形成一个巨大的交流网络，再转而形成物质。只有时间是度量单位。

当然，随着媒介形态的泛化，如格伯纳涵化理论所述那样，媒介的重度使用者会根据自己的偏好对世界形成一种认知偏见，信息过载导致的"信息疲劳""信息迷雾""信息茧房"等现状使传播环境更加复杂多样。在这样一个变局横生的传播环境中，针对不同的视听媒介、各异的视听内容、个性化的视听受众，需要在大数据分析基础上实施不同的传播策略。这是一个技术问题，也是一个理念问题。就当下视听媒体领域来看，随着大数据时代的到来，媒介生态会从内容生产模式、盈利模式、运作体系等方面发生巨大的变化，传统电视、IPTV、互联网电视、视频网站、短视频平台、视频直播平台、手机电视、电影传媒等面临新的竞争态势，如何利用大数据进行生产、制作、运营，针对不同媒介渠道生产适合用户的视听产品，从内容之争、渠道之争转向数据之争、智能之争，同时考虑其中的人际信息、关系发展、关系维持、传媒效果等，是视听媒体需要提前布局的重心。另外，大数据时代具有数据海量化、搜集和处理数据能力规模化等特点，视听媒体利用大数据就得整合各类视听数据，细化相关受众，建立自己的用户群组，让数据"发声"，分享多源数据等，进而搭建受众所需的视听平台、与受众互动，集中优势打造精品节目或提供渠道方式激发每个平台用户的创造力量，推出个性化视听服务，根据用户需求去生产相关的视听产品等，以此让用户获得具有巨大价值的信息产品和服务，包括大数据基础上的深刻洞见与未来预测，来满足不同层面的信息需求。

具有公共属性和商品属性的视听媒体在当下传播过程中想办法做强做大，以便在网络世界中占据一席之地。一般而言，媒体发展中有着实体扩张的价值、保护版权的价值、建立品牌的价值、合作共赢的价值、形成产业链的价值等，而这些商业属性的挖掘，需要资本运作和媒体的产业化。在保护公共利益的基础上，如何探析当下视听媒体并购发展趋向及特征，找到更为合适的运作方式？目前，国内传媒业资本纵横捭阖的局面已经开始，并呈现出资本作用下视听媒体本土化、差异化竞争明显、对技术发展充满前瞻性判断、跨媒介经营形态不断增强等特点，视听媒体机构在资本并购中避免各种问题与风险，就需要整体上对发展状态有一个了解和掌握，并洞悉未来发展的趋势和价值趋向，才能打造出生态型智能化的媒介平台。

最后需要指出的是，从信息接收视角而言，作为视听信息接收终端的媒介，在利用大数据过程中，其发展呈现出移动化、人性化、智能化、一体化等特点，这也是媒介技术发展不断贴近人性的过程，在此过程中人类想象力不断扩张，信息主动选择与运用信息提升生活品质和个人价值的能力逐渐增长。可以看到，未来视听媒体具有多方综合功能、多元动态智能、直播将进入常态化等特征；与此同时，运用大数据对受众进行精细化分析发现，视听信息过载对受众造成巨大冲击，多元化、圈子化和碎片化特征明显，再加上受众对世界的认知深受"我们头脑中的图像"影响，以及被视听媒体所传播的"拟态环境"所浸染的事实，时空观念逐渐嬗变，浮尘效应逐步显现，在这样的环境中受众如何提升媒介素养，彰显自我价值，在生态型媒介平台上实现ID不朽，智能体发展，同时又不被信息时代"异化"与"物化"，被技术力量所裹挟，须成为业界和学界继续探讨的话题。

目　　录

第一章　传播视域中的视听媒体 …………………………………（1）
- 第一节　视听媒体现状与可能 ………………………………（1）
- 第二节　视听媒体发展的意义与价值 ………………………（11）
- 第三节　视听媒体发展内容与概念界定 ……………………（16）

第二章　视听媒体的生态变局与发展趋向 ………………………（21）
- 第一节　传统电视与新视听媒体传播差异 …………………（21）
- 第二节　当下视听媒体生态的发展特征 ……………………（37）
- 第三节　新旧视听媒体融合发展的路径选择 ………………（55）

第三章　视听媒介变革中的信息传播策略 ………………………（74）
- 第一节　整合传播：视听媒体产业链的构建 ………………（74）
- 第二节　精准传播：碎片化与用户思维 ……………………（85）
- 第三节　品牌传播：媒介路径嬗变与增值效应 ……………（95）
- 第四节　社交化传播：传统电视的存在方式与发展策略 …（105）

第四章　愿景与重构：大数据背景下的视听内容生成 …………（112）
- 第一节　大数据时代与视听媒体受众细化 …………………（112）
- 第二节　大数据对视听媒体的深度影响 ……………………（127）
- 第三节　视听媒体发展的思维模式与价值生成 ……………（137）

第五章 合纵与连横：传媒资本运作历程与发展趋向 （150）
第一节 视听媒体的商品属性和价值特征 （150）
第二节 我国传媒资本运营发展历程及特点 （160）
第三节 国外传媒资本运作发展历程及特点 （174）
第四节 当下视听媒体资本运营发展趋向探析 （186）

第六章 未来视听媒介功能与受众价值 （202）
第一节 媒介补救与视听媒体未来发展趋向 （202）
第二节 视听媒体受众特征与个体呈现 （214）
第三节 大数据时代的受众需求与媒介控制 （229）
第四节 媒介智能化中的时空迷思 （243）

参考文献 （248）
后 记 （267）

第一章　传播视域中的视听媒体

第一节　视听媒体现状与可能

传播学是研究社会信息系统及其运行规律的学科。当代社会正在建立一个开放共享、多元共建、即时便捷的智能传播体系，媒介生态巨变促使大众传播机制有所调整与变革，以声画合一为主的即时、互动、个性、共享的视听媒体成为当下最为常见的一种媒介形态。视听媒体目前的构成状态、制作内容、运作模式、发展趋势及接收方式等要素，决定着未来的媒介生成模式和价值走向。

一　发展背景简述

互联网改变了人类信息的传播景观，在此基础上的各种新媒介给长期占据"霸主"地位的传统电视、报纸、广播等传统媒体迎头痛击。只要是传统媒体的工作人员，都会对当下传统电视断崖式跌落有切肤之痛，也明确意识到传统电视在抢占新的渠道、打造新的视听媒体时存在的种种困境，还手乏力乃至节节败退、退无可退。或许再接下来的一代，根本不知道电视台为何方组织，报纸为何物，但传统媒体毕竟存在过，辉煌过，又面临着痛苦的革新，让一代人不得不承认这是一个壮美的落幕，也是一个恢宏的开启。

媒介技术变革最明显的变化是传播信息门槛降低、大众全面参与、每一位个体的传播力量被激活、传送和接收终端实现随时随地、各种数据会被充分利用、媒介越来越追求人性化和智能化。媒介技术革新的直接结果，就是网络和数字技术的裂变式发展，促使当下媒介生态、传播形态、机制、方式的急剧变化，使即时互动、多渠道传播的媒介如视频网站、短视频平台、直播平台、手机电视、IPTV、网络广播影视、微信微博视频等新视听媒体勃然兴起，覆盖范围和影响力超乎想象，从而把以单向传播为主的传统电视推到了风口浪尖，面临生死变局。每一个受众也是一个传者，社交化传播激活了每一个个体的力量和自我存在与表现的可能。在以互联网、各种局域网络、有线传输、卫星传输等为传输渠道的多屏时代，组合成一个由随时随地可见的多屏幕组成的信息互通、人机互动、内容共享的媒介环境。未来各种屏幕甚至三维全息屏幕①将挤占人们生活的时空。只要视觉所及，不论在家、电梯、办公室还是在大街小巷、荒漠高山或大江大河边，都能看到各种电子屏幕或者以全息投影等形式建立起来的大大小小的屏幕环境，以及由此进行的各种相关的信息处理。以互联网为基础的新视听媒体具有传统电视无法企及的许多优势，新视听媒体风云迭起、开疆拓土、不断自我超越，而力图转型升级的传统电视曾经具有的传播地位一去不复返不说，在逐渐边缘化过程中还面临更多危机，促使"传播方式将由以播出机构为主导的'广播'式传播为主，变为以用户为主导的'选看'式传播为主，用户的个性化需求将得到充分释放"②。尽管传统媒体探索出诸如"坦帕新闻中心"等媒介融合产品，推出了《雪崩》等融合新闻作品，影响力很大，但技术的发展已经让传统媒体面目全非，孕育出的新产品吞噬着原有的母体。未来的媒体绝大多数是视听媒体，传统电视只能是其中一小部分，传播影响力还有市场占有率会不断被瓜分、萎缩。

"新媒体不仅改变了电视的节目内容，分化了传统意义上的观众，更是从根本上改变了电视的性质与内涵"③。电视不再是线性传播视听内容的载体，

---

① 全息投影技术也称虚拟成像技术，是利用干涉和衍射原理记录并再现物体真实的三维图像的技术。
② 袁正领：《传统电视媒体如何进行战略转型》，《光明日报》2014年7月19日第10版。
③ 余志为：《电视会消亡吗?》，《现代传播》2012年第9期。

而会成为具有综合功能的电子屏幕,客厅里的一件摆设品。"目前,媒介变革有两个最显著的特征:一是各种媒介的相互融合与渗透;二是不断涌现各种新的媒介,即媒介的融合与裂变。"①在以互联网为基础的媒介技术推动下,媒介改变了人们的收视习惯,生活习惯乃至思维模式和社会结构,就像法国著名学者、政治家与资深传媒人让-诺埃尔·让纳内所认为的那样引发了"新的集体交流模式",让传统的社会结构几乎颠覆式改变,"引发了政治权力、国际关系、市场体制、资本运营、组织结构、公民社会、生产方式、工作模式和交往方式等几乎人类社会所有领域的深刻变革"②。任何组织和个人在这样一个大的技术主导的文明变革中,不得不顺应这样一个发展的趋势。对传统媒体人来说,"媒体融合背景下,两个重要概念发生了变化:一是'广播电视'向'视听媒体'的转变;二是'受众'向'用户'的转变"③。通俗一点说,过去传统媒体信息是货郎挑来的货物,只有两担子的有限的货物供挑选,消费者还要等着货郎准时到来,现在不一样了,媒体数量迅速增多、传播速度即时到达、信息海量爆炸,每个消费者随时随地可以走进信息"超市"里自选产品,货郎的生意自然近乎无人光顾。"视听新媒体格局即将形成。"④ 如何以互联网为基础强化传播的即时、移动、社交等特点,如何在大数据时代利用云计算等新技术实现传播元素的更新,如何加快市场资本运作和用户培育,是传统电视亟须解决的问题,也是融合发展的难点和痛点。

当下学界讨论的视听新媒体已经发展定型壮大,成为主流媒体之一。当下视听媒体发展格局是传统广播影视与新的视听媒体,如视频网站、手机移动电视、短视频平台、IPTV、微博视听信息、微信互联电视、移动公交电视、楼宇电视、户外视频、腕表视频等集合在一起,相互交融又各展身手。这些视听媒体在不同的渠道中覆盖相当数量的受众。当然,当下媒介生态中,传统电视依然具有非常强大的影响力,但技术方面有难以跨越的桎梏,运行机

---

① 崔保国:《技术创新与媒介变革》,《当代传播》1999 年第 6 期。
② 刘卫东、荣荣:《网络时代的媒介权力结构与社会利益变迁——以当代中国社会意识形态为视角》,《新闻与传播研究》2012 年第 2 期。
③ 高宪春、解葳:《媒体融合背景下视听媒体创新途径再分析》,《电视研究》2014 年第 1 期。
④ 杨明品主编:《广电蓝皮书:中国广播电影电视发展报告》(2014),社会科学文献出版社 2014 年版,第 23 页。

制方面弊病多多，人才难以发挥其积极性，加上资本介入缓慢，制作播出成本相当昂贵等，受众群体、传播效果不如往昔，广告额已被网络广告超越。而不断诞生的新的视听媒体从传播环境、方式、形态、内容、手段上求变求新，影响力日渐增大。如何看待当下媒介生态条件下电视媒体的融合发展与创新变革，由此赢得更多受众认同，是一件值得深入探究的课题。当下传统电视工作者肯定对麦克卢汉"媒介即讯息"这句格言刻骨铭心，并懊恼不已。正如麦克卢汉所说，"现在，我们不得不理解和控制新技术，因为新技术的力量来得突然，总体冲击力太大"。① "电视依附的社会结构正在改变，这种改变，……其实蕴含着更大的前提：电视如何面对正在被互联网改变的社会结构。"② 也就是说，视听新媒体的发展不断在改变现有的人群组合结构、交往联系结构、生活方式结构，以及对人们在政治、经济、法律、文化等各领域的相互构成及相互关系造成一种毁灭性的冲击。传统电视媒体以往那种特意制作的、广而告之的、单向的、少数制作者对广大受众的、大水漫灌式的大众传播方式已经行不通了，取而代之的是即时快捷的、点对点的、双向的、互动的、基于大数据分析之后分类传播的、喷灌或滴灌式的新型传播，这种传播方式有效而便捷，准确而易操作，更适合人们随时随地针对性接收信息的愿望，是对传统传播方式的一种革命，也是一种人际交往、社会构成新方式的体现。

从媒介格局来看，作为一家媒体机构，传统电视的存活形态有着诸多不确定性，电视媒体有可能凭借政策的扶持，会获得再次发展的契机，可以合并、兼并、推出不同形态的新媒体，并凭借自身特殊的资源、政策优势等获得主动权，得到资本、品牌、推广、广告方面的支持，由此形成一个更加庞大的综合媒体；也有可能随着它影响力和舆论引导力的减弱，其他视听媒体的壮大，从此一蹶不振，沦为其他新视听媒体的材料提供商，甚至被新的视听媒体兼并，成为新视听媒体的一部分。

---

① [加] 马歇尔·麦克卢汉：《理解媒介——论人的延伸》，何道宽译，译林出版社2011年版，第446页。
② 黎斌：《电视融合变革——新媒体时代传统电视的转型之路》，中国国际广播出版社2011年版，第3页。

二 新旧视听媒体之间的变化

就视听媒体的制作方式而言，传统的小众精英式的制作模式将被更开放的大众参与的制作模式所取代，用户数据越来越重要。受众成为用户后留下更多的数据信息，利用大数据整理分析来进行视听节目内容的制作已成为发展的主要方向。在大数据时代，国内外视听媒体纷纷转向寻求数据盈利点，对自己掌握的用户数据进行切中肯綮的分析，以此希望通过给用户提供更多个性化的视听内容，来达到与用户的互动，从而实现相应的公共效益和经济效益。当然，视听媒体发展对编辑和制作人的思维方式、讲述方式、故事架构及表达方法、摄像与视频编辑等都会有巨大的影响。

从技术发展变革出发，随着大数据时代的到来，视听传媒格局会从思维模式、内容生产模式、盈利模式、运作模式等发生天翻地覆的变化，传统电视、视频网站、互联网电视、手机电视等已经成型的视听媒体依然将面临新的竞争态势，那么如何利用大数据进行生产、制作、运营，从内容之争、渠道之争转向数据之争，是视听媒体需要提前布局的重心。大数据来袭，视听媒体行业技术创新层出不穷，各种市场主体不断涌现，如何整合、处理各类视听数据，细化相关受众，建立自己的用户群组，从单一的文字形态向多手段、多媒介传播发展，分享多源数据并联合发展，建立自己的视听媒体产业链、不断完善用户互动体验等，已成为各家媒体追逐和发展的当下趋势。

从传播形态着眼，现在传统电视也好，视频网站、新视听媒体也罢，都在进行云平台、云终端的建设，巨大的信息量接收储存不成问题。而且在渠道传播过程中，随着媒介形态的增多，人们接收信息渠道不断扩大，信息自由流通也不成问题。问题是怎么赢得用户粘贴和保证用户稳定性活跃。这时候，接收和反馈系统的建设就需要花费很大的精力。如何建设入口级平台，与用户保持随时互动，让用户生成内容（UGC），成为视听媒体粘贴用户、创造相应盈利点的重中之重。"随着Twitter、Facebook、Line、微博、微信及应用软件App在各类智能终端设备工具的广泛应用，基于用户关系的各类信息分享、交易传播逐渐形成了数字新媒介平台"①，未来传媒生态会因信息过载而进入一个繁杂无序的时代，如何用新技术、新思维，将用户需求和体验并不干扰用户正常生活放到第一位，需要媒介运营者去深思熟虑。

另外，从受众需求来讲，媒介形态的多样化带来的是传播渠道的无限丰富，信息爆炸式的增长让受众不知不觉陷入"信息疲劳"当中。尽管用户体验越来越重要，可各种真假不定、良莠不齐的"信息迷雾"，使传播环境更加复杂多样。如何利用大数据分析采用有效的传播策略，对媒介形态进行有效整合，将各个媒介的长处发挥出来，并围绕同一信息主题制作不同的传播内容，深层挖掘媒介形态，有效提升传播价值，需要各大视听媒体制定有效的传播策略，通过相应传播介质传送有用信息到最精确的目标群体。如果传播过程中实际受众与目标受众基本契合，没有出现信息的浪费和无效投送，这就是良好的传播，是值得推广的策略。

视听媒体的信息传播，除了前面所说的内容生产与传播渠道有效之外，还有重要的一个环节，就是运营环节。视听媒体信息作为特殊的产品，既有公共性又有商品性，它的双重属性在日益市场化的过程中凸显。就产业发展来看，如何在保证公共利益的基础上，培育视听信息的市场，让市场更规模化，经营的信息产品更丰富，以及产业更发达，"蓝海"效应越来越大等，是摆在传媒机构面前最重要的议题。实际上，不管国内外媒体，从走向大众的那一刻起，其特有的公共属性要求确保公共价值行为，商品属性已经决定了它在激烈的市场竞争中要有一系列的市场行为。其实，媒体之间的兼并、联营行动在国内外的媒体发展中非常频繁。在这种白热化的竞争中，生存下来的往往是财力雄厚、制作内容受大众欢迎、资本运作能力强大的综合传媒公司；目前国内外传媒产业迎来一波又一波的投资浪潮，视听媒体机构如何作为独立运营的市场主体，进行相关的并购活动，就需要在大数据分析受众需求的前提下准确定位，多元发展，考虑到强大的市场风险，谨慎选择、大胆出击。"互动与个性化服务理念被引入新媒介经济运营中，导致大众传播机制

---

① 莫智勇：《数字传播媒介平台化与产业机制探析》，《现代传播》2015年第6期。

革新和传媒产业重构,促进媒介产业链和价值链重组"①。本书认为,视听媒体的发展壮大要考虑技术力量,抢占先机,投身于新技术领域,并加快打造即时化、社交化、全球化的网络平台,展现品牌的魅力,将资本的力量凸显出来,才能推动视听媒体的进一步发展。当然,以后的媒体将会以综合集团的形式存在,一个集团下面有视听媒体,也有文字媒体、广播媒体、手机媒体、网络媒体等不同组合,而平台建设可以让这些媒体集中到一个平台上,然后进行内容的整合与分批处理,在这个过程中,用户数据会显得尤为重要。另外,媒体集团的资本化运作将会使媒体集团越来越壮大,风险抵抗力不断增强,形成一种马太效应,正如"数字革命在它的深层核心,是与权力相关的"②。

作为视听媒体的接收主体,除了相应的智能终端外,人是最重要的接收主体。从符号传播到口语传播,从文字传播到印刷传播,从声像传播到互联网传播,媒介接收终端始终处于不断进化和演进之中。那么未来的智能终端将会演化成怎样的一种状况?就笔者看来,随着高速无线网络的覆盖,云计算技术的增强,随着身边的一块块屏幕被充分利用,智能交互式电视、可遥控洗衣机、声控电灯、自动化冰箱等,都让人们感受到未来的视听传播将融合更多的科技元素,是一种具有综合多元功能的动态智能传播系统,一种媒介不仅具有多种认知功能,还对过程的观察与捕捉跟结果一样显得重要,各种视听直播将越来越多,未来的视听媒体智能终端会成为全社会智慧结晶的产物,越来越呈现智能化、轻薄化、便携化、万能化等趋势。

三 从媒介生态学的角度着眼梳理

媒介生态学又称媒介环境学,是由麦克卢汉提出,波兹曼拓展而壮大的,名家辈出,非常注重媒介技术的发生、发展与可能,以及媒介环境及其变化

---

① 莫智勇:《数字传播媒介平台化与产业机制探析》,《现代传播》2015 年第 6 期。
② [美] 马克·斯劳卡:《大冲突:赛博空间和高科技对现实的威胁》,转引自陈韬文等编《与国际传播学大师对话》,中国人民大学出版社 2011 年版,第 343 页。

对社会系统产生的深远的影响。媒介可以作为感知环境、符号环境和社会环境来进行研究，主要观点如麦克卢汉不仅提出了"媒介即讯息"，同时认为媒介是人体的延伸。麦克卢汉之前的伊尼斯认为媒介有利于空间上延伸和时间上延续，并指出一切新媒介的长处，将导致一种新文明的产生。美国学者尼尔·波兹曼在其 1968 年的演讲中，提出将媒介生态作为环境来做研究，"媒介生态系统是一种动态的有机的和具有整体特征的运行规制，它以信息传授和媒介买卖为基点，把不同的人、媒介及其环境联结为一种网状的结构性存在"①。美国传播学者林文刚认为，"人们利用媒介理解世界时，必然要考察人们已进入的感知环境；具体而言，人们凭借感知到的资料构建外部世界，以便更好地理解；人们感知到的资料就是多种媒介（或某一媒介）按设计特征必须进行编码和解码的基本素材"。②就媒介发展历程来看，媒介功能会越来越完善，万能媒介和多元媒介将会并存。像书写媒介帮助人类存储更多记忆，印刷媒介让更多人看到人们的记忆；到了电子传播时代，电报延伸了人类眼睛的功能，但难以详细完整地从视觉、听觉方面呈现，于是广播电视弥补了电报声画方面不同步的缺憾。电视是视听觉的延伸，它对文字媒介是一种听觉和视觉上的重大补救，可因为技术的限制，难以实现即时直播或自由互动，于是互联网出现了，作为综合感官的一种延伸，以互联网为基础的视听媒体如视频网站、IPTV、手机电视、互联网电视以及各屏幕终端的视频 App 等风起云涌，改变了传统的信息传播方式与形态，也进而改变着传统的制作方式、传播策略以及传媒产业的运营方式等，由此带来的受众生活方式的变化和对整个社会结构产生一种春风化雨的调整。媒介即信息，媒介即数据，媒介即关系，随着媒介形态多样化、大数据时代的兴起以及云计算、可穿戴技术、全息搜索技术、图片识别技术等智能技术的广泛应用，视听媒体以前所未有的增长速度与变化方式成为集内容、关系、用户、资本于一体的庞然大物，越来越趋于智能化，越来越影响着时代发展的进程，同时又给人

---

① 邵培仁：《媒介生态学研究的新视野——媒介作为绿色生态的研究》，《徐州师范大学学报》（哲学社会科学版）2008 年第 1 期。
② ［美］林文刚编：《媒介环境学：思想沿革与多维视野》，何道宽译，北京大学出版社 2007 年版，第 28 页。

类生活带来深深的困扰。"今天,图像已经成为社会生活中的一种物质性力量,视觉信息不只是'反映'和'沟通'我们所生活的世界,它也在创造这个世界"①。

尽管如此,人类对视听媒体可能性的探索从未止步,技术革新、平台建设、经营方式转变、资本化运作等将会为视听媒体的发展注入更强劲的动力,并不断改变着人与媒体的关系,甚至在预测未来科技发展的美国学者凯文·凯利看来,有那么一天,媒体信息集大成者将代替人脑成为无生命体的技术元素,可能永远存活下去。这是科幻作品中经常出现的一种状态,而科学研究也在不断证实这一点,将信息的传递与沟通作为生命体的起源。"科学家得出一个惊人的结论:无论生命的定义是什么,其本质都不在于 DNA、机体组织或肉体这样的物质,而在于看不见的能量分配和物质形式中包含的信息。同样,随着科技的物质面罩被揭开,我们可以看到,它的内核也是观念和信息。生命和科技似乎都是以非物质的信息流为基础的"②。

正是在这样一个新的视听媒体格局不断向智能化发展的过程当中,从媒介生态发展角度着眼,针对当下各种各样的视听媒体在信息生产流程、传播渠道、传播模式、接收终端等的多元化,以及由此导致的信息巨量增长、各种信息数据成为资源和传播过程中呈现出的碎片化、解构化、圈子化、繁杂化等特点,与传统的传播形态、表达方式有着极为明显的区别,以媒介变革为线索来研究传播过程、媒体运营、受众思维、社会结构等变化,有利于重新理解和探索"媒介生态学"。

"媒介环境学派的一个旨归就是要理解:传播媒介所固有的符号结构在人的感知、意识或心灵活动过程中究竟扮演什么样的角色,比如,影像如何去构建或界定使用者构想和描写其经验的方式。"③就媒介技术当下的发展来看,

---

① 周勇、黄雅兰:《从"受众"到"使用者":网络环境下视听信息接收者的变迁》,《国际新闻界》2013年第2期。

② [美]凯文·凯利:《科技想要什么》,熊祥译,中信出版社2011年版,第136页。

③ [美]林文刚编:《媒介环境学:思想沿革与多维视野》,何道宽译,北京大学出版社2007年版,第30页。

技术先进程度远超常人想象。目前"谷歌眼镜"①几乎可以将地球上任何角落里的图像传到网上供人分享，虽然引发传播权利问题，但技术之精令人咋舌。像"谷歌眼镜"带来的巨大的信息组合结构一样，未来的媒体是全方位的、多渠道的、即时互动的、更加真实的视听信息集群和视听体验。视听媒介技术的不断发展，改变的不仅仅是人们的生活行为习惯，挤占无知觉中的碎片化的时间，更会以病毒式的植入方式改变人们的思维构成、评价外在世界的方式等。因此，从传播学的基本环节去研究当下媒介技术变革带来的媒介生态重构、视听媒体的发展变化及未来种种可能性，以及当下媒介生态引发的受众行为变迁、思想动荡、社会结构的变化，会得出一个方向性、前瞻性的传播方式与受众价值构成预判，以期为媒体机构经营者以及相关理论研究服务。

不过问题在于，视听媒体的开放性尽管能让受众与外在世界实现全方位联系，使"页面与页面相通，平台与平台相连；平等的思维，互联网上的任何个体、机构、组织都是一个节点"②，可越来越多的平台会让视听信息无限制地扩散、放大，难免会导致信息的违法使用以及不当泄露等，引发一系列违法及侵权问题；而裂变式信息过载会让受众回到得不到相关信息时的不安定的状态中，"信息迷雾"使思维始终处于慌乱莫名支离破碎的状态，媒介文化的重构与精神家园的失散会使受众难得其所。尽管当下以互联网为基础的传播是一个多元智能的传播生态，是对整个社会资源的重新配置、生活结构的重新改造，是每一个个体价值的重新激活，但视听信息的接收者将要面临信息爆炸和多屏包围后的几重困境：信息工业化生产会让庞大的视听综合传媒集团具有更强的控制能力，很可能侵犯到受众的个人权利；人际关系冷漠化、过于沉浸虚拟环境、个人空间急剧压缩、虚拟时空叠加并不断置换、个体（ID）"浮尘效应"越来越明显等问题会浮于水面甚至激化；信息过载使受众在接收无聊平庸信息中消耗大量时间，造成时间成本的增大；视听信息

---

① 谷歌眼镜（Google Project Glass），是由谷歌公司于2012年4月发布的一款"拓展现实"眼镜，它具有和智能手机一样的功能，可以通过声音控制拍照、视频通话和辨明方向，以及上网冲浪、处理文字信息和电子邮件等。
② 官建文、李黎丹：《"互联网+"：重新构造的力量》，《现代传播》2015年第6期。

终端分化明显，人们选择的主动权交由技术来解决，用户关联与智能化匹配将成为大趋势，技术元素不断镶嵌到受众生活的方方面面。在这样一种接收状态下，如何利用大数据分析来保护自己的感官不受污染，如何拥有自己独立的对视听信息的判断与评价体系显得至关重要。同时如何呈现个体的生命状态及自我声音，将会成为多屏时代中的最大诉求。

第二节 视听媒体发展的意义与价值

"理解传播既是理解我们所在的社会和时代：传播的目的是按照社会阶层的变化和现实力量的对比关系来营造文化和意识形态的合法性"①。媒介生态研究从微观方面要对信息生产与传播、媒介经营与管理等进行研究，宏观方面要对媒介与技术、媒介与社会等内容进行研究。只有将微观与宏观联系起来，才能了解当下媒介发展状况与未来发展的可能形态。"实际上，大部分后来成为媒介生态学经典基础的著作都体现了思考技术和文化关系的这种新思想和新方式。"② 针对当下的视听媒体环境，国内学者大多从理论层面进行一些浅层次的论证，对媒介技术的发展、媒介资本的力量、未来受众可能性等认识并不充分。而本书在公共利益优先的基础上，会对技术的、资本的力量给予足够的重视，并对传播方式、形态、策略等方面进行一些前瞻性的探析。

从宏观层面来看，比如大多数历史学家从经济、政治、文化发展以及战争引发的变革去研究历史，而美国历史学家麦克高希另辟蹊径，大胆从媒介角度去认识文明的兴起与消亡，指出人类历史上出现过的五种文明形式："帝国文明、宗教文明、财富文明、娱乐文明、计算机文明。"③ 而与这些文明相

---

① ［英］安德鲁·查德威克：《互联网政治学：国家、公民与新传播技术》，任孟山译，华夏出版社 2010 年版，第 1 页。
② 邵培仁、廖卫民：《思想·理论·趋势：对北美媒介生态学研究的一种历史考察》，《浙江大学学报》（人文社会科学版）2008 年第 3 期。
③ 笑阳：《偷窥历史学家的书桌》，中央编译出版社 2011 年版，第 292—295 页。

对应的，代表着一种传播技术的变革。这也是波兹曼媒介开辟新文明的一个诠释。在麦克高希看来，帝国文明的维系有赖于伟大的象形文字的发明，因为文字表意的明晰和保存的便利，通过纸张的传递和文字的表意，帝国朝廷可以向离王宫很远的地方发布自己的文字政令，将自己的权力意志和控制链条延伸到偏远的角落；宗教文明需要人们开动形而上的思维，于是字母出现了，字母读写中一些肉体、死亡、智慧等抽象的概念让普通百姓逐渐接受并理解，促进了抽象思维的发展，哲学和宗教由此放出夺目的光芒，而与财富文明相对应的是 15 世纪引入西欧的印刷技术，大量的书籍印刷使知识不再局限于宗教经典，知识的普及让普通人成为行业的精英领袖；娱乐文明是以娱乐大众为目标的广播电视媒体引发出来的，不管是人世间的悲欢离合还是世界上的口喷弹射炮轰，抑或参政议政利益纠纷，都会通过某种刻意制作编辑的娱乐刺激的画面，让观众沉湎于某种感官的刺激而忘记了怎么去思考和辨别其中的是非；到了现在，计算机文明正在建构新型的国家、新型的政治、新型的社会、思维方式和人际模式。事实也是如此，以互联网为基础的视听媒体以大众化、社交化的传播越来越嵌入人们的生活之中，兼具信息浏览、人际交往、资本运营、生产生活等诸多功能，加上快捷互动即时分享等特点，传播覆盖面和裂变式的反应是以往传统媒体望尘莫及的。这种计算机文明就发展趋势来看，目前还处于初级阶段，人与万物连通的辉煌只是初露曙光。

  新的视听媒体风起云涌会促使整个媒介传播环境不断发生变化，一开始只是为了提高人们对信息的可视化需求，而随着功能增多慢慢渗透到生活中的方方面面、点点滴滴，影响深远。所以传统电视媒体转型升级与新的视听媒体如何发展壮大，成为学界和业界关注的焦点。当中国古代鸿雁传书时，想象不到人类有一天虽远隔万里却可以实现语音或者视频聊天。当下的媒介技术日新月异，又远非古人能够想象到：比如 Google 眼镜、VR/AR 技术，像目前全息影像技术利用干涉和衍射原理记录并再现物体真实，这种三维图像技术，可以让你离家万里，但能在亲人面前产生立体的空中幻象，与亲人一起对话、生活。这种交流和古代鸿雁传书相比，无疑信息不在一个维度上。新华社人工智能技术的"AI 主播"，网络春晚上的另一个虚拟的"撒贝宁"，都让普通人有理由期待这种虚拟技术"飞入寻常百姓家"。可以这样说，如果互联网技术更发达，电脑自动甄别、整合、选择、处理能力进一步提高，人们可以将计算机看成人脑的延伸，到时候，所有的计算机、物件信息与人脑连通，那人类就进入了真正的"超体"①时代。这时候的人，作为信息汪洋大海中的一分子，生存状态和个体价值与现在将有天壤之别。以技术革新的速度来看，人类在媒介技术元素的裹挟中创造出的这些传播情景在不远的将来是可以实现的，许多技术人员和公司正在积极研发这样的传播形态。不管你愿不愿意，这种传播形态将会出现并不断完善，技术元素的力量会无限放大。到时候人们生活的周围环境甚至身体内容，就是各种信息影像的集合。当然，同时引发的传播伦理规则问题、身份归属问题、浮尘效应问题等也将浮出水面。

就当下具体视听媒体的传播环境来看，在技术推力、资本推力、政策推力、受众推力等综合因素的共同推进下，媒介在推陈出新，视听媒体不断融合发展。随着大数据时代到来，视频网站、手机电视、IPTV、"两微一端"、短视频平台等视听媒体如何在分析受众特征与传播策略的基础上，推动相应的入口级开放平台建设，以便在未来的视听媒体格局中占有一席之地，以及资本力量是如何推动媒介技术的变革和打造品牌性、互动性、即时性的媒体平台，成为学界和业界共同关注的问题。"未来不管是视听新媒体，还是传统广播影视转型的现代视听传媒，都将发生革命性的变化，将创造新的商业模式。"②"各个行业都将进行快速的信息化、网络化，大视频行业正在形成，广电行业、电信行业、其他社会各行业都通过互联网实现融合、升级乃至颠覆式发展。"③那么未来建立在大数据基础上的智能视听媒体会是怎样一种形态？它主要的传播渠道是什么？能达到怎样的传播效果？受众群体有哪些？组建综合视听传媒集团的目的与意义有哪些？未来的受众在信息过载时代有怎样的群体特征和个体呈现？

---

① 参见法国导演吕克·贝松执导的科幻电影《超体》，主人公露西最后形成了一种无形无状的次时代超级电脑，她说"世间万物都是一体的，而存在只有通过世间才能证明"。
② 赵婀娜：《视听新媒体时代变化已经开始》，《人民日报》2013 年 6 月 20 日第 4 版。
③ 朱新梅、熊艳红：《2013 年中国视听新媒体发展动态》，《中国广播电视学刊》2014 年第 2 期。

拉斯韦尔提出的5W传播模式，已成为传播研究的经典模式。这个模式虽然简单，却划分出了大众传播研究的主要变量，清晰地考察了传播过程中的环节和要素。当下是一个信息过载的时代，海量的信息中每一个人承担着诸多角色，包括信息的接收者、发布者、运营者和组织者。而越来越多的屏幕让大众生活在一个屏的时代。而视听媒体的繁盛也让大众意识到传播渠道的多样和接收方式的多样化。尽管媒介融合发展成为近年来学界关注的焦点，但事实上随着科技的发展与媒介形态的更新，不少学界以前提倡的融合过程中的技术手段、运作机制及传播观念等显得不合时宜，甚至有些小儿科之感。在视听媒体目前所处的媒介生态格局中，以传统电视、视频网站、微博微信链接视频、微信互联电视以及手机电视、楼宇电视、公交电视等为代表的视听新媒体，在一定程度上颠覆了传统电视媒体的信息传播形式和效率。而与传统电视媒体相比，新媒介在传播过程中还有更多的优势，比如视听内容即时化、来源多样化、体验丰富化、互动双向化、信息归类化、渠道无所不在等，那么传统电视媒体是否会消亡？未来会不会成为网络视频网站的内容供应商？视频网站会不会一家独大？上星卫视在网络传播过程中会不会丧失覆盖优势？新视听媒体中的视听内容传播是否更具特点？应该如何加大视听媒体的综合服务功能？这一系列的问题让很多研究者莫衷一是，甚至出现了"选择艰难"。

就传统电视媒体的发展可能性来看，在视听媒体发展大格局下，从新媒介生态下电视媒体的融合发展研究入手，分析媒介融合过程中传统电视在节目内容、传播形态、制作理念、技术革新、受众需求等方面遇到的挑战与危机，进而分析新的视听媒体的传播特点，指出技术在媒体发展中起到的作用，由此指出传统电视媒体目前难以跨越的技术桎梏、无可更改的革新命运，在此基础上探讨传统电视与新的视听媒体迅速发展过程中的融合变革问题，是非常有必要的。传统电视媒体与新的视听媒体的比拼，很大程度上是一种优胜劣汰、你死我活的竞争，而传统视听媒体制胜的法宝在于弃旧出新、更换自身的传播基因、以强大的资本和人员力量建立起与新的视听媒体能够抗衡的传播平台。随着大数据时代的到来，平台建设益发重要，时不我待，只有把握住稍纵即逝的机遇，才有可能迎来新一轮的媒体发展时期。

在这样一种媒介生态格局中，屏时代里视听媒体的未来发展可能与传播形态，是值得深入研究挖掘的。视听媒体未来的信息生产、传播策略、组织运营接收方式将在不断分析中呈现出隐约可行的面容。事实上，在众多学界的研究中，侧重于某一个环节的研究者多，而从整个传播过程的基本环节来着眼的相对较少。可以说，本书是从视听媒体目前所处的媒介生态格局与视听媒体发展趋势出发，以大众传播学的基本环节为框架，以媒介实践为根据，在行文中试图以视听媒体传播现状、传播主体、组织运营，以及未来受众需求等问题为主导，研究视听媒体融合发展与改革创新之道，以及未来视听媒体发展中传播渠道变迁、资本运营可能、受众需求及个体价值表达等，以此回应目前视听媒体格局研究中出现的一些问题。仅仅头疼治头脚疼医脚的研究很容易被时代发展抛弃，从传统网站刚刚兴起到BBS、博客等各种交友媒介的出现，以至目前火爆至极的微信朋友圈，视听媒介变迁的速度不可谓不快。而许多以BBS、博客、微博等为对象的研究论文已经时过境迁。在这样一个前提下，从媒介生态格局出发，以视听媒体发展为重点，对大众传播学中信源生产、传播过程、渠道运营、受众接收、传播效果等方面重新梳理和分析，并得出一些规律性的内容，试图达到一种正本清源的功效，为未来的视听媒体发展找到一种可能性，并为视听信息生产者与接收者提供一定的思路，是立足长远又扎根当下媒介生态实际情况的。

传播学是一门人文与科学并重的学科，实证分析和人文反思是它的双翼。没有经验实证的分析，无疑是纸上谈兵，空头理论，也许是夸夸其谈；而失去了人文反思的价值维度，就很难发现传播媒介变迁与人的自由解放之间的某种张力。从哈罗德·伊尼斯开始，几代媒介生态学派学者以传播技术演变为切入点，来考察社会变迁，传播技术变迁、媒介形态演变与利益结构、社会制度、话语控制之间的相互变更与博弈，成为媒介生态学研究的重要指向。现在，以互联网为基础的多媒介并存的媒体生态是一个充满介入融合模式、以无作者权威为特征的双向互动的媒介时代，跟单向传播的媒介时代形成了一个鲜明的对比，这时候，追寻媒介生态学的学科要点，建构当下媒介传播生态中的种种可能性，将是非常有价值的。

实际上，传统大众传播理论已经在以互联网为基础的多元智能传播体系中逐渐遭到消解，大众传播理论是建立在传播者的精英性、传播渠道的有限性和传播双方地位的不均衡性的基础上，而在这样一个信息爆炸或者信息过载的时代里已经明显不适应或者失效。传统的传播方式在当下多元智能传播体系中遭遇了极大的挑战，传播不再是单向的、一对多或一对一的，而是多对多的，传播和承受的角色越来越没法细分，只有对当下传播关系中的生产、制作、流通、渠道、运营、接收等各个环节一一考量，改善其中的传播关系，让受众享有更多互动交流的权利，把社交化传播中每一个环节做得相对完美，才有可能建立一个良好互动的传播关系。要在原有的传播理论基础上研究新的传播范式和传播形态的变化，以便适应新的媒介生态中视听媒体的传播实践与指导实践，使单向传播向交互式传播过程中有更好的理论基础，并从信源生产、传播过程、渠道运营、受众接收、传播效果等方面重新梳理和分析，得出一些规律性的内容，由此成为一种新的研究视角和方法，以便取法于传统研究但又不囿于传统，在继承传统的基础上不断深化发展与革新。

第三节　视听媒体发展内容与概念界定

如前所述，以互联网为基础的视听媒体，像手机电视、短视频平台、微博微信所属视频、视频网站、视听类媒体客户端等已经是移动用户收看的常用媒介，而传统电视从收入、收视率、市场份额等均处于下降状态。相比传统媒体的传播流程，后来勃兴的新的视听媒体充满毋庸置疑的优势："视听内容形态多元化和分众化；内容来源多样化；内容体验丰富化；传播渠道（终端）无所不在"[①]等。同时从收看平台、编排播出方式等方面新的视听媒体显得更加丰富多彩与易于自由操控。那么，当下电视媒体究竟是怎样一个发展状态？还是属于"第一媒体"吗？它日后是否会成为网络平台视频的内容提

---

① 庞井君：《中国视听新媒体的现状与发展趋势》，《新闻战线》2011年第9期。

供商？上星卫视的平台优势是否会随着新媒介发展而彻底丧失？传统媒体转型升级中应该采取哪些媒介融合策略和方式？转型的难点和痛点在哪里？这是电视研究领域普遍关心、极度焦虑的问题。电视台与其他视听媒体之间的比拼，是优胜劣汰、你死我活的选择，时不我待，如果把握不好机会，很可能惨遭淘汰。

为此，接下来，本书将首先从媒介发展生态格局、当下受众喜欢的视听节目形态、电视媒体遭遇的挑战与应对策略等方面进行分析论述。其次，本书从视听媒体信息制作的角度出发，探讨大数据背景下的视听节目制作的方式方法。目前学界已经认可这样一个观点，大数据时代，"大数据之'大'，重点并不在于其表象的'大容量'，而在于其潜在的'大价值'"[①]。就视听媒体而言，如何把握好大数据带来的潜在价值，形成强大的数据收集加工处理能力，能够深入地进行数据分析和萃取，就有可能发挥出大数据的真正价值，成为媒体市场中的强者。在大数据整理分析的指导下，视听媒体只有根据用户需求去打造相关的视听产品，才能真正从中获得巨大的发展空间和盈利空间。而电视媒体，如何从"模拟"到"数字"化发展，再到"数据"化，尤为关键。再次，本书会对视听媒体信息内容的传播策略进行一个翔实的分析。随着媒介形态的泛化和渠道的增多，信息爆炸式的增长让受众不知不觉中陷入"信息疲劳"当中，各种真假不定、良莠不齐的"信息迷雾"，使视听媒体的传播环境更加复杂多样。在这样一个多样化的传播环境中，视听媒体如何达到有效的传播效果，使用怎样的传播策略？如何有的放矢，实现高效传播？这就需要一整套的传播策略，不同的媒介、不同的内容、不同的受众需要不同的传播策略，如何在大数据分析的基础上，在多屏时代选择最佳的传播策略，是信息制作和运营者需要不断探索和强化的主题，也是本章叙述的重点。之后，本书指出媒体产品是极其复杂的混合体。它既有公共产品属性，又有私人产品属性。当确定了媒介的商品属性之后，如何培育媒体的市场，让市场更规模化，经营产品更丰富，以及产业更发达，"蓝海"效应越来越大呢？本章从传播环节的组织运营角度

---

① 吕海媛：《大数据与电视媒体的未来》，《视听界》2013年第3期。

出发，侧重于分析资本在传播过程中起到的巨大的作用和力量，指出目前上市、收购、合并成了媒体筹资的重要法宝，而传统电视媒体等如果要想进一步发展，必须有资本的介入，在强大资本推动下，才能做出更好的视听信息产品。那么资本运作过程中需要哪些条件？呈现出怎样的特征？又有怎样的作用呢？这方面，国外已经走过了相当长的一段路程，国内许多媒体也已经纷纷迈出了跟资本连接的步伐，从理念、业务、制度层面进行了一系列卓有成效的经营整合，案例颇多，实现了产品与效益并驾齐驱的局面。最后，本书围绕着受众需求与未来的受众环境、受众需求和受众的个体价值呈现展开。1954年，施拉姆在《传播是怎样运行的》一文中，在C. E. 奥斯古德的观点启发的基础上，提出了一个新的传播过程模式，后人称为循环模式。在这个传播循环模式图中，没有传播者和受传播者的概念，传播双方都被看作传播行为的主体，通过信息内容的授受，进行你来我往的相互作用。不管是传者还是接收者，在传播过程的不同环节承担着相应的角色，比如传播主体使信息符号化，是编码者，传送主体使信息准确送达，使传码者，接收主体接收信息并进行翻译和解释，是译码者和释码者。在这样一个过程中，信息传送给不同的接收者形成不同的印象。随着媒介智能化水平的提高，以及传者与受众界限的逐渐消失，大众知识的增多和交流能力的提升，人们几乎生活在一个"全球性的世界都市"之中，里面充斥着各种各样的文化冲突与身份转化，也存在许多活跃的、富于阐释性的意识形态样式。这时候，尽管现代性倡导政治民主、经济自由、文化多元、宗教宽容，而面对越来越多、越来越自由的选择，大众会何去何从？会以怎样的心态来面对屏时代的信息过载？生活状态会发生怎样的改变？在这方面，虽然大众传播理论中有"议程设置""沉默的螺旋""知沟"等理论，但事实上，传播环境的复杂化会带来传播效果的多样化，受众会产生各种各样的不同反应，尽量给予前瞻性的分析。这些内容为其他相关研究和媒体运作提供了更为广阔的研究空间和实践可能。

视听媒体是一个相对于纸质的、文字性的媒体而言的概念，从时间、数字技术、互联网技术着眼，有学者认为视听新媒体是"通过对人的视、听觉感官综合作用以传、收双向互动为特征的新媒体形态，如网络视频、IPTV、互联网电视、手机电视、短视频平台等"①。目前视听媒体的概念划分并不多,不过可以确定的是,视听媒体是以声画合一为主的在屏幕上播出的具有动态影像的媒体形态。如果回到原点,从广义的信息传播来看,不管传递自然界刮风下雨还是生物界扬花授粉,或者是人类活动中的各种交流,都属于信息传播范畴。那么涉及这方面的视听信息传递的,都属于视听媒体的传播,成为传播学研究的对象。因为传播学作为一门社会科学"所关注的始终是人类的社会信息及其传播活动"②,其中社会信息指"人类社会在生产和交往活动中所交流或交换的信息"③,就这个意义而言,通过声画一体的方式传递时政、经济、教育、社会、民生、农业、工业、体育、农村、娱乐、家长里短等信息内容的媒体都可以称为视听媒体,传统电视当然也在其内。根据当下媒介发展状况及论证需要,本书相关概念界定如下:

1. 屏时代:也称为多屏时代。未来随处可见的手机、电脑、iPad、电视、腕表、楼宇大屏、全息影像等,共同组成一个信息互通、内容共享的以各种电子屏幕或全息屏幕为主体的媒介环境,人们可以通过多屏信息化来满足人机交互的需求。简单概括,未来各种屏幕随时随地包围受众,简称屏时代。

2. 媒介与媒体:两个语词在英文中是同一个词,但在汉语习惯中却又有不同的意义。组织机构为媒体,传播渠道为媒介。传播信息为媒体,搭建平台为媒介。侧重功能为媒体,侧重工具为媒介。随着数字技术的发展,在同一工具上实现众多功能是很有可能的。像微博、微信、短视频直播平台等就属于媒介,而腾讯、新浪、各微信公众号、短视频等就属于网络媒体。像媒体一般指以传播为业务的机构或单位,比如报社、电视台、网站等,而媒介是一种传播信息的工具或技术,电视信号、电缆、路由器、电脑、互联网等,是一种能通过信息发送把人与人或人与物联系起来的物质。

3. 视听媒体:视听媒体指以传播声画合一的音视频信息为主要传播内容的机构组织。当然,本书的视听媒体是一种宽泛的视听媒体,除了传统电视、

---

① 郭小平:《新媒体导论》,北京大学出版社 2014 年版,第 15 页。
② 郭庆光:《传播学教程》,中国人民大学出版社 1999 年版,第 4 页。
③ 同上。

门户网站、视频网站、手机电视、航空电视、户外视听媒体、LED大屏、微信平台公众号视听内容链接等之外，有时VR技术、Google眼镜、全息影像等也包括在内。还有像摄像头也是视听媒体之一，它能够源源不断地给人们提供海量的视听内容。目前看来，新的视听媒体已经取代了传统的电视媒体，成为用户使用非常频繁的发展定型的媒体。传统视听媒体不能仅仅指电视媒体，而是已经发展定型的、有一定数量受众和盈利模式的视听媒体。有专家这样认为，"以手机电视、楼宇电视、网络电视、移动电视为代表的视听新媒体在一定程度上颠覆了传统电视媒体的信息传播形式和效率"[①]。

  4. 新媒体与传统媒体：新媒体和传统媒体前几年可以做一区分，现在媒体更新速度太快，一种以新媒介为传播渠道的新媒体，过了五年或十年之后，大家渐渐谙熟于心并长久使用，也就不是新媒体了，成为经过淘洗之后整个媒体的一部分。大致来说，新媒体具有交互性与即时性、海量性与共享性等特征。本文中的新媒体只是概念上一种区分的需要，并不是指特定的新生的媒体。

---

① 潘明歌：《视听新媒体与电视媒体的互助与共生》，《当代电视》2015年第6期。

第二章　视听媒体的生态变局与发展趋向

第一节　传统电视与新视听媒体传播差异

目前看来，以互联网为基础新的视听媒体具有声画合一、感染力强、即时传播、瞬间到达、分享互动等特点，其功能、形态、技术含量等远远超过以往任何一种媒介形态。而口语、文字、印刷、广播时代的媒体，在信息传播中存在各种各样的不足或致命缺陷，甚至因为信息传递错位而导致个人倾家荡产、社会动荡不安、政局风雨飘摇。而多屏时代的视听媒体根本在于真实性，拉近了人们与现实的距离，随时随地可以看到各地发生的视听新闻。不管是巴西一场激烈角逐的足球赛事、遥远南极的企鹅迁徙、北极爱斯基摩人的捕猎活动，抑或日本一次伤亡惨重的地震、伊拉克战场上一番你死我活的交火，只要受众愿意买单，目前以互联网为基础的媒介技术条件和资本力量，都可以使受众第一时间看到实况直播，满足人们的信息需求和猎奇心理。当然，一次美国的家庭大聚会，或巴厘岛上的人体盛宴，如果有人拍下来随手上传到网上，全世界范围内的受众会第一时间看到，并根据需要与这样的活动产生互动。麦克卢汉早在50多年前就认为，媒介技术会改造一个世界的状态，拉近人们的生活，会让世界成为一个城市或者村落。

这是视听媒体带来的好处。在中国，进入20世纪以来，清朝末年开放报禁，报纸一天比一天活跃，由于大多是文字传播，有些新闻难免无中生有，没有图片或视频可以佐证。武昌起义爆发后，各地骚乱此起彼伏，人心惶惶，谣言四起，这时候，香港《循环报》驻上海的通讯员从上海拟了一条"北京专电"，大意是"京陷帝崩"。就是京城被革命军攻陷了皇帝死了。这个谣造得有点大，由于当时交通和通信都不发达，香港当地最大的报纸《循环报》犹豫再三后仍然以头版头条形式发表此"专电"，香港其他报纸纷纷转载，一时间登载大字"京陷帝崩"的报纸四处流传，当时的香港人都觉得北京已被革命党攻陷，清帝已死，为此提着鞭炮纷纷走上街头庆祝，警察拦也拦不住。而这个消息又从香港传回广州，导致广州的大量市民涌上街头热烈庆祝。这样闹腾了没几天，知道皇帝还好好的两广总督张鸣岐坐不住了，辞职闪人，广东就轻松落入革命党手中。就这样，随着报纸对清朝的各种不利谣言不断，两广独立后，云南也宣布独立，追随革命。不久，各地纷纷宣告独立。这样，武昌起义的枪声终结了中国的帝制。①

在这样一场变局中，信息真实的重要性可见一斑。一国朝代终结，元首更迭，这么重大的事件，居然在谣言中发生了，而且很多人信以为真。放在今天来讲，真是太不可思议的事。而事实上，当时一些报纸为了多销售，哗众取宠造谣生事的多的是，"如'清摄政王昨晚暴卒，清皇太后自缢死''京城失守，清帝逃去，庆王被擒''袁世凯宅被毁，妻妾自杀'等，这些新闻个个震撼"。② 这样的新闻在视听媒体为主导的社会下基本不大可能，或迅速被证伪，但在当时却能蛊惑人心，引发社会动荡。

距离这场谣言过了半个世纪，在大洋彼岸的美国，也发生了一件与国家元首休戚相关的事情。1963年，肯尼迪总统被刺，涉嫌刺杀肯尼迪总统的李·哈维·奥斯瓦尔德在指控报告发布的两天后，被杰克·鲁比在众目睽睽之下枪杀。因为有了电视直播，无数美国人看到了这次枪杀事件的现场处理过程。当时很多美国人从电视上看到枪杀案，感觉似乎亲身参与到了这件事当中。再过三十年，到了1994年，轰动全球的辛普森杀妻案中，嫌犯辛普森

---

① 参见张鸣《辛亥：摇晃的中国》，广西师范大学出版社2011年版，第234页。
② 汤传福、黄大明：《纸上的火焰：1815—1915年的报界与国运》，广西师范大学出版社2013年版，第252页。

发现时已经驾车逃亡，警方开车追击，而电视台派出飞机进行直播。观看这一幕直播的观众不是在看美剧，而是亲眼看见一场真实的你死我活的追逐场面。这种消除距离的真实感给观众带来巨大震撼。而辛普森被宣判的庭审现场，电视台直播后，统计数据显示约有 1.5 亿观众收看，欧洲多家电视台也进行了实况转播，法庭最终宣判警方取证不合乎程序等问题、辛普森无罪时，引发巨大争议，有些市民上街示威游行表示愤慨。

百年大潮，媒介变化革新，视听媒体的镜像建构促使受众观察、了解世界、佐证真相的方式更加直观而明确、生动而形象，真实性、现场感大大增强，特别是视听媒介技术的改进，数字技术和互联网技术的兴起，让世界就在咫尺眼前，全球瞩目的政治文化体育事件，在视听媒体直播中呈现出万人空巷的局面。"1981 年 7 月 29 日，查尔斯王子和戴安娜王妃的婚礼在 79 个国家现场直播，全球大约 4 亿多观众收看了这一盛况"①，"1985 年 7 月 13 日的'生命救援'事件在 150 个国家直播，当时的观众达到了 6.5 亿"②。而类似的直播还在继续。特别是当下各种网络视频直播、微博微信短视频即时更新、视频直播平台、各种基于微信平台的直播软件直播以及 Google 眼镜、VR/AR 技术地不断运用中，直播与最初的电视直播已经不可同日而语，多机位、虚拟真实等，受众获得身临其境之感。

尽管波兹曼等对电视改变美国总统竞选、排除掉了那些有思想有能力却相貌不佳的竞选者提出了批评③，但视听媒介发展的脚步没有停止，对社会的影响也与日俱增甚至镶嵌到社会的各个角落。放在过去，文字性的虚假消息可以随意传播。而时光迈步到今天，当一切以客观事实为依据时，如果没有视听内容为佐证，以文字和纸媒为载体的信息，不会得到这么大的认可。对媒介功能及媒介技术抱有期待的传播学大师麦克卢汉说，"任何媒介（即人的任何延伸）对个人和社会的任何影响，都是由于新的尺度产生的；我们的任

---

① ［美］丹尼尔·戴扬、伊莱休·卡茨：《媒介事件》，麻争旗译，北京广播学院出版社 2000 年版，第 92 页。
② 位迎苏：《伯明翰学派的受众理论研究》，中国传媒大学出版社 2011 年版，第 45 页。
③ 参见［美］尼尔·波兹曼《娱乐至死》，章艳译，广西师范大学出版社 2004 年版，第 8 页。

何一种延伸（或曰任何一种技术），都要在我们的事务中引进一种新的尺度"①。视听媒体的兴旺发达，让人们观看世界的尺度明显发生了变化，角度也有所不同，可谓纵览千古，横贯八荒。

目前视听媒体以无与伦比的速度迅猛发展，而与此对应的，播放视听节目和视听信息的各种屏幕以爆炸式的方式在递增，无论在大街小巷还是飞机火箭，除了自己随身携带的手机屏、平板电脑屏等之外，还有各种各样摆在眼前的屏幕。手机、电视、电脑、LED、腕表以及电子阅览器等屏幕，还有全息投影、VR 视频等形形色色的屏幕组成的世界里，看屏成为一个不可避免的事情，跟吃喝拉撒一样成为自然而然的一部分，甚至成为"屏幕族"而引发社会讨论的话题。在这样一个基础上，"传统的'广播电视'媒体概念已经不能涵盖所有视听信息传播的渠道或平台。'视听媒体'（即传播视听信息的媒体）替代'广播电视'体现出媒体融合时代的根本性变化"②。

荧光闪烁、越来越趋于立体化的屏幕多得数不过来，人们通过屏幕信息互通、话题互动、内容互享。屏幕里的世界，不再有天涯海角般的遥远，而是近在咫尺。或许屏幕里的视听内容不见得是真相，可人们更愿意相信屏幕里所呈现的真实。视听媒体的何去何从，如天气般影响着每个人的生活。这一切根源于视听媒介的更新换代和更高层次的发展。媒介的变革往往引发媒体格局的变化，从内容制作、传播形态到运营方式，最终影响到受众生活的方方面面以及社会结构的重新建构。维尔纳·海森伯的《物理学家的自然观》中指出："技术变革不只是改变生活习惯，而且要改变思维模式和评价模式。"③ 麦克卢汉本人不仅认可这一点，而且指出，"媒介是人的感官的延伸。它们扎根于这样那样的感官，同时又改变人的组合模式"④。未来的多屏世界，会让受众处于另外一种社会结构中。

从视听媒体发展格局来看，是众多视听媒体相互交融又各展身手，媒介

---

① [加] 马歇尔·麦克卢汉：《理解媒介——论人的延伸》，何道宽译，译林出版社 2011 年版，第 18 页。
② 高宪春、解蔵：《媒体融合背景下视听媒体创新途径再分析》，《电视研究》2014 年第 1 期。
③ [加] 马歇尔·麦克卢汉：《理解媒介——论人的延伸》，何道宽译，译林出版社 2011 年版，第 83 页。
④ 同上书，第 438 页。

融合发展中孕育着更新更智能的媒介形态。目前经常接触到的视听媒体主要有这些：一是由传统电视及其延伸出来的网络电视台、手机电视、IPTV、车载移动电视、楼宇电视、户外 LED 屏等；二是渐趋成熟的视频网站及门户网站中的视听板块，因为用户生成内容，加上自制内容的增多，成为视听媒体中举足轻重的力量；三是新型的视听媒体，如微博、微信、App 中自制以及转载的视听内容，VR（虚拟现实）视听内容，Google 眼镜视听内容等。就近两年来看，作为传播信息的媒体，兴起的 VR/AR 影视、游戏、新闻产品也传递相应的视听信息，应属于视听媒体的范畴。像 VR 虚拟技术在 2016 年里约奥运会上大放异彩，给观众呈现出身临其境般的全景奥运视觉体验。另外，随着技术发展，众人分享的 Google 眼镜视频、公开的道路监控摄像头等也在视听媒体范畴之内。长远来看，视听媒体的更新换代还要持续下去，特别是像 Google 眼镜技术的发展，会给人们在视听信息的传递与交流方面带来更多更深的体验。未来三年至五年内，每个人可以佩戴 Google 眼镜（类似的）或者手持摄录设备，出现在新闻事发现场，或者将自己的活动、旅游、玩乐拍摄出来，即时和亲友粉丝们分享，而亲友粉丝们就成为受众接收信息并不断反馈，真切地体验到传者所拍摄到的一切。

  作为媒介技术与信息技术高度融合的新结晶，内容来源多渠道、数量海量化、传输渠道多样化、终端多功能化、受众主动化，数字化、网络化是新的视听媒体的基本特征，所具有的自主性、互动性、多功能等优势以及制作、传输、满足受众需求方面的技术跨越，对传统视听媒体——电视带来了巨大的冲击，而且电脑、平板电脑、手机、智能电视等都可以安装各大视频网站、手机电视等的 App，新视听媒体的影响力不断增大，传统分频道收看方式在改变。在 Alexa 的全球排名中，百度、腾讯跻身前十，新浪、搜狐、优酷等在前 100 名之内。"它的出现必然会影响到整个媒介生态系统，尤其是作为电视群落中新的组成部分，对于电视群落而言其影响将尤为深刻"[①]。就当下而言，由于媒介生态的变化，传统电视从传播模式、市场份额、舆论影响力等方面

[①] 韩建中：《视听新媒体的崛起对我国电视群落的影响——基于媒介生态视角的分析》，《现代传播》2011 年第 11 期。

遭遇到新媒体强烈的冲击与挑战，甚至被人惊呼为"断崖式"的掉落，危机重重，像《传媒蓝皮书：中国传媒产业发展报告》（2015）指出的那样，纸媒处于"市场生命周期的晚期"①，电视影响力明显衰退。而新视听媒体在短短十多年的发展中，拥有了传统电视数十年才能拥有的受众群体，不仅视听内容富有个性化，还有极强的互动性和时效性，同时还有一系列的综合服务功能，从商业模式、广告盈利、后续发展、用户黏性、受众喜爱程度等方面给传统电视造成空前而巨大的压力。

与此同时，新的视听媒体正在获得更高的社会认同和媒体价值。人民网舆情监测室一个数据对比分析指出："在20世纪80年代，官方媒体掌握了80%的话语权；而在2012年的20个网络热点事件中，非官方媒体掌握了75%的话语权。"② 在美国一份调查中，62%的美国成年人会通过像Facebook、Twitter等社交媒体获取新闻，而18%的人会使用移动终端频繁这样做。有学者认为："电视人所熟悉的、单向的、点对面的、广播式的、大水漫灌式的节目传播方式行将就木。"③ "视听新媒体的出现改变了传统电视群落生态链种群间物质、能量（产品流、资金流、信息流、人员流）的输入和输出，打破了其群落生态系统的平衡。"④ 宏大命题与家常琐碎都成为受众关注的必不可少的内容，即使各大视听媒体各显神通、想尽各种招数来吸引受众，但因为受众精力、时间有限，所能分享到的视听内容只能是各大媒体中的一部分，不过，比起以往，受众会用更多的碎片时间去关注亲朋好友乃至全球大事。传统媒体制作的精英们面对这一现状也焦虑万分，忧心忡忡并希图革新。上海广播电视台台长王建军在2015年上海电视台发言中说，"我们今天还不会马上死去；我们更不希望，自己把自己唱衰，无所作为"⑤。但事实上，随着

---

① 《传媒蓝皮书：报业步入衰退期　专家称遭遇"断崖式"滑落》，2015年5月11日，人民网（http：//media.people.com.cn/n/2015/0511/c120837-26978289html.）。
② 张玉玲：《视听新媒体时代：变化刚刚开始》，《光明日报》2013年6月13日第16版。
③ 胡正荣：《我们需要思考的媒介人》，中国传媒大学出版社2009年版，第3页。
④ 韩建中：《视听新媒体的崛起对我国电视群落的影响——基于媒介生态视角的分析》，《现代传播》2011年第11期。
⑤ 王建军：《"互联网+时代"的广电态度：SMG绝不会坐以待毙，在内容和渠道上都必须掌握话语权》，《IT时代网、IT时代周刊综合》2015年6月11日第5版。

媒介生态格局、视听传播形态的变化和碎片化传播的大环境影响，加上信息爆炸式增长，信息分享趋于圈子化、随性化、偶然化，如果某一家视听媒体搭建的传播平台不是特别优质，只能昙花一现后短时间内被受众忽略掉，以致无人问津。

当然，传统电视危机与新视听媒体方面的相关论述已经很多，概括起来，传统电视媒体与新视听媒体传播特征主要有以下区别：

1. 媒介特性方面，传统电视单向封闭，而新的视听媒体以开放性与交互性为基本特征

互联网改变着世界，新媒介重组社会构造或者更改着人们的生活状态。从媒介发展变革来看，新媒介的特性是无比优越的："新媒介将变得越来越便宜；它们将再次改变地理距离的含义；它们使加快传播速度变得可能；他们允许更大的传播量；它们允许更多渠道的信息流动；它们为互动媒介提供了机会；它们增强了对个体使用者的控制；它们可以使以前独立的媒介相互重叠和联系。"① 新的视听媒体的兴起满足了人们参与节目制作、流畅表达观点等方面的需求，彰显出传统电视媒体存在的多个短板：单向传播难互动、不能即时传递信息、没有海量内容、观众选择权有限、无法参与节目制作中。虽然电视节目中也可以通过写信、打电话、发短信等方式，让观众参与到节目制作和播出中，可是在收看过程中观众想跟节目互动，除非直播的节目，现场即时切入观众电话等方式参与，不然你想互动，已经在播出线上，互动起来难度非常之大。传受不能互动，更别说受众与受众互动，由此导致受众黏性不够。尽管媒介融合不断在调整或弥补，但建设一个开放性的平台或系统需要重新植入互联网基因，对传统媒体人来说非常艰难。

新的视听媒体以开放平台提高受众自主性、激发创造性、带动互动性、强化黏度。普通人边看边评论、边点赞边打赏等各种参与方式，遇到不满意的地方，还可以快进或后退，受众自主性大大增强，还可以购买节目产品，成为 VIP 剔除广告等。传统电视节目需要精英制作、需要多层级的审核机构、

---

① ［美］大卫·克罗图、威廉·霍伊尼斯：《媒介·社会——产业、形象与受众》，邱凌译，北京大学出版社 2009 年版，第 376 页。

需要专门的时间播出，观众需要找喜欢看的频道、需要在固定时间和区域里观看，受众时空限制较多。而电脑、手机终端里的视频网站、短视频平台、微信微博中的视频等，拥有用户参与性强、内容海量不受限制、任意时间地点制作播出和观看欣赏、视频内容可长可短、在不触及法律法规的前提下各种内容不需专人审核、传受双方随时分享互动、制作接收门槛低等媒介特性。

当然，传统电视明白自身媒介短板，也在不断求变求新。像传统电视延伸发展的 IPTV 有强大的互动性，受众自主决定播放内容、播放时长、播放次数、播放终端等，同时 IPTV 还提供了一个专门平台，这个平台上受众可以专门进行点赞、评论、打分等。另外，IPTV 还有巨量的片源库，用户还可以自主定制自己喜欢看的节目，为此发展速度加快。截至 2018 年 6 月底，全国 IPTV 用户规模已超过 1.42 亿人，用户还在不断增长中。像传统电视延伸出来的手机电视，也是有即时互动的功能，边看电视节目边用手机发送消息进行评论等，而且全国手机用户都可以集中起来针对某一内容进行即时讨论，方便而快捷。另外，以传统电视为基础的网络电视台，也在开放互动方面做了大量努力。但每一种媒介元素都会赋予受众独特的情感价值，受众会对文字、图片、音频、视频等有所偏好，这时候能有效融合到一起会更增强用户的收受体验。

2. 传统电视舆论引导力不断被稀释，议程设置功能逐渐失效，新的视听媒体由受众参与话题创造，自媒体影响力不断增强，情感应和引发裂变传播效应

"未来没有媒体，只有平台、入口、路径和消费者的接触点。"① 各具特色的传播内容，以及不同场合、不同时间段使用的不同屏幕介质，挤占了受众太多时间，耗费受众太多流量。而每个制作、传播视频内容的主体，也将想尽一切办法，从内容创意、表现手法、技术手段、传播方式等方面达到传播效果的最大化。这些都让传统电视舆论引导力大大稀释。另外，技术门槛降低、人人都是视听信息制作和发布者，视听内容海量增加，每个人只能在

---

① 尹正国：《别再迷信内容：传统媒体数字化的三大困局》，2012 年 11 月，福布斯中文网（http://www.forbeschina.com/review/201211/0021574.shtm）。

有限的时间里选择有限的几家视听媒体进行重点关注，这样的情形之下，媒体世界里强者越强的马太效应逐步呈现，绝大多数传统电视媒体曾拥有的"把关人"身份，很难再像以前一样重要，传统电视媒体设置一个议题让全民来关注的现象会逐渐消失。议程设置，更多的时候让渡给了受众自发的情感应和。

传统电视媒体曾引以为豪的优质节目，比如新闻专题类《焦点访谈》《新闻调查》或综艺类的《快乐大本营》《中国好声音》（后为《中国新歌声》）、《非诚勿扰》等，虽然品质依然优良，但人们很难再会等候某个电视台在特定时间播出的某个视听内容，而是利用碎片化的时间，观看碎片化的节目，哪怕碎片化的视听节目层次不够分明、内容不够完整深刻、主题不那么启发心智。确实，从容不迫优哉游哉待在电视机前观看电视节目的日子一去不复返了，最值得注意的是，现在视频网站有很大一部分内容来自传统电视、影视机构等生产制作的节目。而这些视听内容成为视频网站吸引受众的有力法宝。《收视中国》调查显示，"选择比例最高的为收看在电视上错过的节目内容，其选择比例达到46%，与电视节目内容相关的还有收看电视台近期正在播出的节目（选择比例39.3%）、收看电视台以前播过的节目（选择比例30.3%）、提前收看电视上还没播出的部分（选择比例24.1%），这些网络视频内容的收视行为基本与电视观众在电视上使用的回看、点播等功能所实现的时移收视目的一致"[①]。

随着新的视听媒体的移动化发展和综合功能增多，传统电视媒体的缺陷越来越暴露出来。"已经有越来越多的人习惯性地拿出手机，听音乐、观看视频短片，就不难理解通过移动终端享受视听服务，已经成为这一代受众的习惯。"[②] 目前网络视频网站、抖音等短视频平台用户不断攀升，超过了绝大多数传统电视的用户。"中国视听行业开启移动视听新时代，即由专业媒体的主动播放、观众的被动收听收看，转入普通个体积极参与媒体视听内容的制作、

[①] 黄鑫：《电视观众收看网络视频时，仍对于电视节目"情有独钟"》，《收视中国》2016年第8期。

[②] 赵婀娜：《视听新媒体时代变化已经开始》，《人民日报》2013年6月20日第17版。

传播过程中来。"①这个许多家媒体共同推动的进程，传播规模庞大，形成剧烈的舆论效果，而传统电视越来越不能做到这一点。所谓非官方媒体，是基于一定平台基础上的各种民营媒体或自媒体。这也说明，目前各种各样的视听节目夺走或分流了传统电视曾拥有的受众，电视媒体播出的内容不再像以前一样，不仅不能成为受众关注的唯一话题，反而会被慢慢忽略。在以互联网为基础的新视听媒体中，国内有像优酷、土豆、搜狐视频、腾讯视频、迅雷看看、爱奇艺等专门的视频网站，各种如快手、抖音等短视频App、微博微信中视听媒体公众号提供的视频内容、微信微博及相关客户端中分享的视听节目链接等，都会引来巨量的点击或播放次数。移动终端的视听节目播放次数当下成倍增长，动辄播放量达到上千万乃至上亿次，"我国目前视听新媒体已经取代了传统的电视媒体，成为用户使用率最高的媒体平台"。②

电视媒体播出的节目难以叫好又叫座。当然，传统电视力求转型，通过媒介融合新技术来重新抢回"霸主"地位，比如目前线性传播的传统电视也设置了互动式的点播、回看服务，还有"摇一摇、扫一扫"、嫁接各种视听平台等互动方式，同时可以开展搜索、网络社交、电子商务、线下活动等。不过，仅有这样一些功能，是否跟得上新视听媒体，或者与之抗衡了呢？看来很难企及，这是一种根植于传播理念和基因的区别，不是表面的技术融合或转型发展就能达到的，而是要脱胎换骨，以智能化、人性化的要求去发展媒体。现在不管在电视、电脑还是手机上，随便打开一款新视听媒体集合的App，可以看到节目已经按地区、年代、类型、演员等分类设置，只要输入关键词或者片名，都可以在特定的领域内搜索到自己喜欢的内容，同时新闻类节目还按标题一一排列，受众可以点击自己喜欢看的条目。观众既然在新视听媒体上有这么多的选择，他们就没必要在意观看哪个台，或者哪个频道。这就导致认真观看传统电视的时间在逐渐下降，"电视受众逐渐从客厅移到书

---

① 高宪春、解藏：《媒体融合背景下视听媒体创新途径再分析》，《电视研究》2014年第1期。
② 潘明歌：《视听新媒体与电视媒体的互助与共生》，《当代电视》2015年第6期。

房,即使在客厅看电视,大多也在刷微博、微信"①。

3. 内容生成方面,传统电视与新视听媒体之间制作群体、制作模式、制作理念大不一样,PGC(专业生产内容)与 UGC(用户生产内容)之间此消彼长,正在重塑传播生态链条

从视听内容的生产者和制作者来看,传统电视是由经过专业训练的记者、编导、摄像、后期等工作人员来制作,而一大部分视频网站、微信微博关联视频、短视频平台、播客等视听内容,尽管有不少是版权购买,但大多是自制而来,特别是由普通的用户创作后上传,相关工作人员只是管理或协调推荐。在这样一个开放性的智能算法推荐的平台上,一个普通的藉藉无名的用户,只要拍摄制作的视频内容新奇好玩、精美优良或引发很多人的情感共鸣、价值认同,就会在交互式的传播中不断点赞、评论、层层转发,形成另外一种产品裹挟着更多内容形成裂变式的传播效应,有可能短时间内形成海啸般的声势,覆盖面和影响力甚至超过由几千人组成的传统媒体生发的内容。这样的例子在微信平台、短视频平台中频繁出现,显示出自媒体盖过传统媒体的势头。

目前看来,各类视频网站、App 的自制内容大爆发,用户几何式增长,而传统电视面临着内容创新乏力、制作人员流失的阵痛。在媒介技术日益变革、传媒生态发生剧变之时,有志于视听内容创作的人才更喜欢新的视听媒体搭建的集更多可能性的虚拟平台,加上这些视听媒体巨大的人才缺口和资本带动下的高薪待遇,会吸引更多优秀的传统电视人加盟,而留在传统电视媒体的制作人员,会随着平均年龄的增大,成为创造活力不足又自视甚高的一个群体。近年来许多知名电视人纷纷离职,一方面,是因为电视台的体制决定了上升通道的单一,很多人才发展到后来业务、职务方面遭遇到天花板;另一方面,许多以互联网为基础的视听媒体开始不遗余力地给出高薪或其他待遇,向传统电视人才抛出橄榄枝。爱奇艺的马东、优酷的李黎、百度的梁冬等一些曾经的传统电视人被挖到了新的视听媒体的沃土中,展现出新的视

---

① 漆亚林、陈思亦:《传统电视与视听新媒体价值链的融合与拓展》,《电视研究》2014 年第 9 期。

听媒体强大的人才凝聚力量。

特别是新的媒介生态中,协作、共享、免费等成为一种先进的理念,视听内容向海量化、分众化、品牌化、互动化、碎片化方向发展,加上技术门槛的降低,人人都成了视频制作者,而制作方式越来越灵活,有可能一个小孩制作出来的内容,甚至比一个摄制组拍摄的内容要精彩好看、方式特效更吸引人。像新浪秒拍、腾讯微视、阿里短片、抖音短视频等现场捕捉,传统新闻记者难以第一时间赶到现场。视频网站或 App 是通过互联网存在的一种主要提供网络视频内容的网站或 App,其中包括电视剧、电影、新闻、综艺娱乐、自制视频等内容。海量性、可参与性、可分享性、可选择性、可追溯性、多链条性等特性,以及在广度、深度、密度等方面拓展了传统电视的传播水准,决定了视频网站或 App 比传统电视的大众传播有无比优越的传播方式和条件。在这样一个大的背景下,许多视频网站或 App 常常有出其不意的精品力作出现。视频网站或 App 自制的节目开始反哺传统电视,一批优质自制节目、自制剧已经开始逆向输出到电视媒体。各种新视听媒体的综合功能如社交、电商、游戏、城市服务等功能越来越强大,用户随之也越来越多,用户生成内容更让平台更具活跃度,更富朝气和生命力,新视听媒体"个性化视听信息大大超出了以往广播电视媒体所能提供的服务"。[①]视听服务内容增多,赢得并粘贴的受众或用户滚雪球般增长,新视听媒体越来越显示出强大的凝聚力量。当然,一些新视听媒体或平台上的自媒体突破常规、追求猎奇,甚至打擦边球或突破底线来吸引受众注意力以便获取流量,这是另外一方面的问题了。

4. 盈利模式上,传统电视以广告为主要盈利模式,其他方式正在探索;新的视听媒体营销方式灵活多样,除了传统的广告外形式外,还有点播时按次收费、会员制、包月包年收费、版权营销、线下活动、延伸产业收益、其他终端收益、综合服务等多种

尽管有统计数据显示电视开机时间没有减少,但观众规模确实在下降,而且明显以中老年人为主流,青少年观众流失严重。事实上,各种视听媒

---

① 高宪春、解葳:《媒体融合背景下视听媒体创新途径再分析》,《电视研究》2014 年第 1 期。

体利用碎片化时间"分流"肢解了传统电视的广告盈利模式，传统的广告时段行将废弃，消费者不再会对电视频道产生黏度，而新的视听媒体在视听信息播放前硬性插入广告，让受众无法跳过或离开，如果使用付费模式，可以跳过广告，同时还有版权营销、线下活动、综合服务等。目前看来，"在各类视听新媒体形态中，公共视听盈利模式最为成熟，产值规模相对庞大；网络广播影视用户规模最大，收入增长的绝对值最高（收入增长最快的是手机电视）；IP 电视盈利模式最清晰，但由于用户规模相对较小，收入规模相对有限；手机电视用户近年来发展很快，收入增长最为迅速；CMMB 已经取得初步收益，开辟了良好局面；互联网电视刚刚起步，尚未产生明显效益"①。

网络广告收入大幅攀升，已经超过了电视广告。近些年中国网络视频行业的市场规模以 47% 增幅快速增长，已经大大超过了传统电视的市场增长规模和速度。受众收视习惯导致传统电视广告从 2014 年起迅速下滑，国内大多省级电视台广告收入呈现塌陷趋势，甚至断崖式跌落，这对以广告为主要盈利模式的传统电视是致命的。"2014 年是个标志性的年份，互联网广告的收入规模首次赶超了电视。"②

数据显示，在美国，从 2013 年起，互联网广告收益首次超过传统电视广告，三大有线电视频道的网站流量不断增加，受众规模上涨。在运营模式方面，像 Hulu 采用广告分成模式，广告收益百分之二十留给自己，百分之十给内容推送商，百分之七十给内容提供商，也就是它的东家，如 Fox、NBC、ABC、Sony 等媒体公司。在这方面，Facebook 也会给传统媒体优厚的广告分成。目前国内传统电视内容分享到微信平台、抖音等短视频平台，收益相对较少，但根据阅读量或点赞量能得到一部分。

可以说，随着市场规模的增大和经营方式的多样化，中国视听媒体产业进入了井喷式的增长期，网络视频开始向专业化、精品化、规模化等方向发

---

① 庞井君：《当前中国视听新媒体产业发展的几点思考》，《电视研究》2011 年第 5 期。
② 王建军：《不加速行动，广电人将失去与互联网对话的机会》，2015 年 6 月 10 日，头条网（http：//www.toutiaowen.com/wenhua/dianying/2015 - 06 - 11/162175. html）。

展,部分高质量的网络自制剧反哺传统电视不说,开始向电影、游戏开发转型来获利,比如前些年网剧改编的电影《煎饼侠》上映一个月票房达到11.59亿元。土豆网的自制剧《欢迎爱光临》版权销往亚洲多个国家的电视台,最高单集卖到了3万多美元①。像网络自制剧《盗墓笔记》,视频网站爱奇艺通过会员差异化排播模式进行营销,上线22小时后,就为爱奇艺导入破亿流量,VIP会员一次性可以看完所有剧集,非会员一周只能看一集,后来自制剧《蜀山战纪》也同样采取"会员与享""会员抢先看""会员免费参与"等形式,效果良好。这也意味着,除了节目前、节目中的广告盈利之外,其他盈利模式在不断探索与增长之中,像优酷软性的"品牌植入的微短片众筹",线下活动的"土豆映像季"等,都取得不错的收益。而有些明星演唱会等开始尝试付费在线直播,像汪峰演唱会的在线直播收益不错。同时这种O2O形式的营销方式,也催生了一些新商业模式,比如虚拟鲜花的收入就能达到十多万元。可以说,内容仍是付费业务快速发展的根本驱动所在,如果没有对内容的热捧,一切的更新与升级几乎为零。所以技术搭建了桥梁,而让人们愿意通过桥梁的原因还是彼岸拥有的吸引力。

目前来看,视听媒体中短视频、网络自制剧、网络段子、网络纪录片、网络真人秀、网络直播等视听内容以其大众参与、有效引导的方式成为粘贴受众的重要视听力量,也是市场规模扩大的重要载体。除了传统的广告盈利外,还有比如会员制、包月包年收费、版权营销、线下活动、延伸产业收益、其他终端收益、综合服务等多种盈利模式。而传统电视需要扩充各种运营渠道,以广告费、收视费、点播费、定制费以及相关线上线下的其他方式来达到以前的广告收入,以免从节目制作费用、人员工资上捉襟见肘,形成恶性循环。但目前的媒介生态下,竞争无比激烈,实施起来难度很大。

5. 传统电视与新的视听媒体之间受众年龄分化严重,越来越多的受众导流到新的视听媒体之中,新的视听媒体的渗透率和用户黏性正在不断上升,受众从客体成为传播主体,主体性、交互性大大增强

---

① 参见胡瑛、程丽蓉《自制元年:视频网站自制节目的再思考》,《编辑之友》2015年第5期。

就视听信息的接收者来说,现在的电视观众基本为中老年人,"40岁以上的消费者成为收看电视的主流人群,电视观看人群的年龄结构呈现'老龄化'趋势"①。这是无可奈何的事。"60后""70后"绝大多数属于资深网民,更钟情于网络营造的世界,"80后"成长期遇到了网络,"90后""00后"更属于网络原住民,与网络同步长大的一代,网络对他们而言跟空气一样不可或缺。传统电视从制作内容到播出方式,如果仅仅为了留住现有的观众,那么随着时光推移,观众会越来越少。而且从消费能力上,老年人的消费内容方面相对受限较多。何况不少老年人向年轻人学习,开始玩转微博微信快手抖音,大量使用社交媒体观看视频。传统电视节目在保证新闻节目的公益性基础上,只有跟以网络为基础的新的视听媒体内容一样呈现出碎片化、娱乐化、资讯化的特征,才能吸引大量的年轻受众。

多项问卷调查中,40岁以下的受众50%表示很少看电视,甚至一两个月没看电视了。特别是工作忙碌、收入较高群体观看电视的时间越来越少。而笔者有段时间在一档民生新闻节目中接热线电话时发现,有形形色色打来热线的观众,根据登记表发现85%的热线打进者年龄在四十岁以上,属于收入较差、遇上难事无法自己解决、求助媒体的观众。好不容易遇上一个年轻的观众,一问年龄,对方自称29岁。当问及是否经常收看该民生新闻时,对方说热线电话是从母亲手里要来的,自己很少看电视新闻节目。与此同时,笔者也在小区中听到过一帮老大爷老大妈在聊该民生新闻栏目播出的节目,可年轻人中,特别是25岁以下的年轻人中,知道这一档60分钟的民生新闻的少之又少。

"以往受众常常用完整的时间段收看视频,而现在则更喜欢在短时间内浏览全部节目内容。"② 视听内容贴近大众,制作形式多样,结构短小精悍,方便传播不说,而且让受众在碎片化时间段里随时随地收看,有所感触就可点赞、评论或转发,受众效果自然不错。"从视听内容形态上而言,

---

① 张玉玲:《视听新媒体时代:变化刚刚开始》,《光明日报》2013年6月13日第16版。
② 漆亚林、陈思亦:《传统电视与视听新媒体价值链的融合与拓展》,《电视研究》2014年第9期。

'微视频'可以称为其最应具备的根本特征。"① 传统电视制作人员从思维到技术手段,目前很难做到这一点。而网络视频吸引了高价值受众,特别是高学历、高收入和年轻受众,这无疑对其他的受众起到一个引导和带动作用。

除了上述区别外,内容固化、思维僵化、成本增高、机制不活等,都是大多数传统电视媒体制约发展的瓶颈问题。当然,还有一些原因也制约着传统电视的进一步发展,比如在我国报刊不能办电视(目前许多报社已经制作视频新闻、着手视频业务),电视台之间的发展只能是节目方面的合作,而不是放手让资本进行并购以至跨区域发展等。新的视听媒体大多没有这方面的限制,以网络为基础的视听内容不但能进行市场运作,满足用户多方面的信息需求,还能覆盖到全世界的用户。事实上,电视媒体的转型升级已经箭在弦上,大势所迫,受众所需,也是动力所驱。许多传统媒体人也在感慨其行业形势下滑严重,面对当下现实,明确表示若不想"坐以待毙",就必须要直面未来发展可能,强调不能"无所作为"。"传统媒体不改革,没有出路;在原来的基础上的叠加新媒体,是在用传统媒体思维统领,仍然是死路。"② 挑战如此现实和严峻。

新媒介、新技术带来的新变革,"使传统广电行业面临百年未有之变:需求多样化、个性化;渠道多元化、宽带化;产品体验化、付费化"。③ "移动化、社交化、平台化正在成为这一产业在全球的时代主题。"④ 在这样一个视听媒体融合发展的趋势下,传统电视也在不断突围。尽管传统电视短板触目惊心,不过所具有的优势还是相对明显,比如有相对丰富的政府资源、专业的拍摄制作队伍、强大的议程设置能力,已有的节目版权和资源等,同时,传统电视在新闻直播、大型综艺节目、情景剧、公益节目等拍摄制作方面具有相对明显的人才、设备、技术等优势。电视媒体人"一旦他们掌握了基本技术,进入内容驱动期,就到了他们可以跑步登顶的缓坡了"⑤。所以传统电

---

① 高红波:《视听新媒体节目的类型与特征》,《编辑之友》2013年第9期。
② 陈力丹:《用互联网思维推进媒介融合》,《当代传播》2014年第6期。
③ 张玉玲、李慧:《中国视听新媒体发展大视野》,《光明日报》2011年2月24日第16版。
④ 庞井君:《视听新媒体发展的基本趋势》,《中华读书报》2013年6月28日第21版。
⑤ 王明轩:《大数据与视频媒介产业链重构》,《南方电视广播学刊》2014年第2期。

视与新视听媒体当下的实力应该旗鼓相当,主要看接下来怎么运作和发展。上海广播电视台台长王建军说,"我们还有入口的优势。前段时间有学者提到入口经济学,认为截至目前电视仍然是最好的注意力入口"①。事实上,传统电视台主导的 IPTV 就对传统电视功能进行升级,突破了单向传播的功能,内容呈现、传播模式、用户服务方面有了较大革新,目前在许多城市推进,但技术方面还存在一定缺陷、市场意识存在不足;手机电视解决了传统电视终端承载的问题,传统电视节目可以移动观看,还具有私密性、互动性等特点;移动车载电视解决了大屏幕移动难的问题;互联网电视具有更大的覆盖范围,具有更大的开放性。不过,"人们把'看电视'与'用电视'融为一体的趋势日渐显现,让电视与其他各屏实现互动共享已成为现实"②。如果综合利用传统电视强大的战略优势,实现"从内容、技术、渠道、平台、经营、管理、用户等方面,鼓励跨界(过去是限制)、跨地域发展的探索和尝试"③,再加上移植互联网为基础的新视听媒体发展的基因和增强综合服务功能,传统电视媒体转型升级为另一种新型主流视听媒体说不定指日可待。这方面,中央电视台在多渠道传播、平台搭建方面进行了积极尝试并取得了良好的效果。

第二节　当下视听媒体生态的发展特征

从过去的飞鸽传书、楼上楼下、电视电话,到现在无处不在的网络和各种屏幕,人类已经进入了前所未有的信息爆炸时代,随时随地可以享受信息带来的便捷与快乐。看看生活的四周,传统媒体有报纸、广播、电视、

---

① 王建军:《不加速行动,广电人将失去与互联网对话的机会》,2015 年 6 月 10 日,头条网(http://www.toutiaowen.com/wenhua/dianying/2015 - 06 - 11/162175.html)。

② 李雪昆:《2015 视听新媒体蓝皮书:"视听 +"成新动力》,《中国新闻出版广电报》2015 年 7 月 22 日第 2 版。

③ 杜泽壮:《落实我国媒体融合的三记重拳》,2014 年 8 月 22 日,人民网(http://media.people.com.cn/n/2014/0822/c40628 - 25517092.html)。

电影、杂志、出版书籍等；而基于互联网的新视听媒体有各种门户网站视频专栏、各大视频网站、微博微信中的视频链接和视听公众号、楼宇电视、公交电视、航空电视，以及当下兴起的 VR/AR 视频、短视频直播、全息投影、Google 眼镜技术等。过去没有任何一个时代，像当下这样各色视听媒体空前繁荣，也让时空缩短到如此程度。比如像微信的各项功能越来越强大，渐渐呈现出一家独大的局面，而现在，"微信已不单单只是一个充满创新功能的手机应用。它已成为中国电子革命的代表。覆盖90%以上的智能手机，并称为人们生活中不可或缺的日常使用工具"①。从目前发布的一系列数据来看，微信、抖音等活跃用户越来越多，几乎达到了手机用户数量，而短视频平台上的视频内容滚雪球式增长，赋叙事于调侃幽默的各种茶水段子越发得到受众欢迎。

  媒体更迭，得用户者得天下。当下已经进入了多屏共享的视听媒体时代，"从地位来看，中国的视听新媒体已经成为重要的主流媒体，从媒体格局的边缘进入了媒体格局的中心"②。而三十年前，电视在中国尚属于稀罕物，不少论述媒体的著作中，传统电视被当作"新媒体"加以描述，可也就使用了三十多年："互联网将在五年内彻底变革传统电视产业"③。一句话让人感觉电视已经垂垂老矣，"在美国，2002年以来电视节目的平均收视率已经下降了50%；而在中国，从2001年以来电视观众平均收视时间呈现波动下行的趋势，2003年观众年平均收视时间为179分钟，这一数据在2013年降至165分钟"④。2014年，美国维亚康姆公司、二十一世纪福克斯影业公司、康卡斯特公司和华特迪士尼公司等纷纷表示，某些频道的广告收入急剧下降。伯恩斯坦研究公司的高级分析师托德·云格尔也表示这种下降"令人警惕""前所未有"，而且，电视正在经历一场"结构性的"变革，

---

  ① 《腾讯发布：2015微信用户数据报告》，2015年8月24日，大数据微信公号（http://digi.163.com/15/0601/06/AR0MPOGT00162OUT.html）。
  ② 杨明品：《中国视听新媒体发展趋势分析》，《传媒》2013年第11期。
  ③ 周天：《互联网真的能彻底变革传统电视产业吗？》，新华网（http://news.xinhuanet.com/world/2007-01/30/content_5674914.htm）。
  ④ 杨旭：《凤凰全媒体研究院落地 大数据推动传统电视转型》，2015年6月16日，慧聪广电网（http://news.zol.com.cn/526/5266872.html）。

越来越多的观众更喜欢广阔而繁杂的网络世界。他就此发出警告："我不认为那些观众还会回来。"① 2014年以后电视影响力越来越弱。国内来看，目前在互联网巨头BAT支持下的视频网站资源越来越丰富，市场占有量越来越大，并不断发展新兴业务，实现网络生态的全产业链布局。而"今日头条"等依靠智能算法和受众喜好在视频业务方面全面发力，勃兴态势令人刮目。

与此同时，国内广电网络整体收入近些年远远落后于三大电信运营商网民中通过电脑、平板电脑、手机等收看视频的比例不断攀升，乃至手机成为观看视频信息的最主要的工具。"有研究预测，全球未来互联网上90%的流量来自视频，视频资源中有70%的将进入互联网，未来的互联网时代也应该是视听服务时代。"②

媒介大裂变、大整合已经成为事实。任何一种新媒介的诞生和发展壮大，会从传播方式、传播内容、传播效果、受众需求上对整个媒介生态带来冲击性影响。"和语言一样，每一种媒介都为思考、表达思想和抒发情感的方式提供了新的定位，从而创造出独特的话语符号。"③ 就视听媒体而言，如前所述，传统电视岌岌可危，转型升级迫在眉睫。移动化、社交化的视听媒体为发展的大势所趋。尽管传统电视提供的视听节目在网络视频、短视频平台、微信圈关联视频中赢得巨大的粉丝或关注量，但话说回来，使用的比如是腾讯的平台，主动权自然掌握在腾讯公司手中，当下许多微信视频公众号就通过腾讯视频上传，腾讯视频内容急速增加，传统电视不免为他人作嫁衣，"以门户网站、视频网站、微博为代表的网络信息平台让传统媒体沦落为内容提供商，传统媒体的影响力和价值加速流失"④。传统电视日渐式微毋庸置疑，不过突围也在开始，新的视听媒体还在蓬勃发展，传播形态远未定型，节目类型还在不断涌现和完善中。随着受众对媒体内容的选择自主性增强，视听媒

---

① 翼飞：《传统电视收视率下降 英美观众偏爱定制节目》，《天津日报》2015年3月1日第16版。
② 杨明品：《中国视听新媒体发展趋势分析》，《传媒》2013年第11期。
③ [美] 尼尔·波兹曼：《娱乐至死》，章艳译，广西师范大学出版社2004年版，第11页。
④ 王勇：《媒介融合背景下我国广电全媒体发展研究》，武汉大学，博士学位论文，2013年。

体回到了它的本质——信息的传播等中。因为对每个人来说，有效信息是不一样的，所以需要在不同渠道的海量的多样化的视听内容中选择自己想要的信息。整体来看，视听媒体的转型升级、融合发展成了关键词，播出平台、技术应用、节目形态、播出时长等也呈现不同的变化，逐渐形成一些基本的特征，有别于原有的传统电视媒体的节目制作、播出、接收等，主要呈现以下特征。

一 视听媒体制作主体多元化，草根叙事与精英打造并存共荣

随着信息技术的迅猛发展，传媒业不断调整发展，产业化进程加快，特别是国际传媒业向集团化、规模化、全球化发展，传统的地方区域化媒体正遭受越来越多的挤压，逼迫转型。而以互联网为基础的新兴媒介风起云涌，舆论场域多极分化，大有重新洗牌之势。这样一个媒体生态格局下，视听媒体的生产主体愈加多元，传统的视听媒体除电视台、门户网站视频、视频网站之外，IPTV、手机电视、楼宇电视、车载公交电视、短视频平台以及各种自媒体等生产的视听内容急剧增多，制作方式各有特点，传播形态愈加多样。

1. 传受双方界限逐渐模糊。目前来看，传统电视作为主流的视听媒体，其视听节目主要由专业工作人员完成，由传统电视延伸出来的IPTV、手机电视、车载电视等，基本由专业人士完成。专业人士制作的视听内容相对具备思想性、艺术性、可看性，但也存在过于高大上而不接地气的可能。而像优酷等视频网站、新浪秒拍、腾讯微短视频、快手、抖音短视频等，是一个平等、开放、民主的平台，普通用户可以不拘一格地在上面进行各种各样的海量内容的创造，这与传统视听媒体精英化、专业化的制作大不一样，呈现出不同的制作样貌，新鲜、娱乐、时尚、耐人寻味。受众即制作者，激发了每个普通用户追求创造的活力，即 User - Generated Content，用户生成内容（UGC），每个制作、传播视听内容的主体，也将想尽一切办法，从内容创意、表现手法、技术手段、传播方式等方面达到传播效果的最大化，也让用户更加热爱和用心维护这个平台。"互联网所创造的所有价值、机会其实都是在对元素集的激活，用某种技术、模式对这种元素集激活之后，它们身上存在着

的价值和能力才能产生聚集、激活、利用、整合这些发生和发现的，这就是互联网。"① 事实上，随着这样的视听媒体开放平台的增多，传受双方身份不断发生变化或身份消失，任何一位平台用户既可以是信息传送中的接收者，也可以是视听内容的制作者和传播者。除视频网站之外，有微信、微博、自建网站、专门视频网站、个人空间、各种客户端、短视频平台等，都可以上传视频然后进行传播。只要你有一款能拍摄能上网的手机，你就随时可以拍摄视频后上传到网上，分享给大家，也达到自己的传播目的。这样的情形，就是让个人、商业或非商业的、专业或非专业的视听内容充分从一个平台上流传开来，平等互动、相互聚合、共同分析，传送方式和渠道的增多，最终方便所有受众。

2. 草根叙事与精英打造并存共荣。习惯于传统电视叙事方式、内容架构的受众，面对形形色色新视听媒体的视听内容，会有一种草根叙事带来的耳目一新的感官冲击。比如这两年很火的天马行空的网络喜剧、口碑与影响力巨大的网红 Papi 酱、大量街头海采无比有趣新鲜的话题内容，还有《我是传奇》《奇葩说》《晓说》《全民大挑战》等视频网站出品的自制节目，草根与精英都成为制作、传播主体，普通人加冕的节目具有庞大而广泛的受众基础，不仅分流了传统视听媒体的受众，还呈现出跨屏多渠道传播的趋势，不断反哺传统电视媒体。

从市场方面看，竞争还在不断升级加剧，新的视听媒体产品将接二连三诞生。多元化的市场、多元化的受众，导致的是传播介质不断丰富，传播内容各具特色，每个人都会在不同的场合、不同的时间段选择使用不同的屏幕介质，来收看视听内容。这些以互联网为基础的视听内容呈现出新鲜有趣、短小精致、简单轻松等特征。

3. 针对不同媒介特性制作特色节目。随着技术手段的进步，甚至有可能会出现这样的传播介质，占尽所有视听媒体的优势，比如说手机，内设投影仪，内置高清音响，将大屏幕、小屏幕、不同音质都统一到一个较高的标准

---

① 喻国明：《现在所有媒介融合基本逻辑都是错误的》，2015 年 1 月 7 日，中广互联（http://www.sarft.net/a/173463.aspx）。

里，方便快捷，同时又节省资源，如果用户想制作视听内容，可以通过手机操作，想看大屏幕，可以投影到合适的墙面上，享受大屏幕带来的视听效果。这样的媒介技术不断更新，视听内容会更加丰富而竞争更升级。近些年，中国网络视听产业规模、中国网络视听服务业市场继续保持高速增长态势，网络视听产业的营收规模不断攀升①。在不同的渠道针对媒介特性制作或编辑不同的视听内容已成为常态，在网站上制作系列的、专题的内容，在手机渠道中制作一些短小的、精华的内容，收效会越来越好。像有些视频网站侧重于网络渠道的动画制作和动漫内容的视听播放，针对的受众更加的年轻与时尚，而且根据视频网站的开放性，邀请大量的受众加入动漫制作行列当中，特色化与开放性融为一体，效果明显。

4. 新旧视听媒体的制作方式逐步趋同。不管是制作成本还是制作模式，当下新旧视听媒体相互补充借鉴，争取以做出高质量的视听内容为目标，具体谁是制作主体不再重要。与以往传统的电视媒体高成本制作相比，当下视听内容的制作大多以简练为主，只需一个拍摄视频的手机或摄像机，加一个后期剪辑软件就可以制作。当然简练不等于简单，更不等于粗糙。为了达到视听效果，近些年不少网络自制剧的投入成本不断增加，比如《盗墓笔记》每集就达到一百万元。这相比传统影视制作，成本还是较低。传统电视在制作节目时，需要专业级的摄像机、专业编辑器、大量的专业人员，成本较为昂贵，一期综艺节目的开销达几十万元乃至上百万元。而当下大量的视听媒体并不需要这样的专业门槛，有些快速消费"速食品"视频，不一定非要用特别高清的摄像机、高超的编辑技巧，何况随着技术的进步，便携式的摄录设备质量已经很高，加上基本的拍摄技巧，可以实现制作者的传播效果。像美国最大的在线视频服务公司奈飞作为一家开放的视听媒体平台，用户在该平台上传的各种节目，就反向输出到传统电视播出平台，播出后还是挺受欢迎的。这也说明，传统电视不再是视听节目的主要生产者。就算传统电视的延伸产品 IPTV，拥有直播电视、时移业务（不受传播电视播出时间的限制，可以随时观看任何节点内容）、位移业务（在不同设备上使用 IP 网络）、

---

① 参见曹玲娟《2015 年中国网络视听产业营收超 530 亿元》，《声屏世界》2016 年第 2 期。

VOD 视频点播等业务，也远远没法和 UGC（用户生产内容）制作模式相抗衡：

表 2-1　　　　　　　　　　IPTV 与网络视频的区别①

	IPTV	网络视频
内容特性	连续内容流	离散内容片段
内容选择	数百个节目"频道"	数百个内容文件
内容格式	一种或两种格式（由提供商进行选择）	针对多种播放器的多种格式
传输网络	专用 IP 网络	公众互联网
收看设备	通过 STB 使用观众电视机	用户 PC 显示屏、便携式设备

随着大众参与到生产视听内容中，视听媒体内容将会呈现出简单化、即时化、碎片化、社交化等特点，同时还存在诸如内容版权的问题、质量的问题、运作的问题、如何盈利的问题等。在视听节目制作方面如何融合发展，曾推出《中国好声音》的原浙江卫视总监夏陈安认为以互联网为基础的新的视听媒体具有年轻人的思维习惯和制作特点，而传统电视的制作团队更具有专业化和精英意识，这两种思维方式如果能有效结合，会产生更多具有突破性的节目。为此，夏陈安表示，"有意将挑战类与原创类的新节目作为研究样本，从它们的思维、制作、生产等各方面进行探讨"②。

二　视听媒体传播渠道多样化，移动端成主要传播渠道

视听媒体市场竞争加剧，会迫使技术手段不断进步，传输方式相应增多，从过去的有线到无线、地面到天上、模拟到数字、电信的传输到现在三网融合，4G 普及、5G 应用，Wi-Fi 技术的推广，视听媒体传输方式呈现多样化。

---

①　[美] Wes Simpson：《IPTV 与网络视频：拓展广播电视的应用范围》，郎为、焦巧译，机械工业出版社 2008 年版，第 22 页。

②　定福庄 1 号：《走进互联网的夏陈安在忙什么？》，2015 年 6 月 13 号，媒介 360（http://www.aiweibang.com/yuedu/30959813.html）。

像视频网站、手机电视用的是网络，IPTV用宽带，有线电视用电缆，车载电视用无线数字信号，短视频用4G、5G、Wi-Fi等。传输方式增多，许多视听节目可以通过多个渠道到达受众视野中。

1. 受众选择的渠道不断增多。目前看来，受众可以选择不同的传播渠道，如电脑、电视、手机等终端来收看。像视频网站、短视频平台可以通过电脑、智能电视（视频网站App）、手机（直接打开或App）来传送；IPTV主要通过宽带来传送；车载视频基本车辆上播放；手机电视主要是手机来播放；VR视频、Google眼镜等目前需要专门的设备；微信视频直播类的App手机、电脑、电视来传播。其中手机传播具有私用性、便携性、互动性和个人性而广受欢迎。

2. 移动端成为主要传播渠道。就固定客户端而言，2012年起，电脑端和电视端基本上平分秋色。优酷统计数据显示，当年播放的网上电视剧中，《北京爱情故事》在优酷网上播放超过2.9亿次。而该剧当时的收视率在几大卫视也创下佳绩。尽管统计数据不一，有些数据表明电视开机量还在上升，但事实上，忠实观众观看电视的平均时间逐年减少。未使用网络视频的受访者有44%表示将来会使用网络视频[①]。2013年10月数据显示，"在2.17亿美国网民中，87.1%的网民在当前月度中有观看网络视频的记录，视频观看总量达到490.8亿段/个，其中广告视频观看量为245亿段/个"[②]。《收视中国》调查显示，"选择比例最高的为收看在电视上错过的节目内容，其选择比例达到46%"[③]。事实上，随着以互联网为基础的媒介技术的发展，短小、有趣、重大的视听节目转移到新型终端特别是手机、平板电脑移动端，已经是大势所趋。"视频用户在终端设备的使用上，71.9%的用户选择用手机收看网络视频，手机成为网络视频的第一终端"[④]。皮尤于2016年公布的数据显示，62%

[①] 参见张天莉、郑维东《网络视频发展及其对电视媒体影响的不断深化》，《电视研究》2012年第12期。

[②] 杨状振：《美国视听新媒体产业发展现状》，《视听界》2015年第1期。

[③] 黄鑫：《电视观众收看网络视频时，仍对于电视节目"情有独钟"》，《收视中国》2016年第8期。

[④] 景义新、秦赟：《移动互联网条件下视听媒体的新形态、新特征及演进趋势》，《中国电视》2015年第8期。

的成年人都在社交媒体上阅读或观看新闻。受众死守电视机前观看连续剧或电视新闻的时代一去不复返,大龄群体倾向于通过电视渠道来获得新闻,更多年轻受众选择到移动端上追剧看电影或其他视频内容。数据也不断证实,在传播渠道上移动端占了很大比例。受众选择渠道不断增多,但用手机观看视频已经成为受众主要选择,移动化、伴随性已然大势所趋。

就传输方式的特性而言,美国学者迈克尔·塞勒研究后形象地比喻台式电脑为"固体",沉重而不方便;手提电脑像"液体",虽然能流动,但终归携带不方便;而移动终端为"气体",随时随地使用时都能找得到。更令人兴奋的是,移动终端"它为媒体生态带来一种全新的'应用'模式,建立了一个全新的'应用商店'生态系统,以及给予用户一种创新性的'多点触控屏幕'的人机界面体验"①。未来智能芯片等会促使更具人性化的移动终端出现。

3. 各渠道在视听内容方面相互补充。传输方式的变化最受益的还是受众。视听内容不再像传统电视一样以时间的线性播出,错过了这个时间段就看不到,而是随时随地可以观看,即观看方式非线性化。线性化的播出和非线性化播出,将在很长一段时间内同时存在,但最终全部是非线性播出。而不少的视听内容将重新在以网络为基础的视频市场里重新定位,要么将整体节目拆分逐条播出或片段播出,要么制作成精短的视频片段,以方便受众在不同载体上浏览观看。事实上,现在众多的传统电视媒体各大栏目都有自己的微信公众号、抖音号、App 等,成为新闻传播新阵地等,而且在各地方的微信公众号排名榜上占据前列。笔者 2015 年前后在江苏电视台、广东电视台、四川电视台、陕西电视台、宁夏电视台调查了解到,目前各台民生电视栏目微信粉丝量快速增长,最高的上百万(如《零距离》),最低的近二十万(如《都市阳光》),但内容推送条数有限,盈利模式并不明显,无法形成更大的传播效力。像视频网站、短视频平台中制作播出的内容是巨量的,节目或内容分门别类,根据受众偏好不同的人选择自己喜欢的内容。传统一个电视频道

---

① 景义新、秦赞:《移动互联网条件下视听媒体的新形态、新特征及演进趋势》,《中国电视》2015 年第 8 期。

一天最多能连续播放十集电视连续剧,而一个客户端App里能存储上万集电视连续剧,可供受众随时随地观看,差别自然不言而喻。当然,对部分受众而言,电视屏幕宽大清晰,声效又好,有些内容通过电视屏幕观看才有声效画质感觉,而手机屏幕更适合播放一些零碎的内容,所以电视屏幕短期内不会消失。

三 视听媒体制作投入规模化,资本运作加大"烧钱"步伐

媒介技术发展的结果,使网络、宽带、摄录设备成本不断降低,摄录技能对每一个人而言,会变得跟驾驶技术、上网技术一样简单,或者说,会成为人们日常生活中非常平常的一部分,稍微懂点网络技能或者摄录技术的人都有可能采用视频方式来传情达意。在这样一个基础上,尽管需要专业记者存在,但普通的公民记者或者记录者的存在也充满意义。专业记者就算是全媒体性的背包记者,也不能随时随地出现在任何一个角落完成所有采摄录编写,而这些被专业记者遗忘的角落,会成为普通人拍摄后传播的视听素材。目前普通用户上传到优酷、土豆、搜狐、腾讯等视频网站的内容所占比重越来越高,点击量也不断创造新高。在视频网站中,视听内容已经不是专业制作者的专利,也不需要专门的编辑和推送播放,普通用户制作后就可以上传,成为分散的、动态的、非线性的视频播放,这样的视听内容成为主要部分。"从投入产出的成本获益比来看,以往专业化视听媒体不占优势,产品的数量更是远远不及。"[①]

1. 传统电视制作节目的投入越来越大。在内容制作方面,像IPTV除了直播电视内容、拥有正规版权的影视内容外,还有教学业务、信息业务、娱乐业务甚至电子邮件、短消息等电信业务,其中不少内容需要专门成员制作;手机电视中除了有传统电视制作的节目内容直播之外,还有特别制作的与电视节目联动的片花、宣传片以及市场公司特意制作的手机电视短剧等;而车载移动电视、楼宇电视等除了嫁接传统电视制作的一些电视节目之外,根据自己的传播形态进行一些内容的定制或广告制作。尽管自媒体、个人视听信

---

① 高宪春、解葳:《媒体融合背景下视听媒体创新途径再分析》,《电视研究》2014年第1期。

息方面的传播投入较小，但优质的视听节目成本投入却越来越高，传统电视在这方面花足了心血。像曾经的现象级电视娱乐节目《中国好声音》，火爆到每周五晚三亿多人回家翘首以待，交出了"一个亿的投入，超过三亿的广告收入"这样的成绩单。像《我是歌手》《爸爸去哪儿》每期节目的投入不下千万。目前省级卫视一个季播类的节目，千万属于小投入，上亿属于正常现象。因为现象级的综艺节目领域，只有第一，没有第二，大投入才能带来大回报。像影响广泛、制作成本巨大的《中国好声音》《非诚勿扰》《奔跑吧，兄弟》等，投入之高、广告额回报之高，超乎普通人想象。2014 年，韩束以 2.4 亿元冠名江苏卫视《非诚勿扰》三个季度，2015 年继续投放 4 亿元冠名《非诚勿扰》；2015 年伊利 5 个亿拿下《爸爸去哪儿 3》的冠名权①。大量资本投入使媒介与资本力量相互交融，资本借助媒体壮大，媒体借助资本发展，成为互惠互利的事情，而受众借着出售注意力的同时，观看到了优质的视听节目。与此相对的是，如果一家省级电视台，没有巨资投入、拿不出自己的特色节目，一味模仿别人，只能被甩在身后。争相加大投入后发展起来的视听节目，质量明显增高，无论在电视上播出还是视频网站中播出，都属于高收视率、高点击量，一般能赚个盆满钵溢，而且相关话题刷爆微博微信，影响力巨大。像浙江卫视《中国好声音》第三季在腾讯视频播放，网络版权就得 2.5 亿元；湖南卫视《爸爸去哪儿》等 5 档综艺节目在爱奇艺独家播放，网络版权达 2 亿元；江苏卫视《非诚勿扰》等节目在 PPTV 独家播放，版权达 2 亿元；乐视网等每年投入几个亿购买电视剧网络版权②。

2. 视频网站、短视频平台等加快了"烧钱"步伐。当然，就目前自媒体中的大量视听节目来看，相比传统电视节目的制作，自媒体或普通创作者从拍摄、剪辑、后期包装、特效制作、字幕表现等方面绝大多数远远没法跟专业人员相比，成本投入也相对有限。但随着打击网络盗版，以及传统电视媒体实施独播战略、自建视频网站以来，许多视频网站立即警觉，开启了大制

---

① 参见李芸《2014 年度全国电视广告发展报告》，《中国广播影视》2015 年第 1 期。
② 参见朱新梅、熊艳红《2013 年中国视听新媒体发展动态》，《中国广播电视学刊》2014 年第 2 期。

作战略。《2015年中国网络视听发展研究报告》显示,"2015年视频行业自制内容投入规模将增至20亿元,投资2000万元以上的网络自制剧近20部"。如搜狐视频的自制门户剧《乐俊凯》在国内首开全明星阵容,请来何润东、张钧甯等明星加盟助阵,并完全依照电视剧制作标准进行拍摄①,而根据南派三叔小说改编的网络季播剧《盗墓笔记》据称每集投资上百万元,优酷土豆集团据称2015年要拿出6亿元来打造自制精品节目。爱奇艺、腾讯视频、优土等视频网站为自制视听内容展开了"烧钱"大战,打破小成本、粗制作、低品质的魔咒,成为斥资多、质量佳、点击率高的新面孔。

因为有优秀的制作团队,才有精良的电视节目;有严谨的管理制作流程,才有严谨的内容;有专业的素养和良好的政府资源,才有权威的信息;传统电视媒体在节目品质稳定、节目形式创新、制作内容精良方面,值得新的视听媒体的学习。当然,视频网站也在不断追求这一点,像爱奇艺2015年就有自制网剧《盗墓笔记》《花千骨2015》《灵魂摆渡2》、自制综艺节目《奇葩说》等,不仅有专业人士操刀,彰显了平台的制作能力,也提升了用户规模和用户活跃度,仅《盗墓笔记》点击就超过了28亿次。"2014年10月底,各视频网站共出品自制节目约140档;到2015年10月底,新增节目超过50档。"②

表2-2 爱奇艺与腾讯视频近年来自制节目一览

视频网站	节目类型	代表性作品
爱奇艺	自制网剧	《盗墓笔记》《花千骨2015》《灵魂摆渡》等
	脱口秀	《吴晓波频道》《晓松奇谈》《科技相对论》
	综艺节目	《奇葩说》《流行之王》《偶滴歌神啊》
	真人秀	《我去上学啦》

---

① 参见胡瑛、程丽蓉《自制元年:视频网站自制节目的再思考》,《编辑之友》2015年第5期。
② 曾祥敏、张昱:《具有代表性的视频网站自制节目发展策略探究——基于节目类型形态、产制模式、盈利模式的分析》,《中国电视》2016年第3期。

续 表

视频网站	节目类型	代表性作品
腾讯视频	自制网剧	《鬼吹灯》《妈阁是座城》《暗黑者3》等
	脱口秀	《新闻未知数》《夜夜谈》
	综艺节目	《你正常吗》《带你去见TA》《大牌驾到》
	真人秀	《我们15个》《尖叫吧路人》《魅力野兽》

就受众而言,首先关心的是视听内容与自己的关联度,不会太在意拍摄者是谁,投资了多少,花费了多长时间。在这个基础上,除了电视剧、现场直播、大型综艺节目等拍摄制作需要大量人力、物力、财力配合完成外,不少的即时记录短视频、新奇短片、茶水段子、突发新闻事件抓拍等将会呈现出更多的个人化意味,而这些视听内容发布的平台,像抖音短视频、优酷土豆网等会因为越来越多的用户加入和制作而变得无比强大。可话说回来,像开车技术一样,尽管视听内容的拍摄制作准入门槛已经降低,普通人都可以掌握拍摄、制作要领后生产出具有一定水准的视听内容,并有可能赢得广泛的受众,但也像有一些人永远拿不到大车驾照一样,如果长期占据视听内容特别是高品质方面的市场,赢得广泛用户,还需有专门的制作机构、专业的人员队伍、较高档次的机器设备等,而且制作方面的投入会越来越大,以至于个人用户和一些小型传媒公司无法负担。

3. 民营资本不断介入具体节目制作中。制作投入增大需要与资本市场接轨。当前视听媒体在资本运作方面方式多样,手段频频。上海广播电视台、湖南卫视等有实力的传统电视媒体也不断与资本市场接轨,打造新的商业模式,特别是上海台的资本运作风生水起,成效显著。像早起上市的广电传媒企业中,隶属上海文广集团的东方明珠、中视传媒、电广传媒、歌华有线是通过首次公开发行进入资本市场,隶属陕西广电集团的广电网络是通过买壳上市,以资产重组进入资本市场;隶属湖南广电集团的电广传媒在深圳证券交易所上市；百事通对 IPTV 的布局与资本介入成功促使其上市等，都是通过资本运作实现自我扩张或裂变。

像视频网站的并购活动比较频繁，近期优酷土豆合并就是典型的案例，两家借此壮大市场，打造产业链。视频直播市场中，因为看到巨大的市场潜力，大量资本争相涌入，像周鸿祎投资花椒直播，王思聪投资熊猫 TV，百度、阿里巴巴等纷纷发力直播市场。同时，网红经济遭遇资本追逐，吸引各路资金，像 papi 酱近期赢得一千多万的风险投资。

视听产业的高速发展必将不断迎来新的资本力量，宁可投错不可错过成了一种投资风潮。近几年这种资本运作越来越多。需要注意的是，二、三线的省级电视台，需要在体制、制度方面有所创新，在保持公共利益的前提下，尽快连接市场，以便通过强大的资本介入来实现快速转型。另外，虽然资本决定市场规模，但影响视听内容成本的因素很多，视听媒体要获得市场的认可，关键不是资本投入的多少，投入成本的高低，而在于如何把握当下的受众心理和文化内涵，以便创作出高质量的视听内容。投资规模只是制作的一个重要方面，而不是决定性的因素。视听节目的竞争，最终还是内容的竞争。

四　视听媒体传受互动常态化，闭合式传播基本终结

传统视听媒体和新视听媒体融合发展已经成为大趋势，并存共荣成为双方的理念。但如何共存共荣？如何有效嫁接？如何共同占有电视客户端、手机客户端、电脑端等？平等、开放、互动、协作等就成了视听节目制作和传播的关键词。随着互联网等传输渠道的增加，传统电视节目编排将会被彻底打散。过去传统电视媒体播出节目时分黄金和非黄金时间段，但随着视听节目的网络化，视听平台的开放程度，就没有了黄金段和非黄金段之分，只有优质节目和无人问津被吐槽的节目。节目内容的好坏，决定着观众的点播次数和流量。而平台的黏性，则主要体现在与受众的互动程度和开放程度上。

1. 单向的精英的闭合式传播模式逐步终结。在视听媒体的传播体系中，用户需要的不仅仅是相关信息被形象生动的告知，同时更希望切实地参与到视听节目的制作或者与节目互动起来，让个人与信息有一种联结感和共存感。因为媒介发展到现在，信息的传播方式、流动方式发生了巨大变化，单向的

精英的闭合式传播模式已经发展到平等开放的多向度互动传播模式，"被动接受信息的受众正在迅速变为主动使用信息的用户，普通个体受众有越来越多的操纵和参与视听媒体生产和传播过程的条件和机会"①。同时，用户生产内容，对这些用户或者传者来说，他们在制作、上载视频与其他传者（受众）交流的过程中，构建自己的虚拟人际网络并与一部分志同道合的人建立起相对固定的关系，在深入交流加固联系的同时，也想让这个开放平台不断壮大和完善。而闭合式的传播，难以满足受众这方面的需求。

2. 交互式传播意味着受众主体地位的提升。互动是人类信息需求的本能冲动，是一种信息的反馈，是未来视听媒体与人合二为一的制高点。从受众需求而言，除了节目制作质量方面的高标准之外，受众收看视听内容时希望有一种真切的参与和体验感。新的视听媒体已经在这方面做出了许多努力，比如评论留言、点赞、弹幕、打赏等。有人说，如果将淘宝网的评论功能关闭，淘宝就是一本网上购物大全，跟线下的彩页传单差别并不大，但有了互动性质的评论功能之后，用户根据评论分辨商家优劣，同时又对商家提出点评与各种建议。现在无论博客、微博、微信还是各大视频网站、短视频平台等，从文字、图片、语音等多方面可以与受众互动。像博客、微博有评论和私信功能，微信、抖音等有点赞、评论、私聊等各种互动功能，腾讯视频后面有腾讯牛评、打赏、点赞、投票或者弹幕等功能，都是互动的技术形式之一。加上现在的微信摇一摇、互动直播、浮层链接等，都可以从互动中让受众找到乐趣，找到与这档节目或这段视频共同存在的价值。以后的 IPTV 也好，手机电视、智能电视、微信互联电视也罢，会更多地加入这样一些互动功能。另外，一些微电影中观众参与剧本的编写、电子游戏中受众对主角的体验式参与、提出具体的创作设想等，都是互动性的体现和特色。以互联网为基础的视听信息有着即时、快捷、互动、分享等特点，如果一个视频能够得到大家的共鸣，会很快收到来自全国各地的不同评论。受众形形色色的互动与批评意味着进入一个微评论的时代，而其中有越来越多的真知灼见，"微时代的到来标志着个体主体性以媒介方式的确立，也标志着信息传播开始普

---

① 高宪春、解蔵：《媒体融合背景下视听媒体创新途径再分析》，《电视研究》2014 年第 1 期。

罗化、大众化，微电影的出现就意味着电影的普及化和大众化，微批评同样如此"①。

3. 传统电视借助新媒体力图摆脱单向封闭的传播桎梏。就传统电视而言，像 2005 年的湖南卫视的《超级女声》，作为一场大众娱乐节目的综艺平民秀，为了让电视机前的观众参与到节目中，《超级女声》用短信投票形式，选出了一个国际性的"宠儿"李宇春。这是观众参与的结果，也赢得了前所未有的成功。当下传统电视互动中有扫描微信二维码、微信摇一摇与微博微信留言、观众电话参与等方式，但很多时候需要借助新媒体力量。像东方卫视制订的计划是，未来的粉丝可以参与节目制作的整个流程：从选题策划、宣传片制作到决定选秀节目唱什么歌、决定明星出场穿什么服装……通过粉丝，东方卫视解构了一个电视行业自娱自乐的世界，重构了一个全民同乐的时代，《中国达人秀》在举办第四季的时候"在新浪微博、腾讯 Qzone 和手机 Wap 端开发了社交应用，通过这些平台，受众不仅可以观看节目、参与互动，还能给达人给出 Yes 或 No，甚至于导演进行在线对话"②。像全球最大的电影公司之一的华特迪士尼电影公司，专门建立了互动媒体平台，通过互联网渠道、社交网站、手机、电脑等终端，把上千种产品，包括电影、电视节目、舞台剧、主题公园度假村等都摆在受众面前，或者群发给受众，让受众参与购买并提出反馈意见③。传统电视媒体希望通过加强参与性、互动性，改变了制作方式、传播方式、回馈方式，力求抓住年轻受众，挽救电视作为一个摆在客厅里的电器所面临的被淘汰的局面，使节目内容、用户资源以及连带的消费能力，真正成为电视产业的核心竞争力。

4. 新视听媒体交互式传播引发的传播效应。传受互动增强是开放传播的结晶。传播学中有一种理论叫"魔弹论"。也就是说，有些传播内容像魔弹一样，会扫射倒一批人④。业界认为，魔弹论已经不适合当前的传播形势了，当

---

① 李震：《走进微批评时代》，2015 年 2 月 6 日，中国作家网（http://www.chinawriter.com.cn/wxpl/2015/2015-02-06/233577.html）
② 汤向阳：《宝洁数字营销全方位布局》，《经济观察报》2013 年 3 月 23 日第 5 版。
③ 参见陈焱《好莱坞模式：美国电影产业研究》，北京联合出版公司 2014 年版，第 34 页。
④ 参见郭庆光《传播学教程》，中国人民大学出版社 1999 年版，第 176 页。

下需要分众的、浸染式的传播。现在传播媒介丰富、传播平台增加、传播内容奇特，会不会产生魔弹的效果呢？事实上，我们看到综艺节目中现象级节目的出现，影响力几乎万人空巷。那么一条视听信息的传送，会不会达到这样一个效果呢？我们可以从一条视频来看，柴静的《穹顶之下》针对都市雾霾，形成了一个巨大的传播效应。"公开数据显示，从上午 10 点正式发布到晚 20 点左右，该视频播放量腾讯 2620 万次、3267 条评论；优酷为 401 万次、9088 条评论；搜狐 76 万次、172 条评论；乐视 305 万次、3 条评论；土豆 31 万次、1956 条评论"①。这是电视媒体或者网络视听媒体几乎很难达到的效果。而在网络里播放之后，四处传播，产生裂变式反应，最后环境部部长都出来表态，而这个话题的持续发酵，整整有十几天。在这样一个传播过程中，能看到视听信息像一个巨大的魔弹，形成强烈的传播效果，感觉到"魔弹论"的再现。"应该看到在某些特定的条件下魔弹论现象仍然可能出现，如外部环境发生剧烈变动时、传播环境极端封闭、传播渠道过于单一时、媒介作为绝对权力的代言时，人们对传播媒介的依赖、迷信和盲从的程度往往会急剧上升。"② 由此看来，现象级综艺节目或一些特定信息的广泛传播，更重要是一种开放式传播的结果，是各个传播节点上受众发挥自身资源禀赋和网络形成传播效应的结果，"是否尊重满足观众的这一话语权，直接决定了某一特定媒体的社会效益和市场效益，决定了该媒体是创新发展还是因循守旧，是生存还是衰亡"③。

互动是今天视听媒体的常态。开放互动不仅仅在节目流程、内容形式上，从媒体形态上、制作理念上都要开放。像网易 2011 年在客户端建设中就提出"无跟帖不新闻"的口号。腾讯视频 2016 年就提出"视全视美"口号，提出用好友、弹幕、粉丝衍生品、截屏、竞猜互动、截小视频等方式，让用户真正互动起来，成为腾讯视频传播的主要力量。优酷提出"看、玩、拿来优酷"

---

① 朱翊：《解构〈穹顶之下〉：新媒体形态如何重构传统媒体基因》，《南都全娱乐》2015 年第 5 期。
② 樊葵：《媒介崇拜论——现代人与大众媒介的异态关系》，中国传媒大学出版社 2008 年版，第 8 页。
③ 高宪春、解葳：《媒体融合背景下视听媒体创新途径再分析》，《电视研究》2014 年第 1 期。

的多屏互动体验。凤凰卫视开放演播室设计，与新媒体的嫁接等，都是这种合作的体现。当然目前也存在传统视听媒体力将新媒介渠道当作一种摆设或者渠道，加上融合经验不足，制作的视听节目过长、互动较弱等，受众使用起来由于体验不佳而失望，最后更加远离传统视听媒体。

五 视听媒体竞争差异化，跨屏融合大势所趋

以互联网为基础的媒介技术变革对传统各行业带来的冲击是致命的，也让媒体格局有了一个改头换面般的变化。比如微信的勃兴，使中国移动、中国联动等公司语音、短信等传统业务收入持续下滑。新视听媒体的冲击，使传统电视岌岌可危，省级卫视两极分化严重，省级地面频道和城市台陷入重重包围中，而"互联网＋"，又让众多行业的平台成为向外传播和开放的自媒体。当然，在这样一个媒介生态格局中，视听媒体朝着越来越健康的方向发展，从战国七雄争霸的乱局到有策略有方向地实现内容定位、用户细化，追求差异化的竞争策略，"如优酷、土豆合并占据 UGC（用户生成内容）模式的领先地位；爱奇艺关注长视频，搜狐视频则坚持外购、自制和 UGC 三头并进"[①]。短视频方面，快手深耕农村，抖音尽显城市年轻人活力等，各显其能、各自定位的同时，也想尽方法在日趋激烈的竞争中获得一个发展优势，"视频网站热衷于自制节目代表了一个发展趋势，由高价购买节目转向内容生产方面发力，而如何凸显自制节目的网络特色则成为竞争的核心与关键"[②]。有了特色内容，就需要相应的特色渠道，单一的渠道注定不能达到更多的受众面，为此，各大视听媒体不断进行分众传播策略，进行多元化的竞争与经营，"许多视频网站实现跨界多元化经营，拓展收入来源，分散经营风险，与网络游戏的盈利模式有不少相类似的地方"[③]。如何多渠道分众传播，建立怎样的平台来打造怎样的产业链，以区别于其他视听媒体产业链，这是发展中要慎重考虑并不断探索的。

---

① 张天莉、郑维东：《网络视频发展及其对电视媒体影响的不断深化》，《电视研究》2012 年第 12 期。
② 胡瑛、程丽蓉：《自制元年：视频网站自制节目的再思考》，《编辑之友》2015 年第 4 期。
③ 陆地、靳戈：《中国网络视频发展的四大趋势》，《新闻爱好者》2015 年第 3 期。

多屏时代的市场分化和竞争加剧，导致的是传播介质不断丰富，传播渠道多样化，传播内容分众化。每个人都会在不同的场合、不同的时间段选择使用不同的屏幕介质，来收看视频内容。而每个制作、传播视频内容的主体，也将想尽一切办法，从内容创意、表现手法、技术手段、传播方式等方面达到传播效果的最大化。在这样一个基础上，跨屏融合已经成为一种传播生态，也催生了不少电视节目新形态。在这样的跨屏合作过程中，一方面利用新媒体、新渠道的凝聚力来扩展电视节目的影响，同时在新媒体与新渠道上扩大电视节目的影响力，增强电视节目的 IP 意识与版权意识。另一方面视频网站向传统电视输出的节目也不断增多，像优酷网制作的节目《侣行》在央视第一套节目播出，腾讯奥运原创视频节目《金牌第一时间》《奥运父母汇》《杯中话风云》在中央电视台新闻频道、主要省级卫视等全国 24 家电视频道播出。手机、电脑、平板电脑、电视屏幕之间的跨屏融合已成为常态，正不断满足受众的多屏收看的需求。

第三节　新旧视听媒体融合发展的路径选择

目前视听媒体格局中，传统电视、视频网站、IPTV、手机电视、车载公交电视、微信视频公众号等相互争夺市场，在其他视听媒体的冲击下，不甘边缘化的传统电视加大了转型融合力度，纷纷提出了发展战略及相应措施，比如上海广播电视台提出"构建以内容为基因、媒体为特色、互联网电视为切入点的互联网媒体生态系统"；深圳卫视提出"未来还会通过和网络新兴媒体之间的联合，通过线上线下活动的结合，打造一个全媒体的平台，为有志者服务"等，以便在日趋激烈的视听媒体竞争中获得一席之地。在学者胡智锋看来，"电视媒体与新媒体的融合已经不是愿意不愿意的问题，而是如何融合，并在融合中占据主动的问题"[①]。这确实是毋庸置疑的。以互联网为基础

---

① 胡智锋：《2014 年中国电视发展特点管窥》，《电视研究》2015 年第 3 期。

的多元智能传播体系中，媒介技术不断革新，视听信息生产方式及传播方式、接收方式也相应更新。新技术引领和带动下的内容创新，改变了单一媒介的信息传播方式，导致媒体人的思维观念、用户意识的深层变革，这是媒介贴近人性化的过程，也是让媒体人求新求变的过程。在这样一个媒介生态格局中，其他视听媒体也一样，如果要想拓展传统电视媒体的传播空间和覆盖范围，增强舆论引导力，笔者认为需要做好以下几点：

一 以"一云多屏"的集成播控平台为目标，由平台吸纳用户

1. 平台建设是媒介技术发展与竞争的结果

2005年，有关传统媒体的未来有一个预言：有关谷歌和亚马逊的合并，合并后成立了"谷歌逊"，由于谷歌强大的搜索功能和亚马逊的成功销售能力，"谷歌逊"非常成功，日益强大，后来《纽约时报》不堪挤压与其打官司，居然在美国最高法院败诉。这样一来谷歌逊就一发不可收拾，到2014年强大到可以建成一个专门的超级平台，让任何人、任何单位向上面发任何新闻和资讯，并能获得相应稿酬。这样的平台引来大量用户。从此《纽约时报》越来越处于劣势，终于在2014年偃旗息鼓，由原来的一份公开发行的报纸变成了一个内部刊物，而且是专供一些精英和老者月度观看，年轻人根本不看。①

从古至今，媒介技术的发展是综合性的、多元互动的、充满竞争和优胜劣汰的，最终实现各种传播形态和传播方式的综合应用、互相渗透。"媒介融合是基于数字化技术的不同媒介之间的资源和能力的转移与共享"②。互联网带来的媒介环境和形态的变化，不是一种简单的线性延伸和发展，而是一种脱胎换骨的质的飞跃，是媒介上升到一种高级发展状态。但应该清晰明确地认识到，传统电视媒体在新的媒介生态下与新的视听媒体的媒介融合不是1+1大于2的简单直接地叠加，这只会让双方陷入互拖后腿的尴尬局面。"这种

---

① 参见覃信刚《媒介融合、台网互动解析》，云南人民出版社2013年版，第100页。
② 漆亚林、陈思亦：《传统电视与视听新媒体价值链的融合与拓展》，《电视研究》2014年第9期。

合作也将不仅仅局限于电视群落内部，而是扩展到整个媒介生态系统中，传媒介质壁垒的被打破，为不同媒介的深度融合奠定了坚实的基础。"① 因为新的视听媒体是各种媒介形态、传播功能、传播手段、传播内容等不断融合的结果，不是短板的补齐，而是长板的累加，是各种最优秀的媒介技术的综合运用。事实上，像作为平台的微信、抖音等，容纳了诸多传统电视、纸质媒体的公众号，同时又有各种自媒体、朋友圈、短视频公众号、订阅号等，还导流了许多购买车票、转账发红包等综合服务功能，由此成为一个强大的综合媒体集成播控平台，传播集聚了诸多媒体的传播功能。

一家媒体独大或独占鳌头的时代已经过去，用一种信息产品单打独斗的时代也已经过去，未来肯定会是几大新闻媒体综合集团在相互竞争中并存发展，而内容生产、渠道传播、资本运营方面的差别也不会太大。传统电视嫁接新的视听媒体，建个网站或者微博微信账号，拥有一批粉丝或点击量，就想和视频网站、手机电视、微信微博平台一较高下，想占领各大终端，基本上是不可能的事情，因为从平台建设、产品研发、技术革新、资本介入、用户体验、商业模式创新等方面完全不在一个层次上。目前许多新视听媒体积极搭建开放播控平台，像优土、56网、乐视网等，"乐视网发布了乐视TV应用开放平台，为开发者提供了开放社区、数据挖掘、支付系统、社交系统、浏览器、交互指南、营销推广等服务，构建面向全终端、所有用户、开发者开放的智能电视应用平台"②。目前乐视在平台基础上建设"平台＋内容＋终端＋应用"的完整的媒体生态系统，以便获取更强大的媒介功能与综合服务功能，粘贴更多受众。

这种平台，意味着让众多媒体和内容进驻其中，合伙"搭灶烧菜"，共同来建设。就好比过去媒介生态中，每家独门独户，传统媒体和新的视听媒体各忙各的，受众喜欢哪家去哪家串门，去了哪家只能吃哪家，不去的地方吃不上了。现在不一样了，每家的饭菜味道尽管不一样，但也有同质化的一部

---

① 韩建中:《视听新媒体的崛起对我国电视群落的影响——基于媒介生态视角的分析》，《现代传播》2011年第11期。

② 朱新梅、熊艳红:《2013年中国视听新媒体发展动态》，《中国广播电视学刊》2014年第2期。

分，如果把每家每户的小灶集中到一起改成大厨房，然后统一来调配食材、统一做菜，这样避免了重复的菜肴，还做出了各色各样的菜肴供受众选择，受众进一家可以品尝多种菜肴。选择权交给了受众，受众可以在各种菜肴中选择自己爱吃的几样。或者说，以前的媒体从业者就像大货车，各跑各的，还挺能赚钱，后来车多了，往返时跑空车的就多了。现在物联网建设中，大货车司机统一在一个物联网的调配之下，不仅有活干，还不跑空车。原来的大货车司机如果不适应形势联合拉货，只靠单打独斗是很难拉上活的，因为买家更看重的是一个物流公司的品牌和信誉。简单地说，平台建设就像综合超市、物流公司等，功能在于聚合、在于开放、在于多样、在于协作、在于用户生成内容。

当然这种云计算技术应用平台在大数据时代里要有足够的实力才可以完成，一旦运用到传统电视媒体发展中，就可以整合节目制作、生产流程、传播方式以及更多商业内容在平台里面，成为一个能将视听内容在多个屏幕进行传播的开放平台。这方面传统电视已经在尝试，目前最明显的是"学习强国"平台，平台PC端有17个板块180多个一级栏目，手机客户端有"学习""视频学习"两大板块38个频道，视频学习汇聚了海量视听内容，有央视新闻联播、各种纪录片、慕课、短视频等。像河南电视台正在打造"制播业务云系统"，希望将各种内容与相应的采编系统整合到一个平台之中来。"中国上线运营的广播电视网站已有349家，其中广播电视混合网87家，占总数的25%。在综合类网站前100名的排名中，只有央视网、凤凰网入围。"[1] 这是平台意识不到位所致。而搭建一个像微信这样的开放互动交流平台，才是当下电视台转型和未来电视产业竞争中占据优势的关键一步。按传统思维去运作新的视听媒体，路只能越走越窄。而国外如谷歌（包括旗下YouTube）、微软、Facebook、亚马逊等互联网巨头开启了新视听媒体服务的崭新时代，主要也是搭建一个开放共享交流合作的视听平台，除了各类视听新闻外，还综合了大量视听内容和综合服务功能。

---

[1] 陆地、高菲：《中国电视媒体的转型与创新》，引自《中国传媒产业发展报告（2007—2008）》，社会科学文献出版社2008年版，第154页。

2. 平台建设是视听媒体传播形态改变的必然要求

所谓"平台"（platform），是指"在传媒领域，平台往往指为多方在媒介的内容生产与交换、市场运用与管理、技术研发和应用、人才培养和交流等方方面面提供的机会和场合"①。在中国，传统电视能够快速地增长，一方面是渠道的垄断，另一方面赶上了经济增长的黄金期，但媒介生态格局的变化，使许多新的视听媒体已经将自身定位于一个基础平台和传输渠道，人人是其中的生产者、传播者、接收者，闭门办台、精英办台、独立办台的传统电视思维，与当下传播形态风马牛不相及。传统视听媒体是单个传播给多个，渠道有限，而新的视听媒体是多个传播给多个，渠道丰富，传播理念截然不同，传播流程大相径庭。

"坚持先进技术为支撑、内容建设为根本，推动传统媒体和新兴媒体在内容、渠道、平台、经营、管理等方面的深度融合"②，新旧视听媒体目前需要共同搭建的是一个视听内容分享、信息相互交流的平台。在这样一个基础上，入口级的平台建设为受众创造了一个开放、共享、互动的平台，这样的平台型媒体集纳了新闻浏览、视频观看、购物观影、同城交友、观点讨论等种种主题性活动，同时还可以随意发布微型视频，用于记录生活点点滴滴感悟，以及进行相关的主题视频拍摄等；像优酷、土豆等视频网站都有分享与共建的功能。这种平台功能越发强大，成为吸纳集聚用户的最有力的法宝。这一点上腾讯公司近几年做得非常卖力，从 2013 年 7 月推出媒体开放平台以来，微博、微信、网页之间互相关联订阅，传统媒体内容在腾讯的微博、微信、抖音平台中免费发布等，事实上，微信平台中有近千家视频公众号，大多属于传统电视栏目的公众号，这些公众号成为微信用户，繁荣了腾讯微信这一平台。而腾讯实际上是借所有用户之力壮大自己的平台内容。快手、抖音等短视频平台亦是如此。

目前，IPTV、手机电视集成播控平台正在建设。像 IPTV 集成播控平台总平台负责 IPTV 节目的统一集成和播出监控，负责 EPG、用户端、计费、版权

---

① 高洪波：《大数据时代电视平台的战略转型》，《南方电视学刊》2013 年第 3 期。
② 刘奇葆：《加快推动传统媒体与新兴媒体融合发展》，《人民日报》2014 年 4 月 23 日第 6 版。

等管理。这是传统电视媒体转型升级的一种尝试。2015年，芒果TV提出了"一云多屏"目标，将开放理念贯彻到底，提出要建立多终端的服务平台，将旗下的视频网站、移动客户端、互联网电视、IPTV用户和广告系统等全部打通，"以视听互动为核心，融网络特色与电视特色于一体，面向电脑、手机、平板、电视机，实现'三屏合一'的新媒体视听综合传播服务平台"①。湖南卫视打造的芒果TV，就是要把品牌节目《我是歌手》《爸爸去哪儿》《天天向上》《快乐大本营》等放在芒果TV平台上进行独播，以版权所有来阻止其他视频网站或互联网电视擅自转播，这样的结果是打造内容独特的互联网视频平台，"如果将优土、爱奇艺等视频网站比作沃尔玛的话，那芒果TV想要做的是LV、Prada这样的专卖店"②。独播实践证明，芒果TV的平台生态得到了持续有效的升级与改善，而且成为发展的旗舰产品，"截至2014年10月底，芒果TV全平台日均独立用户数已突破2000万，移动端累积下载量已突破3000万"③。半年后，"平台每日PV（页面浏览量）从20万次提升到1400万次，增长了70倍"④。

目前，传统电视台纷纷打造自己的网络平台，以便在广阔的网络世界里建立一个集散地。中央电视台目前加快中国网络电视台（CNTV）建设，中国网络电视台将作为网上的一个国家级的视听内容传播平台。而区域性广电传媒也通过建设自己的网络电视台，拓展传播渠道或者与新媒体加快合作、自建各种新闻客户端等方式进行媒体转型和平台建设。像"江苏网络电视台设有《I拍拍新闻》板块，凡是上传的公民自拍视频、图文信息被网络电视台采纳后还可以在江苏电视台播出"⑤。事实上，目前各大电视媒体推出智能手机客户端，除已经突破单一新闻业务外，还有生活服务、城市管理服务等功能，

---

① 芒果TV官方网站介绍。
② 孙妍：《湖南卫视收回分销权 芒果TV要做视频网站平台》，《IT时报》2015年1月19日第4版。
③ 史安斌、赵涵漠：《运用互联网思维夯实第一媒体——2014年中国电视业践行媒体融合战略的回顾与反思》，《电视研究》2015年第3期。
④ 李雪昆：《2015视听新媒体蓝皮书"视听+"成新动力》，《中国新闻出版广电报》2015年7月22日第6版。
⑤ 漆亚林、陈思亦：《传统电视与视听新媒体价值链的融合与拓展》，《电视研究》2014年9月。

想打造本地综合信息服务移动平台等。目前，央视、央广、中国国际广播电台等建立起了内容方面的综合平台，集成了巨量的视听节目内容，面向多屏多终端分发，以便做到"不同的播出平台对视频节目的不同要求，引导着视听媒体节目形态创新和演进的方向"①。

当然，新的视听媒体搭建一个平等、互动、共建、共享的平台，并且以移动端为突破口，努力实现多屏联动跨屏传播，实现互联网平台化运营，并在拥有大量用户的基础上发展用户经济，在各个终端进行商业化运作，比如游戏娱乐、广告投放、网上购物、移动就医、便民服务等各种视听媒体为基础的产品，并不断导入其他媒体的内容，才能做到有效实现平台盈利和发展壮大。前些年，阿里巴巴收购优土，就是打造电商+视频的集成平台，同时阿里巴巴还拥有第一财经等媒体，如果将这些融合到一起，就是巨大的综合服务功能齐全的视听信息服务平台。有研究指出，目前互联网环境下电视媒体的运营模式主要有这么几种：以湖南卫视为代表的独播模式，以 SMG 为代表的市场化运作模式，以浙江卫视、江苏卫视、安徽卫视为代表的台网及网网联播模式，以河南广电、湖北广电、北京广电、深圳广电为代表的大媒体集团产业化发展模式，以及目前正在兴起的电商联盟深耕的 F20 模式（焦点事件+电子商务）②。

3. 平台建设需要准确的定位和明晰的发展目标

具有高维媒介传播功能的互联网激活了每个个体的表达欲望。虽然新旧视听媒体各有各的探索，但搭建平台的意图和目标是一致的，"社会化媒体平台是'技术+网民+精英'形成的草根力量，使传播利益博弈场出现新的不平衡"③。美国的电视台如 NBC 和 Fox 早就联合宣布建立 Hulu 网站，播出各大电视公司、电影公司授权的正版影视作品。该网站目前排名美国网站前十，影响力巨大，内容构成与业务模式等成为国内视频网站纷纷效仿的对象。像坦帕新闻中心是美国新闻界公认的进行媒介融合试验比较成功的典范，也是

---

① 高红波：《视听新媒体节目的类型与特征》，《编辑之友》2013 年第 9 期。
② 吴蕴聪、吴樾先、刘杰：《互联网环境下电视媒体的运营模式及发展路径》，《中国广播电视学刊》2016 年第 6 期。
③ 孟威：《2014 年网络新媒体研究新触点及走向》，《当代传播》2015 年第 2 期。

平台分发内容的典型，该中心将旗下的《坦帕论坛报》、WFLA 电视台和报纸的坦帕湾网整合到一起办公，设立统一的突发新闻指挥台，能在第一时间将突发新闻信息分发给遍布各地的三家媒体的工作人员去采访报道，采访回来的内容传送到平台之后，再统一以不同形式和不同时间在报纸、网站、电视台上发布。而 CNN 直接建了一个 CNN 新闻网站，在电视新闻受到新视听媒体冲击同时，新闻网站 CNN.com 为其争得了部分流失的受众和广告份额，不仅如此，该网站开始在其他业务方面下功夫，访问量逐年上升①。而《纽约时报》意图打造多个客户端来实现自己的媒体王国，但因为没有统一的平台分发和功能建设、商业模式建设，多个精心打造的 App 因受众定位不准、无人访问、活跃量不足而早早"夭折"，还有多款涉及财经、科技、体育等专业内容的 App 因经营不善而由收费转为免费。而英国的铃猫网（Bellingcat）通过分享公共数据，挖掘海量网络资源并深度分析，以及发掘社交媒体"众包"和民间"众筹"的优势，打造了一个具有高度专业性的信息核实与传播平台。这个平台成为草根创造的新闻战线的一面旗帜②。当然，相对草根创业集成，传统媒体平台建设最直接的好处是，"将一个记者素材利用几十个甚至几百几千个编辑终端加工制作成不同终端所需要的内容格式，既实现了海量节目内容的制作，也大大节约了人力成本"。

　　学者蔡雯将互联网平台建设划为三类：凡客式、京东式和淘宝式。凡客式主要做单一的品牌，像诚品一样属于网上的专卖店；京东式就是网上综合超市，像京东商城一样以家电销售为特色、兼营其他的购物网站；淘宝式属于网上菜市场，把市场盘下来租出去，由各个业主摆摊销售，平台提供管理市场秩序的管理员。国内大多数电视台建立的网络电视台，只能说像大街小巷里的百货商店，有一定的货品但特色不明显。芒果 TV 属于非常有特色的专卖店。芒果 TV 市场营销总经理曾华称，在内容上，视频网站和芒果 TV 的关系好比超市和精品店。那些精品内容、现象级节目对收视人群和广告投放的拉动作用，让芒果 TV 华丽转身，光芒四射，成为传统电视台向新媒体转型过

---

① 余龙：《CNN 转型对中国电视媒体的启示》，《青年记者》2015 年第 9 期。
② 参见赵晓兰、希金斯《全职奶爸的"军情网"》，《环球人物》2015 年第 16 期。

程中唯一的"门票"。我们也知道，小商店的盈利无法跟专卖店比，更无法与综合商超相比。目前国内视听媒体都各自摆摊开小商店或者打造有特色的专卖店，还没有联合起来做综合商超。从全球来看，苹果的 App Store、谷歌的 Google Play 和 Facebook 的 Open Graph 这些平台具有强大的商超功能，里面有各种各样的应用软件。"商业门户网站可归类于京东式的信息平台……微博或微信则属于淘宝式信息平台，它不传播信息，但为信息传播者和接收者提供虚拟场地，使内容生产和内容消费能够自由匹配。"①

打造专卖店一样的平台是众多视听媒体的愿景，要么以优质的综艺节目取胜，要么以视角独特、深度有力的新闻类节目取胜，要么以电视剧或动漫之类的取胜，总归是要有特点才行。目前大多传统电视台建立的网上小商店影响力不足，吸纳用户能力较弱，盈利点不明显，"电视台和网站没有形成高效的、优势互补的运作整体，各行其是，融合度不高"②。传统电视需要建设的"一云多屏"的平台，不仅仅是一个信息集成播控平台，更是一个娱乐休闲平台、综合服务平台、专业技术开发应用平台，这个平台可以融合凡客式和京东式，有自己的特色产品，同时还要聚合其他平台的视听信息，为用户提供更多更丰富的视听内容。不过，现在有上百家电视台，不可能每家建一个大的平台来转型发展，只能依附于其他平台。这方面，许多电视台已经先行一步，像"上海文广集团还将花 10 亿元用来建云平台和大数据中心，把旗下所有的平台包括'东方购物'680 万的用户整合到一个平台，进行集中开发，提高用户价值"③。

平台互利融合，"变"出新渠道。"传统广电机构的平台化、开放化将是未来行业发展的主流。电视台应按照互联网思维逐步升级为开放性的视频云计算平台，并以合适的商业运营模式，将 PGC（专业生产内容）和 UGC（用户生产内容）聚合到这一平台上，从而从根本上夯实电视作为第一媒体的主

---

① 蔡雯：《"全媒体战略"中的内容生产创新——对新形势下传统媒体转型的思考》，《新闻战线》2013 年第 1 期。
② 余龙：《CNN 转型对中国电视媒体的启示》，《青年记者》2015 年第 9 期。
③ 郭全中：《媒体融合转型中的资本运作——从 SMG 的"百视通"吸收合并"东方明珠"的案例谈起》，《新闻与写作》2015 年第 4 期。

导地位。"① 只有搭建增加用户主体性的平台，而不是将电视内容原封不动搬到另外一个屏幕上，传统电视才有发展余地，才能粘贴用户，增加影响力，才能在互联网的世界里参与全球性的竞争。但在建设平台过程中，除了坚守互联网开放分享共赢等基因外，非常重要的环节即是对信息平台的制度化和规范化，实现"传统电视的知名品牌在网络中发挥出延续性的吸引力，引导忠实的观众群体从传统的电视频道向广电视频网站转移"②。

二 坚持视听媒体产业化发展道路，借助资本力量实现转型升级

1. 产业化发展需要整合相关产业，消除行业壁垒

传媒经济特别是互联网经济成为中国最大经济增长点③。在互联网发展基础上，中国的影视产业、传媒产业等呈现蓬勃壮大的势头，特别是目前传媒市场化、集团化趋势愈加明显，竞争主要体现在规模化、差异化和平台化等方面，打造产业链成为重中之重。近些年国内视听新媒体市场资本力量十分活跃，产业规模持续稳步扩大。事实上，互联网巨头如百度、腾讯、搜狐、阿里、360等均已进入视听媒体产业。"近五年来，网络视听新媒体节目市场规模年均增幅47%。"④

对当下视听媒体来讲，借助大数据技术应用，如何走好产业化路子，实现媒体产业的发展壮大，最终形成影响力巨大的综合传媒集团，以便在激烈竞争的媒介格局中保持不败之地，这是每家媒体机构长远规划的大计。当然，我国传媒体制有一个基本的价值支点，这就是"喉舌论"，传统媒体作为党和政府的喉舌，肩负着特殊的政治使命，确保媒体"喉舌"作用的前提下才能谈市场。可随着市场化的逐年加强以及新的视听媒体的冲击，许多传统电视媒体深感危机，不断从体制、运营模式、业务模式上进行革新，比如实行制

---

① 史安斌、赵涵漠：《运用互联网思维夯实第一媒体——2011 年中国电视业践行媒体融合战略的回顾与反思》，《电视研究》2015 年第 3 期。
② 郜雪倩：《"互联网+"时代的广电视频网站品牌设计探析》，《当代电视》2016 年第 5 期。
③ 参见鲁炜《互联网经济成为中国经济的最大增长点》，2015 年 2 月 9 日，新华网（http://news.xinhuanet.com/politics/2015-02/09/c_1114311262.htm）。
④ 杨月：《网络视听新媒体呈现四特征 中国手机视频用户超 3.54 亿》，《中国日报》2014 年 12 月 17 日第 4 版。

播分离或公司化运作、IPTV产业布局等。当然，IPTV产业经营除了通过宽带输送优质广电节目外，还通过专门的编排提供各种个性化、智能化的综合服务。

中国传媒大学媒体管理学院昝廷全认为，传媒产业融合，主要是互联网、广播电视、电信、出版四大产业之间的共融，"基本上要经历技术融合、业务融合、市场融合三个阶段"①。当然也有学者认为，"融合只是手段而不是目的，'合'是为了更好地'分'。通过融合达到更高层次的多样化，这才是媒介融合的终极目标"②。另外，有学者也从资本发展与运营的角度指出，接下来很长一段时间内，新视听媒体与传统媒体之间会是一个胶着的状态，而不是一方"速胜"，另一方"速亡"，只有消除行业壁垒，才能实现新旧媒体联合发展，"而真正意义上的媒介融合必将消除新闻出版业、广播电视业、娱乐业、信息产业、家电制造业的传统行业壁垒，使众多关联产业共同整合在内容产业的旗帜下"③。事实上，目前阿里巴巴用强大的资本实力不断收购媒体，其布局有这样一个整合上下游产业链条在里面。

2. 产业化发展需介入资本力量，实现规模化发展

资本的力量是巨大的，形成完整传媒产业链的媒体集团是强大而经受得起诸多风险的。目前看来，国外传媒产业链的形成，主要以电视台、视听网站等为基础，在此基础上囊括新闻、娱乐、服务、游戏等内容，建立多种媒介为一体、跨行业发展的产业链条。根据喻国明教授的传媒集团化发展模式理论，中国传媒业资源整合目前有五种模式：系列化模式、一体化模式、多元化模式、混合化模式、资本化模式④。在这五种模式的作用下，我国传媒机构会将有限的资源集中起来，配置优化、形成竞争合力，产生规模经济效应，以此实现产业化发展。不过目前看来，现在传统视听媒体也好、视频网站也罢，还是文化传播公司、视听自媒体，除在新闻节目生产中有所区别以外，

---

① 昝廷全：《传媒产业的产业融合及组织创新趋势》，2006年4月12日，人民网（http://media.people.com.cn/GB/40628/4293582.html）。
② 徐沁：《媒介融合论——信息化时代的存续之道》，中国传媒大学出版社2009年版。
③ 郑瑜：《媒介融合：新媒体时代的发展观》，《当代传播》2007年第3期。
④ 参见喻国明、张小争《传媒竞争力——产业价值链案例与模式》，华夏出版社2005年版。

都以制作各种类型的视听节目为主,和现在影响力甚大的光线、灿星公司等没有什么区别,只是播出渠道各不一样。但播出渠道在今天来看,只要有了好的内容加上一定的资本是能够建立起来的,而如何组织经营,走市场化道路,就显得相对困难得多,需要既懂传播技术又懂市场运作的人来组织发展。而资本的杠杆撬动下,未来视听媒体产业愈加壮大的同时,将会呈现出强者越强的马太效应。

不仅如此,中国视听媒体在产业化方面的发展还处于初期阶段,离市场成熟距离尚远。大量资本开始进入新视听媒体市场,希望在这里有一番作为。像百视通等传统媒体企业,"目前瞄准了智能电视和智能终端产品,谋求实现平台、内容和终端的新结合而打造全产业链"①。而当下作为新型的视听产业VR,成为众多资本和企业追逐的对象,目前国内许多手机厂商像华为、乐视、小米、HTV等强势入局,但如何实现从技术、渠道、内容、经营、投资等方面的全方位合作,还需要探索灵活多样的合作方式,以便在行业布局、产业发展格局中,形成新的传播模式、经营模式。

总而言之,产业化发展不是一家视听媒体做大做强,也不是随性而为的资本运作,而是以互联网为基础实现多种媒介形态、内容结构、传播流程、消费方式等多方面的融合与合作,这样才能互通有无,形成强大的产业链和媒体共赢。而产业化发展的视听媒体,除了做好公益内容的服务外,已经不是单纯以信息或娱乐等内容为载体的媒介,而是麦克卢汉所说的"人体的延伸",会让人类更便捷、更舒适地享用高科技带来的信息服务和生活服务。传媒产业资本运作的具体方式和实现特征,将在后面的章节中加以详述。

三 创新发展思维,植入互联网基因,从年轻受众着眼

1. 发展新视听媒体需要有一个认知和磨合的过程

搭载新视听媒体快车成为国内外众多媒体的选择。《纽约时报》早在2014年设置并聘请哥伦比亚大学副教授兼任"首席数据科学家"一职,以便通过技术手段的革新来发展新媒体。默多克的新闻集团曾经在iPad电子报纸

---

① 晏萍:《百视通致力打造新媒体全新产业链》,《信息早报》2012年1月10日第3版。

The Daily 建设中投入了六千多万美元，但成效不明显，只有十万的付费订阅用户，一半的投入几乎亏损了。事后分析认为，电子报纸 *The Daily* 基本是照搬纸质媒体的，没有独到的内容和独树一帜的观点，也就没法吸引读者。

建设新的传播形态的视听媒体，就要考虑不同媒介的特点，这样才能覆盖更大层面的观众。传统电视媒体拥有的资源非常丰富，政策资源、人才资源、技术资源、设备资源等，但传统电视与新视听媒体"不是纯粹的网点联结，更不是注册域名建个网站，而是系统、全面的转型"①，转型升级过程中，依然与新的视听媒体步伐不一致或者跟不上发展思路。当然原因是多方面的，但传统电视对新的视听媒体或者新的视听平台的认知还需要一个艰难的过程。

传统电视带出一批专业技术过硬、审美眼光独到的业务人才。不少视频网站制作节目时，所用的班底主要还是电视台出来的团队或邀请电视台工作人员承担主要工种。另外，目前新的视听媒体机构不遗余力地挖传统电视台的专业人才，做得非常卖力而且成效明显。特别是中国综艺节目市场，其实大多优秀的制作人都集中在传统电视行业里，像湖南卫视的制作团队，市场上传媒公司人员的制作能力、思维模式整体上根本无法与之比肩。尽管《中国好声音》（后更名为《中国新歌声》）、《爸爸去哪儿》《奔跑吧兄弟》等综艺节目，基本由传统电视培养的人才提供创意、摄制等。精英团队能制作出最优秀的节目来，但在大众传媒时代，不见得是收视率最高或人见人爱的节目。当然，每个精英也不可能都去制作最杰出的作品。这就迫使更多的人去制作大众喜欢的视听内容，所以，随着媒介生态格局发生变化，传统电视培养的人才需要从心理上转变观念，思维上有所突破，基因上更换互联网理念，不然也只能是："电视业态今非昔比的变化，带给知识型员工高烈度的心理震荡。褪去荣耀与自豪之后，知识型员工感受更多的是心理失落和职业困惑。"②传统这些优秀的人才，在急剧变化的媒介生态中往往故步自封，埋首于业务

---

① 王长潇：《传统电视与视听新媒体融合发展路径的选择与拓展》，《国际新闻界》2011年第12期。

② 王哲平、王子轩：《从理论视角看电视人离职潮》，《视听界》2015年第2期。

而对新生的视听媒体不屑一顾,一旦发现新的视听媒体有着无比强大的优越性时,制作理念、传播理念以及心理状态已经跟不上趟了,勇于跳出来参与进去的没有几个。

2. 发展新视听媒体需要有开放共建的心态

搭建平台需要互联网基因,"这里的关键词就是开放、激活、整合和服务,这就是我们在互联网背景下传播新方式的理解"①。开放与合作是时代发展的步伐,是人心所向。"16年前,麻省理工学院教授乔姆斯基按照传播功能,把媒体分为两类:一是分散注意力的大众媒体;二是设置议程的精英媒体。"② 目前的媒介生态格局对传统电视而言,单向的封闭制作后播出已经远远不能满足受众需求。制作播出的视听内容,如果得不到大多数受众的喜欢,如果没有人评论,如果没有人在微信圈里成千上万次地转发,这无疑会造成人力物力的浪费,也让传统电视丧失影响力。封闭性的播出和制作意味着接不了地气,得不到大众的认可。这时候,只有以开放的心态,去拥抱新生的媒介和技术,打造新视听媒体,内容方面要紧贴用户、服务用户,而不是一味故步自封,自说自话。

视频网站的开放性赢得更多的发展机会。用户生成内容,优酷、腾讯、搜狐、爱奇艺、乐视等几大视频网站的视频总量出现了爆发式增长。由于制作群体广泛而巨大,相应的制作内容庞大许多。尽管不少内容由于专业水平、敬业程度、技术限制等原因,存在着粗糙简单、信手拈来之感,但由于抓拍及时、真实感强、情绪浓烈等原因,网络视频网站上的视听内容越来越得到受众的喜爱,成为分渠道散发的重要视听内容。不少自制网剧、综艺节目的相应而生,经过一番宣传造势,赢得很高的点击率,叫好一片,发展势头不错,有些像《盗墓笔记》等网剧还被改编成电影、电视剧"反哺"荧屏,成为网络走向影视的一道风景线。

视频网站对传统电视的"反哺",尽管从市场的角度来看是利益使然,但

---

① 喻国明:《现在所有媒介融合基本逻辑是错误的》,《传媒大观察》2015年1月5日第3版。
② 王首程:《忧患中革新图存——"华南媒体边缘化"热议中的冷思考》,《南方广播电视学刊》2014年第5期。

从媒介发展的格局来看，意味着视频网站的制作能力、营销能力和受众覆盖面，能与电视台并驾齐驱，互为补充，相得益彰。传统电视应该用开放的心态去接受这一切，并积极学习新的传播形态和传播方式。未来会有越来越多的综艺节目、电视剧的策划、制作中，双方不断强化合作，并寻找共同的利益与最大的受众覆盖面。

3. 发展新媒体要尊重用户的选择

新视听媒体建设过程中，传统媒体人员需要重新学习，换洗身上的知识血液，意识到新旧视听媒体传播形态的区别。如在微信朋友圈中，视听媒体怎么介入，应该用怎样的方式介入，能植入怎样的广告，还需要不断思考与实践。"在技术融合、业务融合的驱动下，信息终端普遍向多业务、高质量、多格式、多状态下接受方向发展"①。像微信平台上的视听节目传播，虽然会把一些志同道合的朋友聚到一起，而且会出现裂变式的扩散，但同时需要一些技术的保障，比如精选微传播、进行话题互动等，"让大家会集一堂，统一采购、分类加工、集中分发"②，这样做出来的菜品种多了，而且每个人都可以品尝到。这需要视听媒体制作人员从理念、思维以及机构的体制、分工方面做一个调整。而传统电视人员目前虽在苦苦探索和实践如何增加观众参与、互动，提升节目感染力，扩大节目的影响力，但事实上成效不明显，甚至有时为人作嫁衣，比如央视春晚的"微信摇一摇"，虽然央视实现了双屏互动，可是让微信广为人知，而且腾讯微信平台借此掌握了大量用户的数据、关联了大批量用户信用卡等③，微信平台一夕之间成长壮大。所以向新的视听媒体学习也好，借力新媒介也好，一定要注意从思维、流程上植入互联网基因，而不是邯郸学步。

另外，视听媒体要争取更广泛的年轻受众。众所周知，电视观众老化特别明显，电视剧基本沦落为45岁以上的"大妈剧"④。尽管好多电视节目中加

---

① 庞井君：《当前中国视听新媒体产业发展的几点思考》，《电视研究》2011年第5期。
② 马利：《主动融合，媒体才能永立潮头》，《采写编》2014年第10期。
③ 参见《春晚摇一摇：央视、微信、观众多方共赢》，2015年3月3日，央视网（http://1118.cctv.com/2015/03/03/ARTI1425353659928219.shtml）。
④ 邱祎：《电视剧沦为大妈剧　观众老龄化成行业心病》，《齐鲁晚报》2013年5月22日第12版。

入二维码、微信摇一摇等希望吸引年轻观众成为固定观众,但收效甚微。电视台不能只设置一个微博、一个微信账号或者建一个App,将内容传播出去就一了百了。实际上,每部手机上都会安装很多个App,但这些App并不是每个都有在使用,大多属于僵尸状态。微信中的各种订阅号、公众号等就极少会被点开①。所以传统电视不能做一个App就认为跟上了新媒体的步伐,怎样想办法做大做活才是关键问题。

四 提前布局媒介技术研发,重视用户数据分析,跨屏传播扩大覆盖面

1. 数据分析是视听媒体粘贴用户的需要

"大数据时代对海量数据存储和信息处理的要求越来越高,云计算平台成为'大用户''大数据'和'大系统'问题的解决方案。"②事实上,目前用户更多地走向手机、平板电脑移动端,随时随地收看视听信息内容,"随着人们生活变得碎片化,坐在家里收听收看节目不再是常态,越来越多的时间是在途中"③。智能化接收终端的成本降低,流量等资费降低,都有利于移动终端的推广。如何打造移动端视听产品,粘贴巨量的用户,而不仅仅局限于目前的一些老年观众,是电视媒体和新视听媒体都需要考虑的问题。

目前,爱奇艺高清、优酷网、响巢看看、腾讯视频、搜狐视频、百度视频、来疯直播、斗鱼TV、六间房秀场等,不管是高清影视,还是最新电视剧、电影,或者是网上超火的视频直播,或者是全民直播,这些直播或点播视频,大多数是影视、真人秀、脱口秀、综艺节目等内容,也有不少属于网络直播的,从大众传媒意义上来讲,哪怕内容有些无聊平庸,哪怕只是闲聊与歌唱,哪怕讲一些家里长短,不可否认的是,传递着一定的信息,即使这个信息的价值不那么高。不过这些网站有一个共同点,就是通过数据分析想方设法粘贴用户,比如给用户提供便捷有效的视听服务、会员制、赠送各种虚拟礼物、免费试用等方式,让用户感受到这些网站所具有的魅力,最终

---

① 周翰林、黄亮:《多数企业微信公众账号成僵尸》,《河北青年报》2014年9月23日第7版。
② 高洪波:《大数据时代电视平台的战略转型》,《南方电视学刊》2013年第3期。
③ 高宪春、解葳:《媒体融合背景下视听媒体创新途径再分析》,《电视研究》2014年第1期。

"安营扎寨",驻留在这家网站上。

相比之下,尽管现在手机等移动端上的各种 App 非常之多,只有这个 App 在所属行业或领域中占据前五位,才有可能成为有影响力的媒体平台,不然很快会被用户弃之不用,"有人做过研究,比如,打开网页,第一页面被点击的概率是 20%,第 2 页就是 3%,到第三页就是百分之零点几"①。要了解自己的 App 为何得不到用户喜爱,就必须进行相关的用户数据分析,实现个性化、精准化定位。

2. 数据运用是拓展视听媒体新业务的需要

以互联网为基础的新视听媒体的发展在促使传播形态发生变化的同时,也影响了传媒机构生存的发展模式。像传统电视媒体主要以广告为经营收入的主要来源,而新视听媒体却不仅仅局限于广告,而是有更多的商业创新模式,比如网络游戏、电商服务、电子金融等。随着大数据的到来,数据信息服务也是传媒机构业务拓展的一部分。比如传统电视媒体可以对拍摄报道过的视听节目做一个资源存储,进行版权交易;可以将自己过去的用户数据进行搜集整理分析后,进行综合信息服务等。只有加大数据分析和运用,才能提高传媒的业务能力和运营能力,才能在保证经营创收的基础上提供更优质的信息产品。

由于以互联网为基础的视听新媒体具有更强大的汇聚性、即时性、互动性、延展性,像国内优酷、爱奇艺、搜狐视频、腾讯视频等视频网站,已经抢占先机,粘贴了大量视听用户。比如搜狐视频,有自己的搜索引擎、有自己的输入法、有自己的浏览器,根据这些工具可以掌握用户喜欢的内容、节目、观看视频的时长、频次等,可以有的放矢地制作一些视频内容。传统电视当然也开始意识到数据问题,并且可以通过交互式的电视机机顶盒建立用户数据库来进行数据收集、整理和分析。上海广播电视台台长王建军说,"只要我们利用自己依然强势的品牌效应、传播覆盖和内容资源,然后改造旧渠道、打造新渠道,从电视的入口引入人流,提供适应用户需求的内容产品和

---

① 喻国明:《关于当前传媒发展的若干思考》,《编辑学刊》2014 年第 5 期。

多样化的服务，探索新的商业模式。"① 目前传统电视媒体在技术革新方面力求突破，比如 OTT 技术可以实现多屏互换，多屏共赢，这有利于传统电视节目的多屏播出，实现传播覆盖面和效应的最大化。

除了这些之外，如何利用大数据进行精准化传播，如何将人工智能技术使用到媒体发展中等问题，都是电视媒体融合转型和新视听媒体发展的重要方面。在国外，像美国等媒介技术先进的国家，一些视听媒体运营商、服务商，开始整理分析已经掌握到的数据，给用户提供全方位的视听服务，比如对画面质量的提高、声音效果的加强、内容播出的精准等。国内"今日头条"及旗下抖音等产品的智能推荐也是利用用户数据进行的精准化传播。

可以这样说，未来的电视从传输方式上是传输介质多样化，节目内容将变得微型化、个性化、趣味化、栏目凸显化、品牌化，视频内容海量化，内容推送数据化、精准化等。从媒体发展上来看，集团垄断化，广告经营植入化、盈利模式多样化等比较明显。有学者认为视听媒体"打造新型主流媒体六大战略，分别是平台再造、增量改革、媒介分化、范式转换、极致专业、精耕细作"②，这些是在新的媒介生态格局发展中必须尽快去践行的。目前看来，传统电视的消亡，不是视听媒体的消亡，而是一种单向传播的视频形态的消亡，是一次图像传播、制作方式、营销手段、管理理念方面的革命性变化。"传统媒体需要探索新的传播模式，重新提升信息传播的价值，重建网络传播时代媒体的盈利模式和经济模式。"③ 传统电视的发展，跟视频网站、微信平台、短视频平台等一样，不单单依靠一种体制的转变或者理念的革新，而是人才培养模式、传播模式、业务模式、运营模式等多方面的转变。

"视听内容制播将呈现出生产主体多元化、内容表达多媒介化、组织结构

---

① 王建军：《"互联网+时代"的广电态度：SMG 绝不会坐以待毙，在内容和渠道上都必须掌握话语权》，《IT 时代周刊综合》2015 年 6 月 11 日第 3 版。
② 左志新：《传统媒体突围之路：融合跨界求发展——媒体融合与跨界发展高峰论坛侧记》，《传媒》2015 年第 11 期。
③ 王勇：《媒介融合背景下我国广电全媒体发展研究》，武汉大学，博士学位论文，2013 年。

复合化、传播全平台化、传播效果叠加化和产业跨界化的融合媒体传播新格局。"① 不管怎样，新媒介生态下视听媒体的传播方式不再是点对面的精英式传播，而是结合点对点、面对面的用户生成内容的裂变式传播，在精细划分受众的基础上追求大众传播。如何搭建平台，培育和加强用户认知度，在差异化、个性化、品牌化、智能化方面寻求突破，加强对受众群体的影响力，以此获取更大的市场空间，还需要各大视听媒体不断探索。当然，构建视听媒体的生态环境，除了视听媒体加快自身进程之外，还需要政策层面上出台相应的扶持政策、发展规划等，加强由政府、媒体、受众组成的三位一体的监管模式，实现视听媒体的良性发展。

---

① 李岚：《移动化、社交化：视听新媒体融合发展新态势》，《声屏世界·广告人》2013年第8期。

第三章 视听媒介变革中的信息传播策略

第一节 整合传播：视听媒体产业链的构建

在大众传播学看来，任何一个受众接触大量信息时存在一种选择性心理，这种心理驱使该受众选择自己想要观看的信息而不是每条信息都要浏览，而他所选择的信息一般符合他的学识、经验、身份地位以及相应的价值观等，传播学研究表明这种"选择性"的后果往往是，"更可能在加强原有态度的方向上起作用，而不是导致它的改变"[①]。

在传播学者施拉姆看来，这种选择性行为是由传播的内容和媒介因素叠加造成的，并由此得出了一个著名公式：选择的或然率＝报偿的保证/费力的程度，除了个人因素外，做出选择是由便捷的媒介和高质量的内容所决定，"人们选择最能充分满足需要的途径，而在其他条件完全相同的情况下，他们则选择能够最方便且迅速地满足其需要的途径。人们选择信息时如此，人们在选择使用媒介途径时也如此"。[②] 尽管在以互联网为基础的当下媒介生态环境中，大众传播、分众传播、精准传播等多种传播形态交融于一体，可有效的传播策略才能让信息真正抵达潜在受众的眼里，传播策略在传播过程中的

---

① 郭庆光：《传播学教程》，中国人民大学出版社 2011 年版，第 178 页。
② [美] 威尔伯·施拉姆：《传播学概论》，新华出版社 1984 年版，第 114 页。

重要性可见一斑,"一个合理地组织起来的社会,其任务之一,就是发现和控制任何妨碍有效传播的因素"①。

视听媒体要想以声画合一的形象内容打动受众,应该从制作内容、设定目标受众、做出媒介渠道选择和组合,并分析媒体渠道的占有比重、到达率和接触频次,有目的有策略地组织传播。尽管网络时代往往会出现一家独大的情况,可视听媒体机构即使再庞大,也难以覆盖并传递到每一位受众身上,或者独家垄断所有信息及传播渠道。不管是智能手机还是智能电视抑或电脑终端,每位受众在收看视听内容时,除了对媒介渠道做出一定选择外,还要在视听内容中选择与自己有关联或者打动自己内心的信息。而以互联网为基础的社交媒介时代的到来,更分散了受众的注意力、挤占了碎片化时间,媒介选择显得更加重要。更何况随着媒介形态的泛化,信息爆炸式的增长让受众不知不觉中陷入"信息疲劳"当中,各种真假不定、良莠不齐的"信息迷雾",使传播环境越来越复杂多样。这种传播渠道的大量叠加和信息的海量增长,使传播环境愈加复杂,视听媒体使用怎样的传播策略才能达到有效传播甚至高效传播,实在是一个值得探索的话题。

从某种意义上讲,传播就是扩散。传播主体通过相应的媒介渠道将信息广而告之,以便让更多的受众知晓这件事,并从中得到一定的感知。传统意义上的单向扩散传播已经不适合当下的媒介生态,从大众传播到分众传播再进入浸染式传播,对传播策略的要求越来越高。在各具特色的传播策略中,整合传播是一种最为常见的策略,通过一种最有效的媒介组合排列,将各媒介的长处发挥出来,在把握各媒介传播特性的基础上,围绕同一信息主题制作不同的传播内容,从而深层挖掘不同媒介形态所具有的传播特点,有效提升传播价值。这种传播策略,充分考虑了媒介特征及信息资源,也可以说是全媒体传播。具体而言,视听媒体整合传播应从视听内容和视听渠道两方面进行整合。

---

① [美]拉斯韦尔:《社会传播的结构与功能》,选自张国良主编《20世纪传播学经典文本》,复旦大学出版社2011年版,第206页。

一 视听内容整合：跨屏传播的内容分发

多屏时代到来，视听节目内容呈爆发式增长，海量的视听信息中如何让受众认可你的内容，喜欢你的内容，并成为你的用户，传播主体需要在内容整合上下大功夫。现在每家视听媒体都想方设法制作各种各样的节目，比如传统电视精英模式制作出来的专业视听内容，像 IPTV 中除了直播电视内容、拥有正规版权的影视内容外，还有教学业务、信息业务、娱乐业务甚至电子邮件、短消息等电信业务，其中不少电视剧、短剧、综艺节目等内容可专门制作或定制；手机电视中除了有传统电视制作的节目内容直播之外，还有特别制作的与电视节目联动的片花、宣传片以及市场公司特意制作的手机电视短剧等；而车载移动电视、楼宇电视等除了嫁接传统电视制作的一些电视节目之外，根据自己的传播形态进行一些内容的定制或制作；视频网站除了打造自己的特色内容之外，也开始在各个渠道上建立 APP 等发布相关内容，抖音等短视频内容主打手机渠道，但也在多屏分发。因为每一家媒体在传播方式上有其所长也有其所短，受众一般会在自己认可的视听媒体平台上收看制作得有特色的视听内容而放弃或屏蔽乏味的不方便自己收看的视听信息。一家视听媒体不仅要在自身品牌建设上下功夫，打造自己的制作播出平台，同时要认清不同媒介的优势和特性所在，在不同的渠道打造不同风格的特色视听内容。

就传统电视近年来的媒介融合而言，除了搭建平台方面乏力以外，全媒体传播、背包记者等是新闻类视听内容主要发力的方向，其他媒介渠道的占有方面传统电视不断在突破，不断在尝试，内容方面也各具特色，各展其长，同时尽量将类似的节目资源整合起来，打造拳头信息产品，以便独树一帜，成为品牌。比如说凤凰卫视不仅有多个电视频道，门户网站凤凰网旗下还有凤凰资讯、凤凰视频、凤凰财经、凤凰卫视等大的专业频道，并打出了"大事件看凤凰"的口号，在国际新闻报道中对大事件的报道分析不遗余力，影响广泛。凤凰视频的口号是"最具媒体价值的视频门户"，国际上发生的许多大的突发事件，凤凰视频会及时介入报道，能满足观众第一时间的视听需求。这种时效性其他视听媒体望尘莫及。像前两年的日本地震、利比亚战争以及近期的希腊危机等，凤凰视频都会以敏锐的洞察力，第一时间全面翔实地解析这些大事件发生的原因、过程以及带来的种种可能性。可以说，凤凰卫视不管在哪一种媒介渠道上，对内容的有效整合和特色传播，都是其成功的重要手段。像江苏卫视的新闻栏目《江苏新时空》多年来做了一系列重大主体性报道，并通过不同的渠道进行分发，收效良好①。江苏广电总台在报道十八大时，"既有跨时空、跨国界、跨媒体的全媒体大型新闻行动，也有富有电视特点的系列主题报道、系列电视评论等报道样式"②，从媒介渠道占有到制作形式上实现了整合传播。像浙江卫视《经典浙江》回眸拍摄中，提出"大型新闻行动与社会动员相结合，多媒体联动唱响主旋律"③ 的整合传播策略。《羊城晚报》报道全国"两会"时，做到"创新技术平台、创新传播内容、创新传播形式、创新全域覆盖"④ 的全媒体组合拳群式的整合传播策略，立体呈现、即时报道，可以说效果非常之好。

整合不仅仅是渠道的整合，也是内容的全方位整合，像近些年视频网站推出的一些视听产品，就是举全力打品牌。目前各大视频网站都有自己的代表力作，比如爱奇艺的《奇葩说》《盗墓笔记》，优酷土豆的《仙剑客栈》《天才J》，腾讯视频的《暗黑者2》《乡村爱情8》，乐视网的《太子妃升职记》《芈月传》，搜狐视频的《无心法师》《屌丝男士》等，从用户规模、流量到用户活跃度、忠诚度都取得了不菲的成绩，从中也看出视频网站在竭力走出盗版阴影，从小打小闹的节目制作中整合有效资源，打造品牌内容的决心和力度。尽管这些产品的影响力还无法与传统电视的节目如《快乐大本营》《奔跑吧兄弟》《中国好声音》（后为《中国新歌声》）之类的媲美，但也为视频网站带来了巨大的品牌和经济收益。

内容为王在任何时代都不过时。整合就是为了提高资源利用效率，在不

---

① 参见李良荣《重大主题报道的整合传播》，《中国广播电视学刊》2007 年第 7 期。
② 倪志新：《全媒体、多角度、立体展示，创新重大主题报道模式》，《中国记者》2013 年第 3 期。
③ 王水明：《民生时代重大主题报道的创新——浙江卫视〈经典浙江〉回眸》，《新闻实践》2007 年第 7 期。
④ 孙爱群：《〈羊城晚报〉全国两会报道的全媒体传播策略与实践》，《中国记者》2015 年第 5 期。

同的媒介渠道里剔除毫无吸引力的节目而精心打造优势特色节目，出拳头产品、精品力作，以便以优质内容形成传播轰动效应。这样才能在对内容要求越来越高的媒介生态中占有一席之地并做大做强。

二　视听渠道整合：打造全媒体传播矩阵

1. 整合全媒体：全方位推广视听内容

当下纸质媒体也好，视听媒体也罢，都在进行全媒体战略。这未尝不是一种发展思路。因为视听媒体单一传播渠道已经不能适应新的媒介生态中的传播与发展，如何占有更多渠道，在全媒体的高度来实现战略布局的转型，更好地树立品牌，扩大受众来源，实现资源整合后的营销策略，是大多数视听媒体急切希望实现转型升级的步骤。"整合营销不是仅仅让用户能够在多种平台上找到一样的内容，更是为了充分发挥出多平台的固有属性，更好地形成互补结构，发挥跨媒体平台的集聚效应，使品牌的传播效益最大化"①。

什么是全媒体，有专家如此概括："1. 全覆盖，即多种渠道覆盖，一云多屏，全球传播；2. 即时性，随时随地到达受众；3. 交互式，受众能够参与分享、互动；4. 形式多样，提供图文视听多种元素的混搭立体式解读；5. 话题为王、内容聚合，话题为核心，实现新闻信息的汇流。"② 全媒体给人们提供的是更为全面的聚合信息平台或渠道选择，文字、声音、图片、视频、动画等多种介质也给受众提供了自由选择的可能。传播主体通过广播电视、音像出版、报纸杂志等不同媒介形态和不同的传播渠道、受众群体等，达到了最大限度的受众覆盖面。全媒体是一种渠道和受众的占有。像云南电视台提出的媒介融合思路是："技术融合、观念融合、组织融合、内容生产融合、经营融合、终端融合，也就是将所有媒体一网打尽，走全媒体建设之路。"③ 但这样的发展方式也会造成一些不利的后果，比如全媒体的建成，需要内容提

---

① 王虎：《媒体融合背景下传统电视与新媒体的整合营销策略分析》，《声屏世界》2009 年第 1 期。

② 黎斌：《全媒体时代电视市场三大趋势战略前瞻》，《卫星电视与宽带多媒体》2013 年第 13 期。

③ 覃信刚：《媒介融合、台网互动解析》，云南人民出版社 2013 年版，第 4 页。

供商、技术提供商、网络运营商、平台提供商、终端提供商、受众及监测机构等共同组合，一旦摊子铺得太大，会出现后继乏力、特色优势节目不明显等情况。

就国内传统电视而言，全媒体建设发端于2012年前后，这时候像新华社、《人民日报》、中央电视台等大部分主流媒体就已经开始加紧布局媒体融合，投身其中，从法人微博到报纸、网站、微信、手机报等，都纷纷开建或打造了"中央厨房"。不仅如此，这些大的媒体机构围绕新媒体平台，进行集成建设，从核心技术、内容整合等方面具体实施。"一些优势电视媒体在持续进行内部整合的基础上，也在不断寻求外部扩张之路"①。特别是像中央电视台等实力强大的传统电视媒体，围绕"台网融合"和"一云多屏"，实现了网上传播、电信传播、手机传播以及移动电视集成播控平台的建设等，基本形成了"涵盖多语种、多终端、全媒体、全覆盖"的传播新体系②。《人民日报》深度融合的"中央厨房"不仅成为一个造就全媒体创新人才的平台，还成了采编联动平台，"两微一端、一抖一快"尽在其中。在全媒体传播过程中，不少传统媒体渠道整合中初见效应，有些媒体的两微一端建设中，粉丝量超过千百万，经济效益也大为可观。像"央视新闻"微博主打首发、微信注重互动、客户端发布视频，形成了三管齐下的格局。新华社的全媒体平台，"初步构建了融通信社业务、报刊业务、电视业务、网络业务、金融信息业务、新媒体业务和多媒体数据库业务为一体的全媒体业务形态"③。

不仅如此，国内许多热门综艺节目善于利用全媒体方式进行推广，对节目资源进行了最大利用。电视首播，网站第二天重播，然后传统的平面杂志撷取一些图片进行评说，户外媒体广告、公交电视发布一些片花广告，在手机等移动客户端摘取一些精彩片段进行传播，并打响该综艺节目的品牌。像东方卫视《中国达人秀》的推广就是典型的全媒体组合，先是由电视和平面媒体发起旋风式品牌认知，由门户网站造就价值观的影响力，接下来利用贴

---

① 刘振：《浅析强弱电视媒体联合中的品牌溢出问题》，《中国电视》2010年第12期。
② 参见林广《中华网多语种全媒体平台启动 将以多平台融合为发展重点》，《广州日报》2014年1月18日第18版。
③ 石长顺、柴巧霞：《人性化智能化：电视媒介的进化方向》，《视听界》2013年第3期。

吧、论坛、微博等引发热议，网络视频和 IPTV 跟随播放增大长尾效应，即时通信平台针对目标人群迅速发布相关消息，开发手持终端等，形成了"多层次、多维度的文化消费格局"①。

在国外，传统电视早就迈出了整合营销的步伐，一方面组建相应的网络平台，另一方面加快台网融合，像 CNN、BBC 等为代表的电视媒体，早早形成以电视为旗舰、借助新视听媒体多渠道综合发展的信息产品营销模式。2007 年 7 月，CNN 联手视频网站 YouTube 对美国总统候选人辩论进行全球直播；2009 年 1 月 CNN 与网站 CNN.com 联手 Facebook，在线直播总统奥巴马就职典礼等。早在 2010 年 CNN 就推出 iPhone 版和 iPad 版，同样的内容在不同的客户端播出，有效提高了视听内容的整合利用，但又保持各自的特色和风格，一定程度上赢得了用户，并占领了移动市场的份额②。BBC 自建的 Freeview 数字基础平台就覆盖电视、电脑、手机和平板电脑等所有媒体终端，在内容整合的基础上打造特色节目，通过不同渠道分发，在保证节目优势的基础上占有多个渠道，比如"BBC 有一个专门的社交媒体团队，每天推出 6—8 篇新闻到 Facebook，3—4 篇文章发到 Google +，一周推出二三百篇微博"③。而道琼斯公司根据传播策略独创了新闻报道的"水波纹"理论，以一颗石头丢进水中产生的波纹来比喻各种媒体根据时效性和报道深度的不同，对同一新闻事件展开不同层次的报道的形式。比如新闻事件发生后，道·琼斯通讯社快速发出简洁新闻，接下来华尔街日报新闻网站进行快速报道，然后是电视台报道、电台报道，"然后才是《华尔街日报》做更详细的报道。下一个接力棒就交到'Smart Money'等系列刊物进行深度报道。最后进入道琼斯和路透合资的商业资讯数据库里，供收费用户检索"④。

而视频网站也在积极开展全媒体计划，大量地占有不同渠道。以乐视网为例，为了抢占视听媒体制高点，乐视网不仅自制网剧，还收购影视公司，

---

① 蒋为民：《〈中国达人秀〉的全媒体传播策略及其效能分析》，《新闻大学》2012 年第 2 期。
② 参见余龙《CNN 转型对中国电视媒体的启示》，《青年记者》2015 年第 9 期。
③ 朱新梅、熊艳红：《2013 年中国视听新媒体发展动态》，《中国广播电视学刊》2014 年第 2 期。
④ 吴自力：《全媒体热潮下的冷思考》，《新闻实践》2011 年第 11 期。

2013 年收购了花儿影视，同时成立了互联网电影公司，所制作的《红高粱》《芈月传》等不仅反哺传统电视，还开发了相关游戏、礼品酒等延伸产品，虽然全媒体产业链还未完成，但全媒体传播步骤基本能够实现。而与此同时，阿里巴巴不断收购媒体，其布局看上去是"电商+全媒体"战略，开始占有报纸、广播、杂志、网络，各大新的视听媒体渠道比如手机、移动电脑端、平板电脑端等，在此基础上探索网络商业服务业务、金融服务平台等。

全媒体发展意味着实现媒体之间的共享共赢，合作传播。媒体传播不仅仅需要一种媒介传播形式上的整合，也是一种内容、渠道到人员的整合，这种传播方式会让几家媒体取长补短或一个媒体集团内部的运作效率大大提高，形成更为强大的传播效果。同时全媒体传播过程中，互联网思维会促使内容向产品、观众向用户的转化，最大限度延展了节目的品牌价值。①

2. 整合强势媒体：联合传播的互补之路

全媒体更多地侧重于内部的联合，而在媒介整合过程中，强强联姻是一种强有力的整合手段。比如现代企业在制定和运营传播策略时，不再像以往那样仅仅通过简单的播放广告、购买纸媒版面等来进行，而是要思考用最少的投资、最小的成本来获得更多的广告，并将其转化为多种传播信息在不同传播渠道上影响受众，成就这些资源和信息的价值最大化。其实也就是跨媒体传播。"跨媒体是横跨平面媒体（报纸、杂志、图书、户外广告）、立体媒体（电视、广播、电影）和网络媒体的三维平台组合。"② 就视听媒体而言，网络视频在宣传方面、制作内容方面常常和传统电视、报纸等联合报道。而 IPTV 就是典型的电信宽带与广电内容联合发力的产物，是基于 IP 网络上传输的，有关音视频、电视节目、文字、图像等内容的具有一定服务品质和体验品质，又具有安全性、交互性和可靠性的多媒体。

宁夏银川曾发生过一则轰动全国的正能量新闻，可以说是多家媒体强势联合报道后实现传播效果最大化。经过如下：2013 年 11 月 10 日，来银川打工的宋国强夫妇不慎将女儿宋玉儒使用的价值 28 万元的人工耳蜗弄丢了，四

---

① 参见韩浩月《跨界这把火应该怎么烧》，《京华时报》2015 年 6 月 16 日第 7 版。
② 王学成、来丰：《论跨媒体联合》，《新闻大学》2002 年第 1 期。

岁半的女儿宋玉儒意味着要回到无声的世界，如果找不到耳蜗想再次听到声音，又得做十几万元的开颅手术，购买28万元的人工耳蜗。宁夏电视台经济频道《都市阳光》栏目接到宋国强夫妇求助帮忙寻找耳蜗的信息后，迅速调派记者前往采访，并连续几天在栏目微博、微信上发布寻找人工耳蜗的消息，当天发布的第一条寻找耳蜗的微博消息一天之内的阅读转发量就超过了2万次。同时，当地所有媒体都在刊播这条消息，《宁夏日报》《新消息报》、宁夏交通广播、银川交通广播等纷纷发出声音，一个小小的耳蜗引发一场全城的爱心行动，由此引起了中央电视台的关注。11月19日，央视《焦点访谈》以"寻找失去的声音"为题，播出了银川全城帮助失聪孩子寻找人工耳蜗的动人故事。11月21日，央视《新闻联播》播出了《"全城寻耳"女童人造耳蜗失而复得》。11月23日央视《新闻周刊》再次播发了这条消息。不久，在媒体记者、孩子家长的共同搜寻下，这一枚小小的耳蜗找到了。而这次寻找耳蜗的报道正是一次全媒体的报道，引发了社会各个层面的关注和巨大反响。首发耳蜗丢失小新闻的银川广播电台凭此新闻获得中国新闻奖二等奖。

这是一个不同形态的多家媒体联合报道的成功案例，也是全媒体传播的真切实践。但也要看到，这次报道是不同媒体间的合作，而不是一家媒体的内部整合。这种联合报道形式已经开始发展起来，像凤凰台，除了集团内部实现全媒体传播外，在跨媒体整合方面也是不遗余力，比如跟《21世纪经济报道》联合举行的华人领袖评选活动，影响力甚大[1]。同时需要看到，现在媒体之间的信息转载，已经非常频繁和常态，其中不少媒体之间建立了联盟平台，比如就财经视听新闻而言，由第一财经发起的CBTN平台，就集聚了全国五十多家电视台经济方面的视听信息，每天各家媒体将合适别的媒体转发的视听内容上传到平台，供其他媒体下载。在这种相对固定的联合中，各媒体节省了人力物力成本，而报道的内容范围扩大到了全国乃至全世界。相同地，现在除了财经类的联盟，民生电视新闻、法制电视新闻等外，都有相应联盟的平台，这些联盟平台有一个共同点，就是让视听媒体所发布的内容在

---

[1] 参见百度百科《华人经济领袖评选》（http：//baike.baidu.com/link？url=O8whEjvr-Wj5MNFAfNXpkwohg9uZrkCYzuqdaC_bHrE6vIEI9HUHauuYNtV-0mjKn_Ie_nXk8dmjN1myfmc3Ka）。

平台上多次利用，实现传播效果扩大化。

"融合的高级阶段是实现跨媒体联合。"①《2014年度全国电视广告发展报告》显示，通过强强联手，许多媒体和网站获得了更为广阔的发展空间和不可估量的机遇。像2014年在巢湖召开的媒体VIP客户高峰论坛上，媒体报道显示，安徽卫视宣布与腾讯视频强强联手，电视、互联网、广告主三方将共同研发广告产品，提高传播精准度。为客户带来产品效果"1+1>2"，性价比"1+1<2"的传播效果。2014年4月17日，百度视频与湖北广播电视台（集团）合作创建的百度视频湖北频道正式上线。"湖北广电积极牵手'BAT'等互联网巨头，挖掘广电市场新价值。"②百度视频提供产品、设计和技术支持，湖北广电提供自有节目版权以及网站的日常运营，二者相得益彰。显而易见，跨界联合既是一种大趋势，也已经成为各大电视台积极的改革举措，实现了双方合作共赢，更多的用户可以通过这种强强联合的传播模式获得更好的视频体验。目前，"第二阵营和第三阵营的电视台积极与互联网巨头合作，实现传统媒体与互联网的融合之路"③。

强势媒体联合，意味着各展所长，各有取舍。国外比较典型的例子是美国"坦帕新闻中心"的"跨界"。坦帕新闻中心是《坦帕论坛报》、WFLA电视台和报纸的坦帕湾网融合到一起的结晶。"在融合的大背景之下，团体的利益高于各自的利益……负责分配任务的办公室编辑除了传送新闻信息之外，还会对新闻信息的采访和报道提出建议，如把记者派到什么地方去比较合适，以及首先在哪一平台上发布信息等等。"④这样的报道例子不胜枚举，已经成为坦帕新闻中心媒体信息运营的常态表现。

3. 整合特色渠道：针对不同群体发声

在整合传播过程中，受众覆盖面需要最大化，但选择渠道也是非常重要，而不是将所有的传播渠道统一纳入目标范畴，占尽所有渠道。渠道的选择与信息内容、目标受众有关。为了寻找特色渠道，使传播效果最大化，而摒弃

---

① 李卓钧、何源：《传统媒体与网络的融合之路》，《新闻与传播评论》2002年卷。
② 张海明：《广电媒体与新兴媒体融合路径》，《传媒》2015年第8期。
③ 杨玥：《广电传媒与互联网巨头的融合之路》，《新闻传播》2015年第13期。
④ 蔡雯、郭翠玲：《美国坦帕新闻中心媒介融合的策略与方法》，《中国记者》2007年第9期。

那些无效的传播，组织者在媒体渠道的选择上精益求精，并尽量让传播内容多次整合利用。比如一些网站邀请明星艺人进行专访，并让网民参与到互动评论中，第二天将这样的专访与网民的代表性意见，整合成一篇专访刊登到纸质媒体上，再通过电视评论的方式对该明星谈话内容进行评论。如此一来，特色渠道有了，内容也经过了多次整合利用，传播效果就十分明显。

就视听媒体而言，手机电视是一个非常具有特色的传播渠道，作为一种视听媒体，它的功能不仅仅传播传统电视节目或者自制、定制一些视听节目供手机用户观看。手机电视还能提供点播、互动广告、手机购物等功能。手机电视由于有移动、便携、私人化等特征，所以特别适合传播一些特色化、个性化的视听内容，比如说看一场个人喜欢的足球直播，关注一场个人喜欢的模特大赛，或者不适合在客厅里集体收看的视听内容等。作为相对私人化的传播渠道，手机电视适合分众传播，对一些不同群体进行特定内容的针对性很强的传播。

当然，不同视听传播渠道有不同的特点，针对特色化的渠道发声更具针对性和精准性。像影视作品的整合传播方面，以电视剧《婚姻保卫战》为例，首轮播映权卖给了北京卫视、浙江卫视、天津卫视等，这些卫视受众覆盖多，影响力大，一播出收视率节节攀升，传播效果明显；同时将网络播映权卖给了搜狐视频，作为国内热播剧的发布平台，该剧15天内在搜狐视频上播放总量超过两亿。另外该剧巧妙植入了许多广告，还利用微博平台，展开营销新模式，通过经典台词的传播等扩大该剧的影响力，并在百度贴吧等进行专题讨论，帖子众多。不管是多家卫视同步播出还是在搜狐视频上独家网络播放，抑或新媒体中加大推广力度，在这样一个精心安排的传播渠道传播过程中，会发现特色渠道传播中，目标受众能实现最大化。

综上所述，整合传播是一种综合运用多种传播媒介以及传播方式，作为视听媒体，传播视听内容过程中，最好的应对之策是整合传播，以用户为导向全面出击，但出击得有分量，有质感。目前看来，整合传播着眼于传播渠道的多样性、各种传播媒介自身的一系列特点以及传播手段的不断创新，通过整合来实现传播效果的最大化。在媒介泛化、媒体增多的时代，每个媒体所影响的受众及信息环境各有不同，进行整合传播，才能覆盖更多的受众群体，也避免了信息传播中不同媒体在形态上的单纯照搬，毫无创意。当下由于受众接受媒体的信息内容呈爆炸式增长和由此形成的习惯的泛化，或者说对所有信息形成的一种"刻板印象"，由信息疲劳造成的漠视和事不关己心态导致的高高挂起，会影响到传播的效果。加上现在受众分流情况日益严重，有效受众不断减少，所以整合传播除了尽可能多层面覆盖受众外，尽量形成有效传播和组合有效受众，而不是撒大网捞小鱼。

第二节 精准传播：碎片化与用户思维

当下是个讲效率的时代，也是个准确出击的时代。对视听媒体传播主体而言，如果目标受众不明确，传播内容繁多模糊，传播媒介杂乱不清，传播过程中往往会得不偿失，甚至起到相反的效果。对广告主而言，最想做到"目标受众精准定位、消费需求深度挖掘、投放过程精准可控、广告效果精准评估"[①]。这就需要根据目标受众年龄、性别、爱好、收入、学识等来具体划分，加上当下媒体越来越多，比如报纸、电视、杂志、楼宇视频、公交视频、微信链接视频、手机电视、网络视频、微信互联电视等，最好选择其中最有传播效果的进行。

无效传播是信息资源的浪费。视听媒体多元化，传播渠道不断丰富，传播受众几乎覆盖全球，而不同受众会通过不同渠道锁定自己喜欢的传播内容，这些受众又有职业岗位、兴趣爱好、消费习惯方面的区别，如此一来，实现有效的传播难之又难。加上媒介生产内容的门槛越来越低，发布信息的方式及渠道越来越多，使许多的媒介内容产品出现帕累托定律所描述的"二八现

---

① 倪宁、金韶：《大数据时代的精准广告及其传播策略——基于场域理论视角》，《现代传播》2014年第2期。

象"①，也就是说，大量的信息产品在传播过程中是低价值甚至无价值的，而真正有价值的得到精准传播的媒介内容产品只有生产总量的20%。比如将提醒老年人注意降血压的信息传递给大量的年轻人，将网络游戏的信息送达老年用户身上，都没有达到预期的传播效果。不管从时间成本还是财力角度，进行有效传播，须做到"以数据为基础，以技术为前提，需要从特定受众出发展开个性化的传播"。②

精准传播就是针对特定受众展开的传播，是要通过有效的传播媒介传送有用信息到最精确的目标群体。传播实现的人群与目标受众基本契合，没有出现信息的浪费和无效使用，就是"精确管理受众认知"③。比如传递一条新闻，消防人员演习有关小区高层是如何逃生的，通过视听媒体传递到的人，应该是小区高层住宅里的市民，但如果大面积传播，居住偏远山村的农民就不喜欢这样的信息，会直接关电视、屏蔽或转移、删除，出现了许多无用的传播。而如果选择使用楼宇视听媒体，或者城市电视媒体来传播这条信息，无疑传播效果会更好，传播内容更贴近于媒体所覆盖的受众。相反，传播一条每个人都必须谨记的逃生防灾信息，仅仅使用城市公交媒体或者公交站牌媒体等，或者只用楼宇视听媒体，是远远达不到传播效果的。所以这要求在传播过程中采取精准传播的策略，进行内容把控和渠道设定。

一 以用户信息需求为原则，善用数据匹配

多屏时代的视听内容呈现已经超越了传统的单一媒介形态传送，而成为无限丰富和多元信息组合的、能实现相关多维视听节目链接的多个媒介传送。在这样一个媒介格局下，特色化、个性化、服务化、即时性、创新性的内容更受众追捧，碎、短、新的视听节目让受众大呼过瘾或者情难自禁，而受众日益碎片化的时间和注意力，让大多数视听内容简短化、碎片化出现，完整的、深度的视听节目需要静下心通过专门的渠道和媒介收看与欣赏。

---

① 张建凤：《"二八"定律与媒体运作》，《新闻前哨》2005年第11期。
② 李晓霞：《大数据时代下精准广告的传播策略》，《新闻研究导刊》2015年第20期。
③ 刘寰、段敬芳：《新媒体时代的精准传播与富媒体应用》，《新闻传播》2013年第12期。

1. 选择公信力强的传播渠道。当然，不同的终端或者不同的视听媒体为了在激烈竞争中赢取更多的市场，一定会在自己的媒介上播放独特的内容，以渠道赢得受众信任。目前，"媒介渠道之间的公信力存在较大差异，并有明显的地域与城市类型差别"①。渠道差异化、内容多元化，导致视听质量提高或新奇度增加，生产规模增大，受众属性同样也呈现多样化。"用户既可以是视听信息的接收者，也可以是视听信息的传播者，而角色的转变在瞬间即可完成"②，"精准"就成为传播主体最重要的要求之一，而"用户至上"是精准传播的根本要求，"在合适的时间，提供有价值的资讯"③。

过去视听媒体的传播渠道只有传统电视，现在多种多样。传统电视在播出时，向观众提供新闻信息、电视剧、广告等，这是根据自己频道的大多数收视观众所安排的点对面式传播，现在渠道多种多样之后，传播信息就要选择针对不同群体的、有公信力的渠道。"国内电视依然是公信力最高的媒介渠道"④，在传播主体选择渠道时，根据自己的需求，进行不同的渠道选择和设定，而选择具有公信力的传播渠道，会更容易得到受众的认可。

2. 根据不同群组选择不同媒介渠道。随着大数据技术的进一步运用，新的视听媒体可以根据用户相关信息进行数据设定，筛选出不同内容的比如新闻集合、电视剧集合或广告集合等，以点对点的方式进行推送。比如说，视频网站的情感类影视剧，可以考虑针对年轻女性观众；综艺娱乐节目大多针对年轻用户；人文类专题片等考虑收入水平高、知识层次高的用户。再比如，IPTV 可以将整合的体育节目推荐给一部分群体，整合的军事节目推荐给另一部分群体，整合的新闻节目推荐给又一部分群体等，这些都是根据 IPTV 不同用户在点播或直播过程中留下的数据智能化推送的。

为了达到精准传播的效果，英国天空广播公司在发展过程中，根据频道范围和观众口味，制作了不同的视听节目，根据年龄、性别、职业、收入等

---

① 喻国明、张洪忠：《中国大众传播渠道的公信力评测——中国大众媒介公信力调查评测报告系列》，《国际新闻界》2007 年第 5 期。
② 高宪春、解葳：《媒体融合背景下视听媒体创新途径再分析》，《电视研究》2014 年第 1 期。
③ 刘寰、段敬芳：《新媒体时代的精准传播与富媒体应用》，《新闻传播》2013 年第 12 期。
④ 喻国明、张洪忠：《中国大众传播渠道的公信力评测——中国大众媒介公信力调查评测报告系列》，《国际新闻界》2007 年第 5 期。

分成 96 种不同的组合套餐，收费也是价格不一，差距在三四倍，最基本的 12.50 英镑，最高档的 38 英镑。这一举措赢得受众欢迎，受众可以根据自己的喜好选择不同的节目套餐组合，并付给合适的价格①。当然随着订户的增多，这些视听节目组合套餐的种类不断增多，费用也在不断增加，但依然受用户青睐。这样的传播方式，是非常成功的，因为这样的传播策略可以实现节目内容的精准传播，要看的观众能花一定的费用看到自己想看的节目，而制作方也达到了将节目传送给相应的收视群体收看的目的。另外，像航空电视、地铁电视、楼宇电视、高尔夫球场大屏等，针对的受众群体非常明显，一定程度上能实现精准传播。

像默多克的新闻集团，在制作电视节目时，对播出什么样的电视内容在经营上进行了细致的受众分析，并针对不同类型的受众推出不同类型的节目。在新闻集团刚刚收购福克斯电视网之后，针对美国年轻人多、反传统、反文化等思潮兴起，推出的《辛普森一家》成为美国经典系列电视剧。像福克斯电影公司在投资电影时，比如一部电影故事很好，但目标受众是一些受过良好教育的人，受众群相对较少，会在预算方面进行一定的控制，但在故事方面会精益求精。而如果是一个好故事，然后受众群又是全球性的，将会加大预算投入，因为美国只有 3 亿多人，全世界有 70 多亿，像《少年派的奇幻漂流》等，尽管动画特技方面投入特别高，可内容方面是通过一个故事传播人类普遍遇到的一个哲学命题，因此出品方舍得投资。该影片上映后，最终北美票房 1.2 亿美元，全球票房 6 亿美元。《钢铁侠 3》在中国上映的版本里，出品方华特迪士尼考虑到中国观众的心理认同与情感共鸣，特意追加中国明星的戏份②，以便通过中国明星来赢得中国受众。这也是精准传播的一种方式。

3. 在一定的数据分析基础上进行渠道设定。当然大数据时代，精准传播需要了解用户需求后进行智能推荐，这需要对用户关键信息进行汇聚、整理、

---

① 参见百度百科《英国天空广播公司》（http：//baike.baidu.com/link？url＝kuLuCwAQLn00W_XYDy6WXPpYleimr_ M1g8_ BlByoiZeB8nRA0JUqKL－yrAN_ T6f－JZVrLfmjI2Ll7IK0nLuhk_ ）。

② 参见陈焱《好莱坞模式：美国电影产业研究》，北京联合出版公司 2014 年版，第 235 页。

跟踪和分析，并围绕用户消费、充值、反馈等数据信息，来了解和掌控不同用户的各种个性化潜在需求，分门归类后再分别对相关群组进行推送。比如社交媒体传播方面，美国的脸书也就是 Facebook，作为全美最大的社交工具，数亿的用户信息比如长期爱好、近期需要、生活特征等都在网站中，Facebook 将所有的用户行为习惯和个人信息经过关键词使用频率等大数据分析，再加上朋友圈的相关信息整理后，挖掘出来的信息甚至比个人填写的还要真实，Facebook 再将这些信息卖给相应的广告企业，而广告商根据每个用户的职业收入、个人习惯等投放最具个性化的广告，于是许多使用 Facebook 的用户能看到跟自己相关的广告，也避免了用户遭受无谓的广告轰炸。"这类基于社交网络中用户信息与用户行为的精准传播方式，增加了信息的有效到达，实现了分众传播，降低了信息传播的成本。"① 事实上，"人际传播正在迅速地取代以广告为代表的非人际传播"②，微信朋友圈里的广告投放也是基于这样的数据分析进行的。首先将用户注册的基本信息进行身份分类，其次就用户点赞或发出的表情等信息进行需求类分析，再次就用户关注的名人、朋友圈、收看的视听信息等进行关系类分析，接下来对用户购买行为进行消费类分析，在这样一系列分析之后，你在微信圈或者社交工具中的标签已经完成。而新视听媒体侧重于注册信息、收看行为、购买行为、社交行为等进行分析后，也做出类似的群组标签身份认定，"大数据的应用及标签功能使得信息碎片可以更精准地串联起来"③。

4. 直接打造个性化的传播渠道。分析受众并让受众变成用户，对传播主体而言是至关重要的。当下视听媒体理应对受众个性化这一特点进行适当的定制化信息服务，才会获得预期的接收反应。就媒体而言，目前某些时尚类、营销类的期刊正迅速转变思路，直接将客户作为重要核心内容，量体裁衣，打造个性化信息内容，最终打出品牌，占有市场。像目前广州、深圳等地高尔夫球场内的视频传播，在每个发球台之间设置大屏，播放相关的商业信息

---

① 杨诚：《社交网络中基于用户信息与行为的精准传播研究》，华中师范大学，硕士学位论文，2015 年。
② 李怡：《人际传播在营销传播渠道中的作用》，《广西社会科学》2005 年第 3 期。.
③ 胡泳、张耀升：《社交媒体的精准化信息传播》，《对外传播》2015 年第 4 期。

与推送高端人群广告，明显是针对高端商务人士及优质的传播环境提供个性化的传播，以其独特的市场细分，成为非常精准的一种个性化传播方式。目前看来，未来最潮流的传播方式，就是"个性化"定制的传播内容，精准提供给客户各自需求的内容。这也是在媒介形态和传播渠道多样化的格局下，受众对传播的需求和期待。

二　以最大覆盖面为原则，进行渠道设定

当下视听媒体如传统电视、IPTV、手机电视、车载电视、航空电视、楼宇电视、视频网站、微信视听公众号、订阅号等，各有各的传播渠道和目标受众定位。就视频网站而言，在自制节目中，就有一个准确的差异化定位，而这个定位基于该视频网站的综合发展和目标受众进行的渠道设定，比如说腾讯视频就考虑到网络里综艺节目过多而推出文化类访谈节目《易时间》；优土为了实现"大而全的综合视频"的追求，除了自制网剧外，拍摄了《侣行》《一千零一夜》等文化类节目；像爱奇艺、乐视网等考虑到最大的受众覆盖，除了自制网剧以外，开始在科技类、体育类节目上下功夫，以期达到视听内容的综合性。与此同时，这些视频网站也在 PC、平板电脑、手机、智能电视上建设 APP，以便占有有效终端，实现最大受众覆盖。

最大受众面覆盖和最多渠道占有，这是目前视听媒体共同发力的地方，那么怎样才能在传播中抓住不同渠道提供的"长尾效应"呢？

1. 追求便捷舒适的传播渠道。就视听媒体而言，网络视听媒体让观众感受到海量信息中畅游的酣畅，移动视听媒体让观众随时随地可以观看到声画兼备的视听信息……面对被新的媒介格局和传播环境改变了的观众，如何让观众更舒适便捷就成了媒体追求的方向。传统电视媒体不能移动，难以随时随地观看，于是移动媒体就出现了，移动媒体相对更加便捷、舒适，可以利用碎片化的时间，覆盖的受众面要广泛许多，但也存在画面质量不高、声响效果一般等问题。这样来看，使用不同移动终端的受众从个人喜好、职业收入、消费习惯等方面是不一样的，只有仔细地区分、归类，才可以进行精准传播。

为了让用户特别是广告商满意，各大视听媒体纷纷打造不同终端的 APP，"如爱奇艺开发精准广告技术，在 iPad 上开通了能够识别用户个性特征的功能，为广告客户提供直达目标受众的精准营销机会。搜狐视频则依靠搜狐门户的力量形成矩阵式传播效果，提高广告曝光率；腾讯视频利用其 QQ 和微信社交网络进行人群渗透"①。而这样的一些传播方式，遵循了受众细分的市场要求，满足了不同受众群体、不同消费状态下的市场需要，故而传播效果突出。像"CNN.com 在内容编排上还将其旗下资源重新分配，以美国新闻、全球新闻、科技资讯、商业财经、评论观点、娱乐文化、休闲旅游、健康频道、体育频道等栏目为统领，实现了传统电视媒体内容资源的二次集成和开发"②。这样的视听板块设定之后，用户一览无余不说，而且还可以分门别类分派到不同的客户端，如家庭电脑、移动手机、iPad 等终端上。在国外，2012 年最典型的例子是 BBC 开启了 iPlayer，它是最大的全国范围内的多屏互动，广播、电视、卫星电视网络、互联网等多媒体，加上笔记本电脑、平板电脑、手机、游戏平台等形成一个多终端覆盖，它的目标是使其用户以任何方式在任何终端看到 BBC 所有的节目。

马尔科姆·格拉德威尔认为思想、行为、信息以及产品到一个引爆点后，会像传染病暴发一样，迅速传播蔓延。③"让受众用最适合自己的方式来获得信息，并且要快、准、精"④，这是渠道设定的好处，也是各大视听媒体建设多屏客户端的目的。传统电视的播出渠道是单向的，黄金时段只能满足绝大多数受众。IPTV 通过宽带输送节目，但因为页面有 EPG 推荐位、专辑页面、点播推荐专区，这一渠道可以实现分众化、个性化的传播。在家里也好，在外面也罢，渠道便捷舒适，往往会得到受众认可。许多传统视听媒体的内容，往往经过新的传播渠道的推介而一炮走红，成为万众瞩目的对象。比如 2012 年，《舌尖上的中国》和《中国好声音》的火爆，是基于中央电视台纪录频

---

① 朱新梅、熊艳红：《2013 年中国视听新媒体发展动态》，《中国广播电视学刊》2014 年第 2 期。
② 杨状振：《美国视听新媒体产业发展现状》，《视听界》2015 年第 1 期。
③ 参见［美］马尔科姆·格拉德威尔《引爆点：如何制造流行》，钱罩、秦爱东译，中信出版社 2009 年版，第 54 页。
④ 石长顺、梁媛媛：《互联网思维下的新型主流媒体建构》，《编辑之友》2015 年第 1 期。

道以及浙江卫视《中国好声音》本身的生产力和内容创造性。从国内来看，一个纪录片和一个娱乐节目，达到顶尖水平，形成巨大的传播效果叠加效应，有赖于多屏互动的结果。《非诚勿扰》《中国好声音》《非你莫属》等节目中的片段一旦在网络上或者手机微信、微博中片段播出，引发众人关注后，这期节目的整体点击率往往会飙升，而且会对这段时间的电视节目的收视率有潜在的影响。比如对乞丐在饭店吃饭遭驱赶，你会怎么做？这个在朋友圈里刷屏的视频，其实是由广东卫视《你会怎么做》栏目制作播出的。但由于传统电视的渠道局限性，播出后并没有引起多大反响。而在网络、微信平台分发后，几乎成为那段时间全民热议的话题。几乎每个发出这段视频的公众号，就这一条观看或点击量都在100000+次以上。这也意味着，传统电视的视听内容，经过便捷舒适的网络、微信渠道引爆热点后制造出轰动效应，成为全民话题，实现了传播学中所谓的"长尾理论"。

2. 追求年轻受众最大化的传播渠道。就移动视听媒体而言，用户普遍年轻化。研究数据表明，使用手机、iPad观看的观众，城市较大、人口密集的城市里这样的观众会更多一些，因为有大量外来务工人员和青年白领："从年龄构成来看，明显看出，20—29岁的人群占的比例最高，这部分人大部分在上学或者是在上班的白领，喜欢看新节目，喜欢追剧，偶像情结比较深，又有大量的闲散时间，地铁上公交上，成了他们消遣的一部分。"[①] 而就传统电视渠道而言，如前所述，观众群体主要由中老年人构成。在这样一种情形下，既然确定手机视听用户、iPad视听用户的年龄呈现年轻化特征，视听媒体机构在这两个媒介上传送或重点推荐的节目以满足年轻人的收视习惯为主，比如青春偶像剧、搞怪消遣类短视频、综艺节目等，不仅如此，还要在QQ空间，微信微博、豆瓣社区、百度贴吧中加大对这类节目的宣传力度，让年轻的有共同兴趣爱好的观众产生聚合与讨论，并进行相应的链接和添加用户方式。

[①]《研究报告：谁在手机、iPad上看节目，看些啥？》，2015年6月21日，微信（http://mp.weixin.qq.com/s?__biz=MzA4NjQ2MTkzNg==&mid=219503162&idx=1&sn=b5e7d4128f64d4d0ff524bda76cc9732#rd）。

"英国广播受众研究委员会的行业数据显示,英国儿童看电视的时间自2010年以来下降了22%。35岁至54岁成年人观看直播电视的时间下降了11%。只有年龄最大的那部分观众(55岁以上者)观看直播电视的情况相对不受影响,四年来仅下降2%。"① 为此,不少电视台为了提高收视率,加大了对电视剧的连播长度,并不断制作一些符合老年人心理期待的电视节目,加大新奇古怪、服务收藏、健康养生等方面的内容力度,有效赢得了一部分中老年忠实观众。但接收终端不一样,受众群体有所差别。从技术发展的形态和历程来看,年轻人使用的技术代表着一种趋势、一个方向,把握住年轻人的收视终端,意味着视听媒体把握住了更多的未来发展追求。

3. 把握性价比高的传播渠道。"无论使用哪种终端来接收视听信息,都不再是被动的'看',而是主动的'用',这可以认为是由于网络传播信息手段的多媒体融合性,以及传播接收端的多元化为人们选择和接收信息提供了更多选择。"② 为了提高传播精准度,给广告提供更具性价比的传播渠道,安徽卫视频道与腾讯视频2014年在巢湖召开的VIP客户高峰论坛上宣布强强联手,希望加强精准传播,媒体联动实现传播性价比"1+1<2",传播效果达到"1+1>2"。

性价比高的渠道对某种信息而言是一种传播效果更好的渠道。比如随着私家车的增多,收听广播的人越来越多,车企选择侧重在广播上打广告,而不是将所有广告放在电视媒体上,这就是一种性价比渠道的选择。而如果受众是老年人,相关的内容信息如果在电视媒体上播出,将会收到更好的效果。不同性价比的渠道,受众的年龄、工资收入、购买能力、消费形态等有很大的不同。在性价比高的渠道上传播信息,受众与目标用户群基本吻合,没有过多的浪费,就实现了精准传播。可见精准传播中设定渠道意味着设定了相应的用户群体,使整个传播过程朝着设定的目标达到真实、有效的理性控制。

---

① 《传统电视收视率下降 英美观众偏爱定制节目》,《天津日报》2015年3月1日第16版。
② 高宪春、解葳:《媒体融合背景下视听媒体创新途径再分析》,《电视研究》2014年第1期。

4. 把握智能化的传播渠道。在以互联网为基础的大数据时代，媒体越来越智能，作为视听媒体制作者、运营者还是接收者，需要重新认识这样一个被电子屏幕包围的时代，重新认识生活在各种数据中的消费者，重新认识未来的科技走向和传媒布局。而在这样一系列的判断之中，视听媒体的传播主体、经营者需要学会用更加智能的技术手段获取更多的目标群体，想方设法挖掘收集受众的相关信息，最终让这些受众成为用户群体，以便在视听信息的推送中，实现传播内容的无缝对接和有机互动。研究发现，"敏感度越高的信息，越趋向在互动程度高的传播渠道中传播"①。所以把握互动的、智能化的传播渠道，会取得事半功倍的效果。

所以，精准传播过程中要认识到"将同质化的接收群体还原为差异化的个体"②，通过大数据分析了解每一个受众的个性需求。当然，这不是一个营销方式上的高谈阔论，而是需要真真切切地在实践中摸索出符合本媒体发展的内容制作、传播渠道和资本运营等方式，并要有相应的技术手段作为保障，整合分析大量数据，付出大量心血才能得以实现。像广东广播电视台影视频道于2013年启动了频道的大数据战略，"在广东地区首次尝试用大数据工具分析指导电视剧编排、电视剧和娱乐节目生产、营销……凭借移动端互动游戏成功地拓展了频道在年轻受众群体中的影响力"③。

不管何种渠道，只有采取精准传播的策略，整个媒体运营费用才会从"浪费"走向"节省"，实现视听媒体的有效价值。随着对用户行为的大数据的挖掘和应用，这种精准传播的策略和运作已经逐渐成为现实，视听内容能被精准地传送给目标受众，而传统的大水漫灌式的单向传播将逐渐走向衰微。

---

① 周俊、毛湛文：《敏感的螺旋：网络公共议题中敏感信息的传播渠道研究》，《国际新闻界》2012年第5期。
② 谢天勇、张朋：《以人为本的智能化传播——作为媒体的手机引发的传播变革与启示》，《淮北师范大学学报》（哲学社会科学版）2011年第6期。
③ 邓粤湘：《全媒体时代地面影视频道的生存与发展》，《中国广播电视学刊》2016年第6期。

第三节　品牌传播：媒介路径嬗变与增值效应

媒介发展历史中，口耳相传是一种古老的传播方式。而现在随着 Twitter、Facebook、微博、微信等朋友圈轻社交的兴起，这种古老的传播方式重新被认识，特别是在朋友圈、社交圈中一些活跃的、具有巨大影响力的网络达人的口碑传播，更成为一种特别有效的传播方式，被众多的媒体或商家所青睐。而在信息海洋或者信息迷雾中媒体进行的大水漫灌式的传播，企图像过去一样进行宣教式的传播，会被人们所摒弃或者广泛质疑。"通过整合传播来塑造品牌形象的关键是如何保持品牌信息传播的一致性。"①

品牌其实是企业及产品软实力的体现，是核心竞争力的象征。现在的传播主体已经从过去的大众传播媒体发展成为各种不同形式的社会媒体、商业媒体和个人媒体，媒介不再是独有的、稀缺的、垄断的资源，相反，制作、传播门槛降低的同时，需要品牌意识的维护。有了品牌影响力，会聚合许多有效受众，因为"品牌的'出生'和消费者导向的'降临'是紧密相连的"②。品牌是一种信任，是一种可带来溢价、产生增值的无形资产的总和，是识别一种产品和服务的无形或有形符号，是销售者向购买者长期提供的一组特定的特点、利益和服务。"'产品功效'重新成为品牌定义的精髓"③，品牌的塑造需要从内容策划、受众定位、人才培养等多方面建构。媒体品牌形象的塑造关系到媒体的生存与发展，更需要建立一种良好而长期的信誉度。比如"电视传媒品牌是一个全优概念，它要求节目在质量、形式、要素、美誉度、市场占有率和回报率等方面均有优异的表现"④。中央电视台连年推动

---

① 李忠宽：《品牌形象的整合传播策略》，《管理科学》2003 年第 2 期。.
② 陈先红：《试论品牌传播的消费者导向原则》，《现代传播》2002 年第 1 期。
③ 黄升民、杨雪睿：《碎片化：品牌传播与大众传媒新趋势》，《现代传播》2005 年第 6 期。
④ 刘莉：《关于我国当前电视传媒品牌传播策略的分析》，东北师范大学，硕士学位论文，2006 年。

的"国家品牌计划"以国家媒体的头部资源线上线下立体服务优秀企业品牌。

"世界市场制胜的关键是品牌传播，媒介的市场生存需服务于品牌传播"①。相应地，一旦受众对视听媒体品牌有了认可度，从情感上追随该视听媒体，那么只要一打开电视、手机、电脑或其他客户端，就会寻找该视听媒体的地址或平台，观览其中的视听内容。人性中有忠诚和恋旧的一面，这是媒体品牌塑造的人性基础。普通受众也好，公关公司、广告公司、专家学者也罢，只要该媒体品牌形成了一定的影响力和传播价值链，那么就会不断口耳相传。"品牌传播的特点则为：信息的聚合性，受众的目标性，媒介的多元化，操作的系统性。"②准确把握这些特征，必须做好以下几点。

一 视听媒体对品牌传播路径的变革

视听媒体品牌形象是一种文化、社会、经济形象，具有强大的公信力和识别性。像目前传统视听媒体，就国内而言，大家所熟知的如中央电视台、浙江卫视、湖南卫视、江苏卫视、东方卫视等，都各具特色，富有全国影响力，品牌形象定位准确，差异化、特色化、品牌化发展的效果非常明显。而新的视听媒体发展中，根据不同的路径选择，移动化平台、互联网思维及追求用户价值观成为发展媒体自身品牌与传播品牌的主要方向。

1. 品牌传播是视听媒体注意力经济的目的所在。在被众多屏幕包围的屏时代，媒体竞争日益激烈，一场注意力经济转向影响力经济的眼球争夺战悄然打响，而视听媒体的形象是多个层面受众的总体印象和评价，单纯依靠节目来获得受众注意力的战略已经落伍。当下的社交媒介越来越多，社交程度益发炽热，QQ、微博、微信、豆瓣、人人网等，都是以圈子为划分，"消费、品牌、媒介、生活方式也正朝着'碎片化'方向发生着相应变化"③。进行大量的人与人之间的信息传播，特别是微信朋友圈，成为当下最普遍也是最火爆的一种传播方式，微信圈里的转播量，不仅源于内容的好看，同时也是对

---

① 余明阳、舒咏平：《论"品牌传播"》，《国际新闻界》2002年第3期。
② 同上。
③ 黄升民、杨雪睿：《碎片化：品牌传播与大众传媒新趋势》，《现代传播》2005年第6期。

朋友品位的一种信任。当然，现在的京东、亚马逊、阿里巴巴、美团网、猫眼电影等，每件产品后面都有许多评论，而评价超高的产品会得到越来越多的用户的喜爱。所以视听媒体的内容高低好坏，品牌塑造，自然与社交圈中的认可度很有关系。目前看来，视听媒体的品牌塑造是一个较为系统的工程，需要从多侧面、多角度、多层次立体实施。

2. 不同品牌传播引发视听媒体的马太效应。视听媒体自身的品牌以及打造的栏目品牌，会有力地吸引和粘贴受众。在有些学者看来，媒体要想让受众满意，至少满足两个要素，"一是内容的满足，主要来自获得认知；二是过程的满足，主要涉及情感或情绪"①。目前来看，视听媒体的品牌形象取决于"信息的聚合性，受众的目标性，媒介的多元化，操作的系统性"②。一家节目质量优异、广告编排合理、传播效果良好的视听媒体，会赢得无数广告主的青睐，呈现出强者越强的马太效应，像"2015 年，韩束计划投放广告金额为 8 亿—9 亿元，全部集中在湖南、江苏、浙江三大一线省级卫视"③，这是媒体品牌的作用和影响力的吸引，也是市场的利益索取。这些视听媒体之所以如此让人信任，不仅仅因为广告蛋糕做得大，还因这几年来通过优质节目培养了一批忠实粉丝，像江苏卫视婚恋节目《非诚勿扰》，浙江卫视真人秀类节目《中国好声音》，湖南卫视备受年轻人推崇的轻松消遣节目《快乐大本营》等，成为塑造该媒体品牌的重磅栏目，收视率连创佳绩，并成为电视综艺节目中的标杆，引发现象级节目收视和关注热潮，实现了传播效果最大化，也拉高了这些平台的广告报价。不仅如此，这些节目一播出，就会在其他媒介平台上，如微信、微博、视频网站里不断持续发酵，引发大量话题，成为许多受众讨论的焦点，也就相应地提升了该媒体的品牌价值，增加了受众认知度和忠诚度。

3. 基于受众需求满足进行品牌建构。受众需求是多方面的，有生理需求、

---

① ［美］约翰·H. 麦克马那斯：《市场新闻业——公民自行小心?》，张磊译，新华出版社 2004 年版，第 170 页。

② 余明阳、舒咏平：《论"品牌传播"》，《国际新闻界》2002 年第 3 期。

③ 沈浩卿：《电视广告花费滞涨，广告主的钱投去哪儿了》，《媒介 360》2015 年 3 月 26 日第 4 版。

情感需求、消费需求、娱乐需求等。视听媒体需要强化内容建设、栏目编排、功能服务，同时要有自己独特的一面，进行差异化定位，满足受众需求。像湖南卫视2004年就明确打造"中国最具活力的电视娱乐品牌"，提出"快乐中国"的口号，定位于"快乐"；江苏卫视提出"幸福中国"的口号，定位于"幸福"；安徽卫视提出"剧行天下，爱传万家"的口号，定位于"温暖"；陕西卫视具有古都情怀，提出"人文天下"的口号，定位于"人文"；东方卫视呈现的是现代、国际、青春和海派。2008年8月25日，浙江卫视树起"中国蓝"品牌，希望"以精英的实力创造大众文化"理念引领，展开"顶层设计，电视大片"的战略，"主攻新闻综艺，彰显人文公益，锁定实力观众"的布局，整个播出色调以暖色蓝为主，视觉识别效果明显，并提出"美丽的中国蓝，我们的中国蓝"的口号，定位于年轻人的"梦想"，励志效果明显，很快收视、市场份额等进入全国卫视三甲。当然，在这样一个卫视品牌塑造过程中，因为定位不准、受众需求和形象错位等问题，每况愈下的也不少，一、二、三线卫视品牌和影响力这两年越来越呈现出两极分化的"马太效应"。当然，随着媒介生态格局的变化，各大省级电视台纷纷改变策略，以图壮大卫视的同时，打造视听新媒体品牌。像江苏广电以500人的全媒体记者和编辑队伍推出"i拍拍新闻"客户端，重构新闻采编流程，采用"大采大编"的新闻生产模式，并行生产电视大屏、网络、手机、IPTV、APP等多平台所需的新闻内容，实现了"中央厨房""一鱼多吃"等生产和传播模式的变革，成为一个融合型的新平台，传播效果显著[①]。像央视网、凤凰视频、芒果TV等这样新的视听信息平台，许多家传统视听媒体也已经着手在打造并不断完善。

相比传统电视，当下视频网站也在不断打造品牌化之路。视频网站的自制网剧也好，综艺节目也罢，各具特色，各有影响力。像爱奇艺的《盗墓笔记》《灵魂摆渡》等网剧，《晓松奇谈》《吴晓波频道》《时尚江湖》等文化类、财经类、时尚类脱口秀节目，因为网络中类似的高品相节目相对较少，播出后都带来巨大的流量和用户规模、用户黏性。品牌带来的是直观的效益

---

① 参见顾建国《在首届"台长论坛"上的发言》，2014年9月2日，新浪网（http://tech.sina.com.cn/t/2014-09-02/13459590761.shtml）。

和影响力。像爱奇艺的上述三档脱口秀节目被加拿大电视台打包引进,引发业界关注。"五年之后,爱奇艺将不只是一个视频网站,而是一个健康丰富强大的消费品牌,让我们以视频为介质,让人们可以平等便捷地获得更多视频,以及视频相关的各种各样的服务。"① 实际上,智能电视中爱奇艺 APP 用户越来越多,品牌效应日益强化。

4. 注重对视听媒体品牌的保护与经营。品牌效应和无形资产价值推动着媒体产业的发展。就我国广电媒体而言,目前许多媒体品牌下面又有不少品牌,多元化品牌战略明显,如上海文广旗下有百视通、东方龙、看看新闻网等多个新媒体品牌,深圳广电集团旗下有中国时刻、移动视讯、广信传媒等多个新媒体品牌。这些视听新媒体品牌借势于原有品牌,但目标受众定位更加明晰,内容制作更具特色,有利于细分市场与受众。当然同一媒体品牌过多,容易造成混乱,也存在着推广难度加大、认知度不高等问题。所以应该加强的是品牌的熔铸,而不是肆意地塑造品牌。另外,传统电视塑造的品牌需要向网络发展,导流这些品牌拥有的受众,"更不能忽略的是广电视频网站如何确立起新的品牌内涵,延续性地强化品牌情感"。②

"品牌需要经营和输出,需要把品牌作为文化传媒生产要素不断地开掘和永续利用。"③ 品牌是资本,是一种长久打造的无形资产,可以用于入股、联合经营等,寻找跨媒体跨行业品牌的增值空间和合作方式,才能有效让品牌的价值最大化。这就需要媒体从业者借鉴不同媒体创意产业的相关经验,从核心价值、理念传播着手,进行有效的行为及视觉传播,将媒体文化产品以及相关衍生品做到极致,由此获得最大的社会效益和经济效益。

二 视听内容的质量建构与价值提升

以互联网为基础的屏时代,不管一家媒体如何通过多方面的努力来塑造自身的品牌形象,但首要的是将自己的节目质量做得更好。如上文多次所述,

---

① 龚宇:《五年后爱奇艺将不只是一个视频网站》,2015 年 5 月 8 日,光明网(http://it.gmw.cn/2015-05/08/content_ 15610437. htm)。
② 郜雪倩:《"互联网+"时代的广电视频网站品牌设计探析》,《当代电视》2016 年第 5 期。
③ 李阳、徐琴媛:《联合发展跨媒体传媒集团的思考》,《现代传播》2010 年第 5 期。

优质内容是视听媒体传播的主旨所在,是任何一家媒体打响品牌的第一要义。只有在内容思维的主导下,强调内容的传播价值,满足不同受众的视听信息需求,才能在任何渠道产生巨大的影响力。

1. 视听媒体优质节目能形成强大的口碑效应。在国内,像中央电视台新闻频道、凤凰卫视等为受众提供权威、及时、实用的视听新闻信息,像《焦点访谈》《新闻调查》《今日说法》等新闻栏目提供专业性的深度思考。另外,好看、有趣、有震撼视听效果和影响力较大的几大综艺栏目集中在中央电视台、湖南卫视、江苏卫视、东方卫视、浙江卫视等强势平台,并且形成了特别集中的品牌影响力,比如中央电视台的《春节联欢晚会》《星光大道》《开讲啦》等,湖南卫视的《快乐大本营》《天天向上》《奔跑吧兄弟》《我是歌手》《爸爸去哪儿》等,浙江卫视的《中国好声音》《中国梦想秀》等,东方卫视的《中国达人秀》《笑傲江湖》《中国梦之声》等,天津卫视的《非你莫属》等,江苏卫视的《非诚勿扰》等。这些综艺节目中,有些十多年长盛不衰,有些一炮走红引爆收视神话,导致万人空巷,靠的就是精心的策划编辑、精美的制作、优秀的主持人、对当下社会心态的一种阐释等,赢得了强大的口碑效应,也成为现象级的节目,从而被广告商追逐。像 2015 年独家冠名过亿元的综艺节目中,几乎都被中央电视台和收视率排名前几的一线卫视所囊括,其中像《奔跑吧兄弟》《中国好声音》《爸爸去哪儿》《非诚勿扰》《我是歌手》等王牌综艺节目续集广告投放数额翻倍,"而广告投放最高的 3 个节目是今年被称为现象级的《爸爸去哪儿 2》《中国好声音》《非诚勿扰》"[①]。

就国外的金牌节目而言,保持高收视率的常青藤节目在内容方面继续绽放光芒,比如真人表演竞技秀《舞出曼妙臀》《尖叫女皇》,生活情景秀《蛋糕店老板》《日常生存自救手册》,名人秀《奥兹医生秀》《潘和泰勒的脱口秀》等,特色秀《真实之美》《美女如斯》等。这些节目的成功,从策划创意、框架结构、舞台设计、选择嘉宾、时间分配、内涵延展到主题升华,都是精益求精,而且都有独特别致的一面,给观众视听享受的同时承担了不少

---

① 李芸:《2014 全国电视广告发展报告:冠名植入受青睐》,《中国广播影视》2015 年第 1 期。

公益功能，叫好又叫座。

2. 视听媒体优质节目基于广泛的受众关注度而形成。当然，视听媒体的节目制作需要专业团队，运营业需要专业团队，收视率非一蹴而就，品牌形象也是慢慢打出去的。但是这些品牌节目都有一个共同点，"就是'the audience's insight'，也就是'观众的洞察力'，这就要求节目要以观众的兴趣点作为第一要义"①。也就是将观众的需求放在第一位，不管是内容设置、奖项设置还是选手嘉宾的选择上，要将观众收视群体最大化作为目标，以收视率为考核标准，同时强化节目的公益行为，提升节目的品牌效应。

当下各大视频网站都有自己的代表力作，比如爱奇艺的《奇葩说》《盗墓笔记》，优酷土豆的《仙剑客栈》《天才J》，腾讯视频的《暗黑者2》《乡村爱情8》，乐视网的《太子妃升职记》《芈月传》，搜狐视频的《无心法师》《屌丝男士》，芒果TV的《女生日记之决定事务所》《快乐大本营》等，从用户规模、流量到用户活跃度、忠诚度都取得了不菲的成绩。视频网站也好，手机电视也罢，如果制作的节目能打动当下受众情感，制作等相对精美，依然能赢得良好口碑。像2014年爱奇艺打造的中国首档辩论类达人秀节目《奇葩说》，首先通过百度知道、新浪微问等数据后台的访问数据，开始选取当下年轻人关注的创业、潜规则、婚恋、情感、生活等方面的热点话题，并通过大量的网上调查来确定节目中的辩题，然后由一些特邀或参赛的嘉宾来针对这些辩题进行前期准备、展开辩论。相对而言，节目中的话题相对开放，嘉宾思维十分活跃。节目播出后，能与当下许多年轻观众面临和思考的问题产生共鸣，加上参赛选手巧妙的辩论、精彩的舞台表现和看似无懈可击的逻辑，让许多年轻受众领略说话、做事的方式和锤炼口才、强化思维的重要性，反响巨大。

3. 视听媒体优质节目是粘贴用户的重要方式。品牌栏目的从诞生到实现常青藤式发展，这是保持用户群组的法宝，也是媒体自身价值的体现。首先，品牌栏目的形成，是以受众兴趣喜好、价值追求为基础的，是建立在一大批有同样视听需求的受众基础上，经过不断锤炼才形成的；其次，栏目品牌化，

---

① 张绍刚：《全球金牌电视节目解析》，北京大学出版社2011年版，第54页。

会让一些有相同兴趣点、相同爱好，比如喜欢游戏、喜欢表演、喜欢运动等人群自然地分类到一起，通过交流、讨论、聚会等活动形成一定的圈子，可以进行一些相应的用户群组建设和广告推送，或者在此基础上进行节目加工或更新，用户行为成为超越媒体进行品牌价值维护的主要因素；最后，维护优质的品牌视听栏目非常必要，不同栏目形成品牌后吸引不同层次、职业、收入、消费层次、收视习惯乃至不同人生观、价值观的群体，而且会不断固定这样的一些受众，使这一受众群体的规模会越来越庞大。"栏目品牌化最终会导致某个固定兴趣爱好点上的受众会越来越庞大，最终形成一种基于人生观、价值观方面类似群体的收视垄断。"

三　屏幕形象塑造对视听媒体品牌传播的增值效应

出镜记者、主持人等的形象对视听媒体品牌的塑造具有巨大的推动和成就作用。"电视节目主持人是电视台及栏目的形象代言人与信息传播者。"①"从符号学的角度来说，主持人是信源到信宿的传播载体。"② 视听媒体的受众接收的是主持人整体传达的"视听魅力体"，而不是单独的视听内容。对主持人进行媒体形象的优化，不仅会提升收视效果，扩大栏目知名度和美誉度，同时还能吸引来更多广告，集聚一批固定用户群组，形成粉丝效应和黏性。

1. 主持人形象带动视听内容的传播效果。"品牌具有强大的聚集效应和辐射效应，以首席主持人为核心的品牌栏目不仅发挥感知价值，还促使观众锁定其时间段来观看该视听媒体的节目。"③ 在汶川大地震中，央视主持人张泉灵的出镜一直让人称道。其实像张泉灵这样的屏幕形象，各大媒体都在有意识地塑造，比如张泉灵，先后经历了许多大型的直播报道，像跨世纪庆典直播、张健横渡英吉利海峡直播等，万众瞩目，加上主持人表现良好，很快在受众脑海中留下了好的印象。再加上张泉灵还不顾安危，冲到抗击"非典"第一线、阿富汗战乱、圣火珠峰传递等活动现场做直播报道，在镜头面前大

---

① 赵丽：《试论电视节目主持人的传播策略》，《山西广播电视大学学报》2010年第2期。
② 白冰：《信息化时代背景下：浅谈节目主持人角色形象的构建》，《戏剧之家》2016年第1期。
③ 徐锐：《媒介融合：视听新媒体创意产业的跨界发展》，《河北社会科学》2013年第1期。

方自如，真性情一览无余，加上用词客观、语言流畅，给观众留下了难以忘怀的记忆。这样的主持人或记者在央视中还有不少，白岩松、柴静、水均益、撒贝宁等，基本上中国观众耳熟能详。相同地，凤凰卫视的一些主持人如吴小莉、陈鲁豫、窦文涛等，以其特有的形象进入许多观众脑海，成为推动凤凰卫视品牌建设的明星人物，这些人主持的节目比如《锵锵三人行》《鲁豫有约》等，因为内容特色鲜明，主持人把控自如，加上观点新颖独特，成为受众喜闻乐见的品牌节目。"电视节目主持人的形象代表着栏目形象和媒体形象，是电视节目与受众最直接的传播者和沟通者。"① 为此，凤凰卫视对主持人培养采取1+1模式，一个主持人加一个节目，节目组围绕主持人服务，传达主持人思想，而不是主持人迁就或者按照制片人、导演的意图播音。"凤凰卫视让这些明星主持人频频露脸，通过各种渠道进行宣传，以便保持他们的品牌形象，为自己的媒体形象做贡献。"② 像视频网站节目《晓说》的主持人高晓松是著名音乐制作人，《罗辑思维》的主持人罗振宇是原央视著名制片人，这两人主持的节目，因为自身的品牌影响，播出后得到了良好的反响，具备一定的权威性。

2. 主持人形象需要视听媒体机构多方位的培养与经营。传统电视、视频网站、直播APP、手机电视等视听媒体的节目中，打造优秀主持人成为重中之重。传统电视目前培养了许多主持人，而视频网站比如一些直播网站不断在推送自己的"网红"主持人，一些有特色的诸如高晓松这样的主持人。当然主持人品牌形象的塑造，是"以栏目的内容、样式、对象为依据，以受众可能的审美期待为参照"③，经受观众多方评价后凸显出来的。在当下视听信息传播过程中，受众首先能感受到主持人形象，然后是节目形象，最后才是媒体形象。现在国内主持人多为俊男美女，有个性、有观点、有思想的主持人相对稀少。孟非的调侃、白岩松的理性、华少的快嘴等，并非每个主持人都能达到。当然，一千个观众就有一千个哈姆雷特，

---

① 袁晓寒：《电视节目主持人形象建构初探》，《传播与版权》2013年第5期。
② 苏维靖、高洋：《浅谈凤凰卫视的品牌营销策略》，《新闻战线》2015年第2期。
③ 万俊杰：《电视节目主持人形象建构的传播策略》，《青年记者》2014年第6期。

每个人心中优秀的主持人是不一样的，主持人形象和品牌的塑造，不管走深刻路线、偶像路线还是滑稽、趣味路线，都有可能获得一大批拥趸者，但不管如何，外貌形象肯定会让位于内涵。在国外，像奥普拉这样的主持人几十年不变，但节目依然长盛不衰，品牌影响力极大，就是因为主持人的个性和特色相当鲜明。

3. 善于运用社交媒体来建构形象。在新的视听媒体领域，比如视频网站，高晓松说他一个人抵得上一个卫视，因为《晓说》在优酷平台播出两季后，节目累计了5亿多点击量，还有《罗辑思维》《吴晓波频道》等，这些节目尽管制作简单，但影响力巨大，这与主持人个人的魅力是分不开的。而随着自媒体、各种视频公众号、抖音号的增多，相应的网红主持人也多了起来，像papi酱一样吸引了众多的粉丝。而抖音号上，目前聚集了从央视到县级台许多传统电视媒体里的主持人，像湖南经济频道的个别女主持人成为抖音短视频平台上的"网红"，一个轻松有趣的短视频往往会得到几十万个点赞。可以说，现在"越来越多的个人开始使用社会化媒体进行个人品牌的传播，增强自己品牌影响力并提升职业竞争力，从而实现品牌价值的累积"。①

随着媒介生态格局的变化和屏时代的到来，主持人对一个栏目或者一家媒体能赢得稳定而高质量的用户群体，特别是优秀主持人对"吸粉"的贡献是巨大的，甚至能引爆用户成为铁杆粉丝。这可以通过大数据技术随时检测得到。相应地，粉丝多少也是衡量主持人优秀与否的指标之一。"我们不仅要问某一视听媒体、某一首席主持人或栏目：你有多少粉丝（这是以'量'来衡量的），更要问：谁是你的粉丝（这是以'质'来衡量的）？这样可以促使该视听媒体在众多竞争者中脱颖而出，占得先机。"② 而与浙江卫视不一样的是，湖南卫视在主持人形象和品牌的打造中，更侧重于主持人团队的形象塑造。虽然何炅、谢娜等主持人深受年轻人的欢迎，但湖南卫视喜欢打造"能说会跳的全能综艺主持团"，让人们看到这家媒体的主持人不仅仅是一枝独秀，而是百花齐放。白岩松就说过，在央视一条狗也会变成一条名狗。可见，

---

① 陈滢：《社会化媒体下的个人品牌传播研究》，江西财经大学，硕士学位论文，2013年。
② 徐锐：《媒介融合：视听新媒体创意产业的跨界发展》，《河北社会科学》2013年第1期。

主持人品牌与所在媒体品牌是相辅相成、紧密联系的。如果主持人传播不当，或对栏目品牌及个人品牌造成的损失无法估计。

当然，主持人、出镜记者等媒体人员的形象品牌塑造，除了需要在视听媒体机构推动下频频出镜、采访造势之外，还要精心制作相关人员的宣传片，打造以这些人名字命名并量身定做的栏目，加强包装，积极搭建主持人参加众多活动的平台，并通过当下不同的媒介终端进行全方位的主题宣传等，尽量做到"以精准的广告投放实现品牌传播；注重创意、艺术的应用，以新颖的形式实现品牌传播；深入挖掘受众需求，以精细化的方式实现品牌传播"①。

第四节 社交化传播：传统电视的存在方式与发展策略

媒介技术的不断革新促使当下媒介生态、制作形态、运营机制、互动方式等发生急剧变化，即时互动有效情感关联的社交化传播骤然兴起，一时覆盖范围和影响力超乎想象，大街小巷、高山大河皆有社交化传播的爱好者，无社交不传播成为趋势，人们的碎片化时间被各种社交化平台不断占领，从而把单向传播为主的传统电视推到了风口浪尖。面临用户急遽流失的发展困局，需要从传播内容、方式、渠道、策略、运营机制、用户需求等多方面进行颠覆性的革新。目前传统电视主要靠"两微一端"进行社交化传播，也尝试嫁接新的视听社交媒介平台以达到内容传播的效果最大化。不过，从传播流程来看，传统电视与新视听媒介平台之间差别非常明显：传播方式上，传统电视在极力摆脱单向封闭的传播束缚，新视听媒体日益强化开放互动；内容生成方面，传统电视主要是PGC，而新视听媒介平台中产出内容的有PGC、UGC、PUGC等；盈利模式上，传统电视以广告为主，新视听媒介平台营销方式灵活多样，除硬性插入的广告外还有点播按次收费、流量分红、VIP用户收费、会员制、版权营销、线下活动、延伸产业收益、综合服务收益等；接收

---

① 黄露：《品牌广告的新媒体传播策略》，《新闻与写作》2015年第6期。

主体方面，传统电视用户日益老化，新视听媒介平台在年轻用户中以其新潮活力等特点，渗透率和黏性不断上升，裂变式传播动辄引爆话题。

社交化传播最大的特点是利用用户碎片化时间有效关联与互动，争抢用户的碎片化时间成为众多媒体争夺的焦点。"社交化意味着用户成为媒体的渠道、生产力和可沉淀资源。"[①] 传统电视在用户碎片化时间不断被挤占的过程中面临着"如何让自己的内容被更多的人看到"的痛点。借助各种社交媒介平台或自建平台使自己生产的视听内容实现传播效果最大化，成为传统电视革新求变中的难题。

一　深耕内容形式，以专业力量打出特色牌

移动浪潮席卷，社交平台勃兴，传统电视求新创变，生产的内容移植到智能手机或其他移动终端里，或嫁接到社交化平台上，已经不是什么问题。加上传统电视有相对丰富的政府资源、专业的拍摄制作队伍、强大的公信力和议程设置能力，以及已有的节目版权和资源，在新闻直播、大型综艺节目等拍摄制作方面具有相对明显的人才、经验、设备等优势，乐观一点说，电视媒体人"一旦他们掌握了基本技术，进入内容驱动期，就到了他们可以跑步登顶的缓坡了"。[②] 问题在于，除了将内容进行移动化传播之外，还需要在社交化、平台化传播中发力，使传播内容能够有效引发受众的情感驱动，在社交化平台中转发分享起来。而这方面，虽然喊了多年的狼来了，但众多的传统电视媒体要么置若罔闻，要么举步维艰，从制作理念到传播能力明显跟不上发展形势。

社交化媒介平台上每个人都是一个自发传播的节点，只有感染力强的可爱有趣的或即时重大的视听内容才能引发每个节点的互动兴趣，由此激起人们特定的情感，或点赞留言评论，或四处转发分享，而题材老套、新而不鲜、生硬枯燥的同质化内容大多引不起社交媒介平台上用户的兴趣点，当然难以被互动传播起来。当下不少短视频平台上，除了安排专业人员策划拍摄具有

---

① 庞井君：《视听新媒体发展的基本趋势》，《中华读书报》2013年6月28日第21版。
② 王明轩：《大数据与视频媒介产业链重构》，《南方电视广播学刊》2014年第2期。

较高技术支撑的以歌舞表演、美景欣赏、美食制作技巧等为内容的好玩有趣的短视频外，还有不少以娱乐、体育、杂技、动物、生活小技巧等为内容的短视频，这些被推荐或点赞量众多的短视频大多为普通用户精心生产，经过技术剪辑、特效处理和音乐铺垫后产生出奇特效果，具有随意性、趣味性、猎奇性、实用性强等特点，能满足更多用户的猎奇、模仿和互动心理，同时形成了一种轻松好玩有趣的情感驱动氛围，让用户不知不觉中进入社交化传播之中。

传统电视除了自己的频道、网站等播出平台之外，嫁接社交化媒介平台已经成为大的发展趋势。事实上，微信平台上"人民日报""央视新闻""澎湃新闻"等公众号粉丝上百万，单条内容阅读量经常突破"10万+"。人民网舆情数据中心统计显示，抖音等短视频平台随着用户量的增大，吸引了不少政府机构和官媒入驻，包括人民网、央视新闻、国资委等。不少传统电视主持人动辄在社交化视听平台上来一段演播室里的个人秀，以好玩有趣的靓丽形象引发诸多点赞。浙江卫视大量内容进入腾讯视频传播、江苏卫视与爱奇艺联播大剧等，让优质内容嫁接视听平台、网台节目互动已经成为常态。可以说，"社会化媒体平台是'技术+网民+精英'形成的草根力量"[①]，传统电视如何利用"一次采集，多种生成，多元传播"的"中央厨房"功能，做好布局不同社交媒介平台上的品牌战略，让传统媒体"权威""专业"的视听信息第一时间在社交媒体上传播出去，并持续不断地进行优质内容的输出，在增强用户体验的基础上深耕内容、转化传播形式，以短视频、竖屏视频等当下受众更方便接收的方式做到细水长流，品牌升级，是亟待解决的问题。目前看来，传统电视的精英团队能制作出最优秀的节目来，但在社交化传播时代，不见得会成为人见人爱、人人转发评论的热点内容，或者压根儿没有抵达到用户的眼中。随着用户收视行为越来越碎片化和私人化，特色化品牌发展将成为传统电视有效传播的根本之道。

社交媒介平台上参与者根据自己的喜好和需要来选择接收和传播内容，协作、共享、免费等成为一种先进的理念。社交媒介平台的海量性、可参与

---

① 孟威：《2014年网络新媒体研究新触点及走向》，《当代传播》2015年第2期。

性、可分享性、可选择性、可追溯性、多链条性等特性，以及在广度、深度、密度等方面拓展了传统电视的传播水准。像快手、抖音、新浪秒拍、腾讯微视、阿里短片等现场捕捉，娱乐、消遣、猎奇的内容居多，但也不乏令人动容、感慨万分的短视频。在这样一个背景下，用户生成内容让平台更具活跃度，更富朝气和生命力，新视听媒体"个性化视听信息大大超出了以往广播电视媒体所能提供的服务。"① 这方面，传统电视人需要从基因上更换互联网理念，制作的视频节目中，要么以视角独特、深度有力的新闻类节目取胜，要么以优质精彩、好看有趣的综艺节目取胜，总归是要有特色才行。而目前看来，央视的时政新闻传播、浙江卫视的综艺大片、湖南卫视的青春品牌等，还有像经济发达的地方如东方卫视做财经节目，旅游资源丰富的地方如海南旅游卫视做旅游节目，文化积淀丰富的地方如陕西卫视以深厚的文化底蕴打造节目等，都是特色化生产和传播的明显例子，这样的特色节目不少经过精短剪辑之后，在社交媒介平台上呈现出裂变式的传播。特别是大量用户希望在社交化媒介平台上看到专业的传统媒体生产具有严谨权威、深度有力、捕捉真相的视听内容，这也利于传统电视内容的社交化传播。

事实上，现在很多电视台已经往这个方向发展，在融媒体这一全新制播理念的统率下，准确定位，深耕内容，特色化已经成为不少电视台的亮点，而且在社交媒介平台中受到欢迎和有效传播。不仅如此，传统电视内容方面的特色化定位，应根据不同年龄、职业、文化程度、兴趣偏好、地域差异等用户进行细分，以便进行相应内容的大量生产与精准推送，提高用户的黏度与关联度。

二 增加传播渠道，以开放理念打造新平台

社交媒介平台是一种基于互联网的开放共享共建的发布、浏览、交友和分享平台，激活了每个个体的表达欲望，平台中的每个"人"都兼具传授功能，成为无边际的互联网中的一个个传播节点。节点与节点之间靠的是基于内容基础上的关系互动。只有把内容、互动和关系链这三个要素紧密地结合

---

① 高宪春、解葳：《媒体融合背景下视听媒体创新途径再分析》，《电视研究》2014年第1期。

起来，才能使一个社交媒介平台保持旺盛的活跃度。随着传统电视原有的平台价值减弱、收视群体的流失、广告断崖式下滑等，传统电视也在纷纷搭建一个平等、互动、共建、共享的视频集控平台，并希望以移动端为突破口，努力实现多屏联动跨屏传播，实现互联网上社交化传播、平台化运营，并在拥有大量用户的基础上发展用户经济，比如打造广告投放、游戏娱乐、网上购物、移动就医、便民服务等。这方面，像央视打造微信、微博及"央视新闻"客户端后，2017年2月，重磅推出新闻云生产平台"央视新闻移动网"，主要把全国37家省级和计划单列市电视台的视听内容纳入这个网络平台中，实现了资源的有效聚合并多平台分发。湖南卫视走在前面，短短几年内孵化出的视频平台芒果TV不仅挺进国内网络视频行业前四，同时形成了湖南卫视、芒果TV"双平台"驱动的新局面。上海文广新闻传媒集团在传统东方卫视频道、IPTV、手机电视、百视通互联网电视平台等基础上，又着力打造"看看新闻"客户端。北京电视台跨区域联合打造"北京时间"客户端。四川广播电视总台在原有的熊猫视频APP、金熊猫APP等基础上，又推出"四川观察"客户端，主打传统电视生产的独家短视频和新闻事件直播等。这些平台的纷纷搭建，传统电视对平台化经营重视程度可见一斑。

　　社交化的媒介平台的传播时浸透式的、弥漫性的，容易使用户找到传播主体的存在感和成就感。"在西安，已超过70个市政府机构开通官方抖音号"①，"今日头条"旗下的抖音短视频平台有大量的网红资源，更有在诸多技术手段支持的社交传播属性，能在短时间内裂变式传播，这是受到官方追捧的主要原因。像源自陕南安康岚皋县接待尊贵客人的"摔碗酒"，2014年几家酒店开业以来一直不温不火，可2017年年底某一天一条15秒的抖音短视频让这个摔碗酒突然火了，天南地北的游客赶过去一睹究竟。"多年前，麻省理工学院教授乔姆斯基按照传播功能，把媒体分为两类：一是分散注意力的大众媒体；二是设置议程的精英媒体。"② 目前的媒介生态格局相对传统电视

---

① 贺佳雯：《"抖音之城"西安》，《南方周末》2018年6月7日第1版。
② 王首程：《忧患中革新图存——"华南媒体边缘化"热议中的冷思考》，《南方广播电视学刊》2014年第5期。

而言，单向的封闭制作后播出已经远远不能满足受众需求，也无法进行有效的议程设置。传统电视制作播出的视听内容，如果得不到大多数受众的接受，如果没有人互动评论，如果没有人在社交平台上成千上万次地转发，无疑会造成人力物力的浪费。传统电视只有以开放的心态，去拥抱新生的媒介和技术，打造具有强大的聚合力和传播力的新平台，紧贴用户、服务用户，才能有效扭转当下的倒逼局面。但社交化媒介平台需要大量的资本、内容、技术、运营等投入，需要互联网基因，目前看来，传统电视受人力、财力、技术等多方面因素的束缚，难以单独打造一个跨界多元全产业的生态圈。如何共建一个"平台+内容+终端+应用"逐步跨界出去的媒介平台，把内容、运营、技术、产业等捆绑在一起，需要多家区域性乃至全国传统电视媒体联合起来打造一个多元全产业链的生态圈。不然单打独斗，只能做一个内容提供商或者网络上其他媒介平台里的专卖店。

三　优化发展机制，构建多元化运营模式

传统电视节目作为特殊的产品，既有公共性又有商品性，它的双重属性在日益市场化的过程中凸显出来。就产业发展来看，如何在保证公共利益的基础上，培育市场，让市场更规模化，经营的信息产品更丰富，以及产业更发达，"蓝海"效应越来越大等，是当下摆在传媒机构面前的重要议题。

多年以来，传统电视媒体主要以广告为经营收入的主要来源，而新视听媒体却不仅仅局限于广告，而是有更多的商业创新模式，比如综合服务、网络游戏、电子金融等。社交媒介平台除了植入大量软硬广告外，还可以提供丰富实用的综合服务来盈利，加上平台上的传播主体具有多样化、平民化和普泛化等特征，可以通过品牌广告收入、付费收入、线下收入、出售产品、资源整合等多种方式进行盈利，平台运营机制相对灵活。这就需要传统电视在巨大的资本基础之上进行市场化运作，建立一定的平台基础上提供相关的生产和传播规则，让用户在这个平台上聚合并活跃起来，开启"平台+内容+用户+服务"式的发展模式，以广告费、收视费、点播费、定制费以及相关线上线下的其他方式来达到以前的广告收入，以免在节目制作费用、人员工资上捉襟见肘。

四 加快新品研发，重视用户数据分析

媒介即信息，媒介即数据，媒介即关系，形形色色的新兴视听媒体的出现，已经在不断重建原有的人际交往格局，社交化媒介平台覆盖范围和影响力日益增强，成为集内容、关系、用户、资本于一体的庞大传媒集团，越来越消除传媒业原有的边界。而这些平台运作的背后，支撑的主要是用户产生的数据。

像"今日头条"运转核心完全是一套算法机制，在掌握大量用户数据的基础上，实现根据用户的职业、年龄、偏好等进行智能化推送。传统电视当然也开始意识到数据问题，并且可以通过交互式的电视机机顶盒建立用户数据库来进行数据收集、整理和分析。像抖音、快手等短视频平台除根据用户所产生的信息数据提供用户喜好的内容，进行智能化的推送外，还开始通过数据分析想方设法粘贴用户，比如记录用户使用的痕迹、通过智能推荐机制给用户提供便捷有效的视听服务。传统电视不管是嫁接社交化媒介平台还是搭建新的平台，如何生产优质内容，储存、分析、处理和应用平台上产生的用户数据，如何利用大数据进行精准化传播，如何对有相同的文化背景和文化构成区域化用户进行内容方面的智能化推送，做好关系转换，如何利用大数据将人工智能技术应用到媒体的生产、分发、运营建设之中等，都会成为基本的业务模式和发展条件，竞争的必备技能。

不管如何，内容即时化、来源多样化、体验丰富化、互动双向化、信息归类化、渠道全面化等已经成为当下视听媒体的基本特征。在多屏时代，各种各样的媒介呈现泛化趋势，加上随着受众分化严重以及视听信息的爆炸式增长，品牌传播会越来越难，但越是这样，越显出视听媒体品牌传播路径选择的重要性。当一个视听媒体的品牌称霸于多个屏幕，给予消费者不同的收视体验，这家视听媒体应该掌握了当下媒介生态格局中传播的重要方式。由此可见，对受众生活习惯、兴趣、偏好的准确把握，可以让视听信息产品或服务嵌入受众的生活逻辑、消费逻辑、交往逻辑和发展逻辑当中，这也是未来视听媒体传播发展的根本所在。只要有利于受众，而不是去盘剥受众，自然会打开视听媒体传播和服务的"蓝海"。

第四章 愿景与重构：大数据背景下的视听内容生成

第一节 大数据时代与视听媒体受众细化

《华为大数据一体机服务于北大重点实验室》《浪潮大数据平台大大提升了济南的警务工作能力》《中信银行信用卡实施 EMC Greenplum 数据仓库解决方案》《德国足球队采用 SAP 大数据方案迎战世界杯》《百度大脑 PK 人脑 大数据押高考作文题》，看了这些新闻标题，我们会发现，不知不觉中大数据已经不是口号或文字，而是已经渗透到我们生活的方方面面了：几点几分出门用手机打卡坐公交车，几点几分用手机支付吃早餐，几点几分浏览了微信微博，几点几分处理了个人邮件，几点几分自拍了照片上传到人人网。搜索引擎保留了我们搜索习惯；微博微信抖音等掌握着我们的人际关系网；每个路口的摄像头记下了我们走过的路径以及违规行为；金融网络保存着我们的每一次取款存款或不诚信记录。每个人的日常生活被记录成一条条的数据。同时，你可以通过大数据判定某件货物的畅销程度，你也可以通过搜索以往的飞机票价来判断未来票价走势；你可以使用大数据建成的智慧医疗系统进行远程诊断，通过大数据中的图片识别技术帮助警方破案……还有，基于大数据基础之上的微信朋友圈 Feed 流广告让人看到大数据对不同群组的划分，青少年朋友圈集中投放可口可乐广告，白领圈里多的是 VIVO 广告，而高收入群体中投放的是 BMW 广告。这种广告投放引发热议，不少微信用户认为从中看到自己居于怎样的一个收入群体内。这些 Feed 流广告根据用户收入、职业、性别、年龄、关联用户、关键词搜索、兴趣爱好等诸多条件和标签进行相对精准的匹配。

大数据影响着每一个行业，视听媒体领域更是相辅相成、相互促进。当然，这里所说的大数据，不是指一个电脑、硬盘、手机等存储器的容量有多大，而是指文字、视频、音频、图片等所有的数据连通之后产生的巨大效应。简单来说，信息采集方面的数据就是根据 0 和 1 组成的不同的编码体系，通过二进制代码可以对世界上的任何信息进行编码和采集。而当这些编码的存储技术达到无限大的云存储，处理技术从 286 到 586 到双核、多核，传输技术实现以卫星、互联网、宽带等多种传输方式，人类可以将值得收集的各种信息用 0 和 1 组成的编码进行记录、传输、存储，随后用不同的工具和方法进行归纳整理、加工统计，萃取出其中所蕴藏的一些规律和基本特征，由此形成一定的结论来指导相关的活动，这就是大数据应用的基本过程，其特点是"规模大、非结构化、数据集彼此无关联、需要快速地分析且其分析依赖于新兴的技术和人才"[1]。

学者维克托·迈尔·舍恩伯格觉得："大数据开启了一个时代的重大转型。大数据正在改变我们的生活以及理解世界的方式，成为新发明和新服务的源泉，而更多的改变正蓄势待发……"[2] 大数据时代需要对信息和数据能进行快速分析与处理。只有掌握了大数据思维，明白或理解这个时代发生的重要变化，才能拥抱这个时代。风云人物马云发文强调加强对数据处理技术（DT）的理解，认为"IT 到 DT 不仅是技术的提升，这是两个时代的竞争，这是一个新时代的开始"[3]。但与此同时，大数据有规模性、高速性、价值性等特征，但不容易把握，"大数据是一种资源，也是一种工具。它告知信息但不解释信息。它知道人们去理解，但有时也会引起误解，这取决于是否被正确

---

[1] 喻国明、王斌、李彪、杨雅：《传播学研究：大数据时代的新范式》，《新闻记者》2013 年第 6 期。

[2] ［英］维克托·迈尔·舍恩伯格、肯尼思·库克耶：《大数据时代——生活、工作和思维的大变革》，盛杨燕、周涛译，浙江人民出版社 2013 年版，第 1 页。

[3] 马云：《未来 30 年是令人恐惧的 30 年》，《新商务周刊》2015 年第 13 期。

使用"①。大数据提供的只是一种参考答案，而不是最终答案，依靠大数据的分析，去解决和处理一些事情，只是一种暂时的帮助，而不是最完美和最具决定性的帮助。目前看来，大数据时代具有以下特征：

1. 数据信息多源和数据海量化。网站、电视、手表、手机、摄像头等各种智能终端、金融、电信、水务等商业企业和政府统计局、税务局、社保医保等部门，都是大数据的重要来源。现在世界上的各种数据每年以40%的速度递增。《大数据时代——生活、工作和思维的大变革》一书认为，过去上千年所有的印刷材料加起来，才相当于200PB。而现在百度每天会处理150PB左右，快赶上自人类有印刷术以来形成的数据量，而淘宝每天活跃的数据量已经超过了50PB，三天的淘宝数据量能超过人类千年使用的数据量。现在的云存储能让众多的数据保存起来，数量之大，远远超过以往，在这样一个高速增长的数据量中，人类接收的信息越来越多，但光有数据是不够的，大数据的目的在于用各种媒介中存储的数据来综合分析利用，判断其中受众需求或舆情方向等，找出其中的关联点，以便更好地为受众提供更多适合的内容。

2. 大规模搜集整理和处理用户数据。随着智能手机的普及，相当于几十亿台进行大量数据处理的小计算机分布在世界各地，就像地球的神经元一样通过卫星、网络等各种信息采集传输系统，最终汇集到大脑某个集中处理区，处理后再进行相应的分发与配送。"大数据之'大'，重点并不在于其表象的'大容量'，而在于其潜在的'大价值。'"② 谁的数据收集能力强，谁的数据加工、处理、分析、萃取能力强，谁就能真正发挥大数据的价值，成为市场中独一无二的强者。像未来的制造业，最大的能源就是各种各样的用户数据，然后按照数据中体现的用户需求来制造产品。具体对视听媒体而言，如何运用大数据去满足用户需求，将视听内容的观看和分享的权利交给受众或用户，通过用户的兴趣偏好、职业、年龄、性别等特征来挖掘不同的用户群组，并

---

① ［英］维克托·迈尔·舍恩伯格、肯尼思·库克耶：《大数据时代——生活、工作和思维的大变革》，盛杨燕、周涛译，浙江人民出版社2013年版，第243页。
② 吕海媛：《大数据与电视媒体的未来》，《视听界》2013年第3期。

将这些相关的内容推荐给群组中的每一位用户,这是当下视听媒体主攻的方向。像无界、今日头条这样基于大数据挖掘整理后推荐视听内容的资讯软件应运而生,是传媒综合运用大数据的魔力所至,也是传播主体的用户至上的理念体现。

在数据市场中寻求利益增长点,已经成为媒体的发展方向之一。比如从2009年开始,国内外媒体先后组建了数据新闻团队,像英国的《卫报》、国内的《人民日报》等①;2015年6月,美国新闻集团旗下的道·琼斯通讯社、《华尔街日报》等新闻机构裁减人员后又重组部门,建立了数字新闻的岗位,主要进行一些数据分析、整理等,让受众更细化、更具精确性的"数字新闻"成为主流②。2015年6月4日,上海文广集团与阿里巴巴合作,阿里巴巴斥资12亿元参股第一财经,其主要目的是发挥两家长处,实现"长板效应",将阿里巴巴在大数据领域的资源优势充分发挥出来,与上海文广一起把第一财经打造成一个新型的数字化、移动化、平台化的财经媒体,其中新闻以大量数据运用为特点③。事实上,2012年国际上已经开启数据新闻奖的评比,表彰数据新闻领域的优秀工作者④。

在视听媒体领域,大数据也是早有动作。作为互联网原生节目,腾讯视频的新闻辩论类节目《事实说》从策划、制作到传播,离不开对数据的整理、分析、挖掘和思考。现在的综艺节目大多如此,选题编导会在早上分析检测昨天、上周、本周乃至本月的用户收看率、时长、专注度、点赞量、转发量、评论量等用户反馈出来的数据,同时在不同的社交平台搜寻当日最热点的互联网话题,以便在下期录制的综艺节目中将热点话题巧妙引入,同时根据数据分析团队的相关报道,下午来确定哪些选题可行,哪些选题要枪毙等。可以说,用户反馈过来的数据影响或作用着节目的每一个环节。

---

① 参见刘峣《大数据时代新闻业谋变》,《人民日报》(海外版)2015年6月25日第8版。
② 参见任捐献《大数据时代网络视频网站的发展——以"爱奇艺"为例》,《新闻世界》2014年第5期。
③ 参见孙忠《阿里巴巴宣布投资12亿元参股第一财经》,《上海证券报》2015年6月4日第1版。
④ 参见喻国明、王斌、李彪、杨雅《传播学研究:大数据时代的新范式》,《新闻记者》2013年第6期。

对视频网站来说，如前所述，大数据不仅从策划、制作到传播进行指导，同时，还可以为用户及广告营销方提供大数据的整理、分析与支持，众多搜索引擎的竞价广告模式就是利用了这一原理，同时对视频网站、IPTV、手机电视等而言，还起到"实现个性化的首页推荐，提升用户体验"① 的功能。像爱奇艺的"绿镜"功能，就可以每天筛选、整理和分析出哪些用户喜欢哪些视频，哪些地方快进或后退重播，点击率、频次、关注度有多高，由此推荐为精华视频，同时这些数据还可以反映出用户对某些视频、片段及内容的喜好程度，对制作人员而言无疑具有极大的启发价值。

3. 建立在数据上的宏观决策和预判。就新的视听媒体的发展而言，有了大数据分析整理，媒体的经营管理者可以对组织业务、传送业务等进行量化，进而提升决策的水平和质量，使决策更科学、更有前瞻性、更具说服力。因为在瞬息万变的市场环境中，有时候百试不爽的个人经验很可能会翻船。"把决策建立在数据上，而不是仅凭直觉和经验，将使管理者的决策更为科学。"② 大数据会在整理和分析基础上提供一个宏观或中观的趋向、动态。在视听媒体领域，随着大数据时代的到来，视听传媒格局会从思维模式、内容生产模式、盈利模式、运作体系等发生天翻地覆的变化，传统电视、互联网电视、视频网站、手机电视、微信互联电视等面临新的竞争态势，如何利用大数据进行生产、制作、运营，针对不同媒介生产适合用户的视听产品，从内容之争、渠道之争转向数据之争，提前研判与洞悉未来趋向，是视听媒体需要提前布局的重心。

事实上，不少媒体早早就开始转型做数据研究。这方面路透社的案例具有一定的代表性。路透社是全球闻名的通讯社，但 20 世纪八九十年代就将百分之九十的业务提前转向了数据库业务，并一度占有世界百分之七十的数据产品市场。但风水轮流转，后来崛起的世界数据媒体公司布隆伯格击败路透社，占据了该业务的半壁江山。如今，路透社跟加拿大汤普森公司合并，成为专门提供智能数据的汤森路透公司。尽管有先见之明，但依然惨遭败绩，

---

① 刘峣：《大数据时代新闻业谋变》，《人民日报》（海外版）2015 年 6 月 25 日第 8 版。
② 参见曾凡斌《大数据对媒体经营管理的影响及应对分析》，《出版发行研究》2013 年第 2 期。

路透社的教训在于大数据不仅仅是分析与整理,同时要懂得精细化的商业运作。

大数据时代来袭,如何在海量的数据库中寻找到自己所需要的信息,抓住目标受众,并进行相应的视听信息传播和广告推送,目前业界对大数据分析的价值逻辑缺乏深刻洞察,重大技术条件还不成熟,本书认为需要做到以下几个方面。

一 整合各类视听数据,建立用户群组

做过市场调查的人比较清楚,现在媒体的受众群体各不一样,有侧重于金融服务的,有喜欢美容时尚的,有研究电子产品的,有网上获取教育的,有喜欢时装配饰的,有医疗保健行业的,有关注保险的,有关注旅游的,如此不等,而这些受众群体里面,又有商务人士、游戏爱好者、户外旅行爱好者、网购热衷者、吃货、科技爱好者、新新人类、旅游达人等,这些人喜欢浏览和观看的视听信息各不一样,谁到底看了哪个节目?看了多长时间?全部看完了还是中途关闭了?跳过了哪一段?人们一般什么时间看视频?用的是手机还是电视?喜欢的明星有哪些?关注的兴奋点是什么?这些数据都是视听内容制作者和传播主体需要掌握的,并根据掌握的相关情况展开传播。就像年轻一些的用户,更热衷浏览最时尚资讯、科技数码产品,而年老一点的,更喜欢养生保健、历史掌故等。但这些还不够,更需要具体分析有怎样的传播形式和传播内容等。

1. 不同的喜好就是不同的用户群组。这些用户群组从生活方式、年龄学历、消费心态等多方面会有一定的相似之处。他们使用搜索的数据、社交过程的数据、网上购物消费信息如购买均价、常购品牌、退货率等,如果将各个平台的数据进行挖掘、整理、研究,可以发现这些用户中存在许多共同特征。比如"腾讯微博用户的微博使用确实存在着不同的习惯群体,且可能与人们的日常生活存在一定的相关"[①]。针对这些特征可以进行有效的受众细分,

---

[①] 李拥勋:《大数据视角下的腾讯微博用户行为分析》,南京师范大学,硕士学位论文,2015年。

接下来可以进行比较精准的视听产品信息和广告的推送。相对传统电视，视频网站等可以对这样的数据进行动态跟踪，而且能相当清晰地找出自己的受众，归纳他们的需求，并给予最大限度的满足和互动，最终让这些受众成为相对固定的用户。

类似这样的数据处理中，像百度、淘宝、京东等平台就可以较为明确地洞察用户的浏览习惯、使用需求、购物记录等，从而改进自己的业务体系，为用户提供更需要的信息产品或其他产品，获取更大的盈利空间和生存空间。作为视听媒体，不管是传统电视延伸出来的 IPTV 还是各大视频网站，已经成为运用大数据的先锋，要分析、整理和挖掘大数据背后的用户需求来提供相应的视听内容及精准营销。目前，百度、腾讯、搜狐、爱奇艺、优酷土豆等，纷纷建构数据中心。像美国 Netflix 在用户高峰时，"每秒能处理 5 万多个读取和 10 万个写入操作，这样保证了视频网站能够灵活快速地创建管理数据集群"①。

2. 建立用户群组是精准营销的基础。目前，像 QQ、微信、微博以及个人空间等，都搜集了大量的用户数据，提出了"大数据营销"概念，能根据不同的用户来实现营销内容。腾讯视频根据用户观看将人群分为核心层、中间层和外围层，针对这样的不同群组进行精细化的视频产品的推送、广告营销等。比如年轻孕妈，会对育儿视频、宝宝搞笑视频集锦、奶粉、婴儿服装等内容感兴趣，由此进行一些针对性的推送。2017 年年初，腾讯在微信朋友圈里推送广告时，针对每个人的浏览、使用行为等进行了严格的大数据分析并进行了定向化的 "Feed 广告"② 推送，另一部分人看到的是可口可乐广告，一部分人看到的宝马奔驰广告，引起了轩然大波。这是基于大数据搜集、整理、分析的市场细分，起源于 Twitter，将用户归类到不同的消费群体进行广告推送。

---

① 杨迪雅、刘旸：《以美国 Netflix 为例看大数据时代视频网站内容布局》，《现代传播》2013 年第 12 期。

② 百度百科：Feed 广告，指的是在发布的消息之间插入的一种广告形式。……Feed 广告是根据性别、年龄、爱好、地理位置等一些用户标签进行精准匹配，以此来帮助广告主知道"被浪费的那一半广告费在哪儿"。

就视听媒体而言，在屏时代掌握各个终端、各个平台以及相关公众号等上面的用户使用数据的规律，就可以对信息接收者进行全面、细致甚至快速的分析，了解在不同客户端上受众的信息需求，比如手机端短视频平台上，受众需要什么内容、长度的视听内容，电视屏幕上的受众喜欢看哪些节目、题材和体裁，电脑端的受众又爱看哪些栏目等，经过深入分析受众的收视行为后，视听媒体相应做出一系列系统的分析，改进自身不足，为受众提供更贴合需要的相关视听内容，达到把受众变为用户的目的。像目前收视测量的机顶盒上，通过大数据分析可以对观众开机关机、转换频道、使用增值业务等有一个精确到秒的记录，这样就保证了对受众收视行为和市场行为掌握的准确性。

3. 受众被归类是视听媒体发展的必然趋势。"从互联网、市场研究机构、终端企业到广告营销传播机构，无论是不是海量数据的源头拥有机构，都在抢占大数据的高地，而这其中绝对不乏电视媒体的直接竞争对手"[①]。受众信息是大数据时代媒体竞争的主要资源之一，分析受众数据是媒体制胜的重要法宝。尽管数字电视、IPTV等交互式电视可以了解用户收视的变化，但依然处于一个收集起步的阶段。随着技术发展，机顶盒革新换代，IPTV或智能电视也可以做到对观众开关机时间、频道转换间隔、使用增值业务等操作行为进行精确到秒的准确记录。而现在的视频网站，就可以清晰准确地记录受众的观看内容、观看时间长度、观看时停留点、重复观看的片段，以及进行的其他操作和发布的相关评论。像爱奇艺"绿镜"功能自动抽取用户收看的轨迹并由此生成"精华版"视频[②]。同时，可以全面搜集每一个受众的操作细节和观看特征，以便在未来对该受众划分归类，进入相应的用户群组中，推送合适对方的视听信息，以及相应的广告产品等。

另外，视听媒体的数据需要掌握用户观看的时间段，是白天还是晚上，是工作时间还是休息时间，推送及时和准确很重要。用户需要的时候，视听

---

① 黄升民、刘珊：《大数据时代，电视如何作为》，《南方广播电视学刊》2013年第3期。
② 参见任捐献《大数据时代网络视频网站的发展——以"爱奇艺"为例》，《新闻世界》2014年第5期。

信息应该及时送达，而不是马后炮，或者毫无头绪一通乱发，对用户的需求丝毫没有掌握。"海量信息＋多样形式＋有效推送"这是大数据时代视听媒体工作者的常态，而视听媒体需要做到以"用户为中心"，粘贴用户，建立用户群组，根据实时监测网络用户口碑，分门别类发送视听内容，保证传送内容的质量和用户的接收愉悦感，实现信息消费增值；同时会使用多种媒介各展所长，真正体现"媒介是人的延伸"这句话的本意。

二　让数据"发声"，补足视听媒体短板

在麦克卢汉看来，"地球村"使时空距离缩小，人们的交往方式和生活状态发生了重大变化[1]。只要有人在使用网络，通过网络来搜索、聊天、购物、消费、观看电影、电子游戏等，都会留下相关信息。你的消费记录、出行记录、观看记录、订单记录、价格记录等，都会成为媒介以后的参考数据，成为商家分析识别你购买能力的重要依据，有了这些数据，商家识别用户会更精准。当然用户的投诉率、退货率、转发率等也会是商家提升服务质量的重要依据。以后的商家所在的电子商务平台也会逐渐过渡成一家媒体，或者说是一个信息的交会与发散点。让数据"发声"成为各行业的呼声。

1. 大数据分析给视听媒体带来巨大的价值溢出。数据资料显示，国外著名的 YouTube 视频网站，每个月接待的访客多达 8 亿多，也就是说，平均每一秒钟，要么有访客访问视频，要么有一段视频上传至该网站。与此同时，Facebook 每天更新的照片量超过 1000 万张，点赞数或写评论的大约有三十亿次[2]。而对这么多视频，如果仅仅作为一个平台将它储存或发布出去，在大数据时代就属于浪费资源，只有将这些视频作为数据进行分析，才可以了解到访客们喜欢上传什么内容，这些内容属于新闻事件还是娱乐消遣，传送出来的视频能否和其他视频关联起来等，而通过视频分析技术，将相关视频根据人物面部或者关键词关联起来，就相当于为每件事或每个人做了一部随时可

---

[1] 参见［加］马歇尔·麦克卢汉《理解媒介——论人的延伸》，何道宽译，译林出版社 2011 年版，第 25 页。

[2] 参见［英］维克托·迈尔·舍恩伯格、肯尼思·库克耶《大数据时代——生活、工作和思维的大变革》，盛杨燕、周涛译，浙江人民出版社 2013 年版，第 11 页。

以查阅的鲜活词典。也就是说，大数据分析后，视听媒体除了自身的媒体价值外，还有更高的价值——为每个人立案存档，实现 IP 不朽。

"'大数据'不只是一个概念，更是一种对社会状态的描述。"[①] 目前看来，互联网视听信息随着图像、视频等识别技术的提高，除了视听信息的发布者和使用者的相关活动信息被分析之外，视听内容本身也会成为机器分析的对象，根据语音或头像分析出的数据会得到极大利用。比如通过视听媒体内容中的头像分析，商场或超市等地方安装的摄像监控头，可以辨识出小偷或一些犯罪嫌疑人，同时通过摄像头，可以分析顾客在某一货架前停留的位置与把玩的物品等。这些都是有趣的令人思考的数据新闻。"数据新闻通过挖掘和展示庞杂数据背后的关联与模式，利用丰富的、交互的可视化传播，丰富新闻报道的方式。"[②] 国内"两会"报道几年前就利用大数据去关注热点话题，比如农业发展、居家养老服务、精准扶贫等，可以通过云计算得到快速的回答。像 2016 年"两会"上，自十八大以来有关全国"两会"报道及安排的相关数据，新华社联合百度搜索，一一为受众呈现。中央电视台曾利用百度地图的大数据分析制作了新闻专题《据说春运》，能发现春运过程中数据反映出来的一些乡镇人员春节期间到城市的"逆迁徙"等新特征，受到了各方的好评[③]。

也就是说，大数据在改变传媒业态的同时，将释放出巨大的潜在价值，为传媒业推开了另一个时代的大门。传媒业利用大数据可以制作出更多的优秀新闻或各类节目，找到自己的相应受众；而相关部门利用传媒机构拍摄的视听内容可分析出更有用的信息来供决策使用。比如谷歌街景汽车不仅拍摄出许多街道的景象，同时街边的餐馆、商超等会成为分析的对象，让想吃饭的人更方便地找到自己所需的餐厅，并且能够知道这个地方好不好停车、路好走不好走等。也就是说，建立在大数据技术分析之上的事件，经过分析和

---

① 李琦：《浅论大数据时代电视传媒的应对策略》，《视听》2014 年第 5 期。
② 郎劲松、杨海：《数据新闻：大数据时代新闻可视化传播的创新路径》，《现代传播》2014 年第 3 期。
③ 参见陆丹《用大数据挖掘常态新闻选题的新意——以央视〈晚间新闻·据说春运〉为例》，《今传媒》2014 年第 7 期。

解读，意义往往大于个体报道的价值，从而去关注一个群体数据的整体价值或处境。

2. 大数据运用能满足受众个性化的需求。当然，大数据运用方面，说起来容易做起来难，但用好了很多时候事半功倍，大大节约了人力、物力和时间。如前所述，Facebook就是利用用户的基本资料、社交圈、兴趣爱好、点赞数量等来分门别类，根据所在地、年龄、职业、性别、教育程度等划定不同的用户群体，进而进行相应的广告精准投放。目前，如今日头条、微信圈、一点资讯、无界等都是根据大数据分析（用户职业、年龄、偏好等）来推送相关的文字和视听内容，不仅满足了用户的个性化需求，同时也不断丰富受众对内容的需求。

在这方面，传统电视还得从头做起，走出自己的"一亩三分地"，尽管现在有回访功能，但实现精准化播放依然有很长的路要走。电视台只有以新的观念跟新视听媒体进行强强联合，调整先有的媒体组织架构，建立起中央厨房式的编辑评论部门，凝心聚力，打通各个部门之间的隔阂，将不同节点的新闻发给一个中心，再由这个中心加工后做成一盘盘鲜嫩可口的饭菜，传送给用户，满足受众个性化需求，并了解受众最喜欢的是哪些话题、哪些内容可以成为焦点热点、哪些受众对节目设置不满意、哪些受众对节目提出了个性化的意见、为什么会提出这些意见，还有节目品牌是否达到了应有的传播效果等，只有注重这些方面的问题，改进节目制作流程或相关环节，补足这些方面的"短板"，精细地划分受众，捕捉目标受众，对庞杂纷繁的数据进行细致的梳理，才能在市场上寻找到新的"蓝海"，最终找到自己的特色产品、价值点和利益点共赢的地方。

3. 大数据分析对视听媒体节目制作具有引导作用。在美国，《纽约时报》不仅较早开始以大数据信息方式进行新闻专题报道，而且聘请的《纽约时报》数字部门的科学团队研发的总编是个虚拟智能机器人。在精密的电脑芯片的控制下，这个机器人能将Facebook等社交平台上推送的海量文章——进行大数据分析，在一系列指标的审核下，机器人能预测哪些内容更适合社交平台上的推广应用，哪些内容适合一定的受众群体。归类完成后，挑选一些适合推送社交平台的文章或内容，由具体的工作人员推送，或直接由机器人推送。

这种智能机器人的大数据分析目前看来效果很明显，推送的文章比以前流量上涨了 38 倍[①]。电视媒体方面，比如 BBC 通过从节目现场直播中，根据现场观众在社交媒体上的评论和相关数据来决定接下来节目的推进方向，对喜欢的内容加以放大，对不喜欢的部分就进行调整甚至剔除。同时大数据也改变了节目制作中自上而下的模式，而是更多地听取受众意见并进行相应调整。据报道，像优酷主导、儒意欣欣影业和乐视影业联合拍摄制作的电影《老男孩之猛龙过江》，就是分析了电影《老男孩》8000 多万观众观看该电影时产生的用户数据，确定"筷子兄弟"所呈现的价值和梦想能吸引受众，便决定延续拍摄后面的内容。

三 分享多源数据，打造视听媒体产业链

如前所述，互联网重要的特征之一是分享，而大数据时代数据来源是多渠道的，所以分享、协作尤为重要。随着以互联网为基础的视听新媒介风起云涌，微博、微信、博客、视频网站、门户网站、短视频平台、各种客户端等都有大量的视听数据和用户收看数据。遵循着开放共享、协作包容、资源激活等互联网理念，这些收视收听、购物消费、娱乐游戏等受众行为，在不触犯相关法律法规和不损害自身利益的前提下为了公共利益应该共享，一起来参与产业价值链的合作，对数据进行整合参考分析，大数据时代"不同行业、不同领域的数据之间的交换与相互利用也变得十分频繁"[②]。这时候，谁掌握的数据多，分析得更周全、精确，谁就会更大可能地接近用户、赢得用户。

1. 分享多源数据会促使视听媒体联合发展。视听媒体经过多年的发展，产业化越来越明显，产业价值链也在逐步建立并不断完善。这里的产业价值链是指一种上下游之间或者同一层面之间的合作，是一种产业资本运营之后利益最大化的表现。大数据背景下，各家视听媒体应该与不同类型的媒体展

---

① 《〈纽约时报〉数字版有个机器人主编》，2015 年 8 月 24 日，光明网（http://tech.gmw.cn/newspaper/2015-08/24/content_108768388.htm）。

② 彭兰：《社会化媒体，移动终端，大数据：影响新闻生产的新技术因素》，《新闻界》2012 年第 16 期。

开深度的合作,可以尝试将多种视听媒体留下的数据整合到一起。目前看来,传统电视、视频网站、门户网站、短视频平台、手机电视、互联网电视、站台可视广告、楼宇视频广告、电影院线广告等视听媒体上会有大量的受众信息,这些数据能反映不同层面受众的不同视听内容接收行为,整合分析这些数据,会发现什么样的视听内容,通过怎样的视听媒介播放,才能达到收益最大化。这也让视听媒体分析者从不同渠道获得多元数据,弥补自身获取数据能力的限制,更好地服务于媒体产业发展。就电视媒体而言,"大数据不仅是电视产业向网络视频产业转型的支点,也是电视产业向网络视频产业融合的交集点"[1]。湖北广电媒体打造"长江云"APP,除了对原有用户数据进行整理分析外,还加强了对其他媒体数据的分析,"对用户数据进行挖掘,在内容上实现新闻、娱乐及其他信息产品生产的变革,在经营上实现传统广告向精确商业信息传播的转型"[2]。

2. 充足的数据有利于视听节目的精准策划、制作与推广。虽然现在许多综合传媒集团基本上已经建立了较为完整的产业链,可以进行跨媒体、跨终端进行产业合作,但还是没有做到挖掘大数据之后进行产业的有效衔接并放大市场效益。特别是国内,一部电影或者一部小说好评如潮后才会进行一些其他图书影视游戏等附属版权的开发,而世界级的大的传媒集团早在拍摄或出版初期,就根据所掌握的用户的大数据分析,有计划、有针对性地进行跨媒体、跨区域、多渠道的传播,根据不同媒介形态的特点打造不同的信息产品,做到在不同的终端上进行非同质化的播出,这样不仅会竭尽全力达到受众最大化,更会将忠于不同媒介的受众交叉吸引过来,形成一种全方位覆盖的受众爆炸反应。

3. 共享多源数据是视听媒体发展的大势所趋。"每个机构的数据都是不完整的,只有把一定规模的数据汇集在一起,数据的价值方能彰显"[3]。不管是电视节目还是网络自制视听节目,在多个媒介渠道播出并收集相关的受众数

---

[1] 陆地、靳戈:《大数据:电视产业转型升级的支点和交点》,《电视研究》2014 年第 4 期。
[2] 张海明:《广电媒体与新兴媒体融合路径》,2015 年 5 月 5 日,人民网(http://media.people.com.cn/n/2015/0505/c395934-26950959.html)。
[3] 陆地、靳戈:《大数据:电视产业转型升级的支点和交点》,《电视研究》2014 年第 4 期。

据，建立相应的用户数据库，才能提升品质、发挥效益，也可以植入一些商业活动，比如与电商购物相结合，有类似意向的用户在观看节目视频时，会另外弹出小屏幕来提示一些购物的信息。未来随着云计算、可穿戴设备等的发展，视听节目传播中用户可以将自己的相关信息上传到节目制作后台，数据分析后可以观看到自己想观看的内容、观看到自己想买的商品，甚至用户可以参与到节目中来，代替原有的节目主角去参与节目的制作进程。这跟打游戏时所拥有的体验感几乎相近。技术并非遥远，目前已经在尝试共享。像阿里巴巴和第一财经的合作，新浪微博与阿里巴巴的战略合作，不同媒体的整合，都是大数据使用方面的业务探索，腾讯有 QQ、微信、微博、QQ 空间以及游戏等诸多用户信息数据，而这些信息与其他媒体如新浪、传统电视台的信息联合分析和使用，将带来巨大的便利和盈利空间。可以说，共享相关数据，可实现传统电视与新媒体在节目存储、媒资管理方面、播出平台方面的有机融合，同时以大数据分析为基础进行广告捆绑叠加，以此不断增强影响力和市场竞争力，聚合受众，形成一条从新闻选题、策划拍摄、后期制作、多终端播出这样一条文化产业链，并由此赢得巨大的社会效益、可喜的广告效益或者借此生产开发相关的一些衍生产品，实现在大数据背景下从单一媒体、单一品牌竞争向全媒体、多品牌竞争转型发展的局面。

四 把握大数据精髓，完善用户体验

1. 大数据让传播主体明白受众行为的"为什么"。英国著名的《卫报》对"2012 美国大选"进行报道时，希望受众尽量将内容分发到其他媒介渠道中，以此扩大传播覆盖面，"每一篇报道都设置有按钮，方便用户在浏览时将其一键式分享到 Facebook、Twitter、Google + 和 LinkedIn 开发的 in share 等多个渠道"[1]。目前国内大多视频网站的内容也实现了一键分享的功能。这种转发利于传播，也便于对内容的追踪分析、数据统计。可以说，大数据是将自己所意识到、观看到、搜集到的分散的各种数据，进行由点到线、由线到面、

---

[1] 文卫华、李冰：《大数据时代的数据新闻报道——以英国〈卫报〉为例》，《现代传播》2013 年第 5 期。

由面到整体的进行分析和整理，最终目的是让用户满意，由此来获取相关效益。通过对受众行为的数据分析和处理，"了解数据之间的相关性，胜于对因果关系的探索。'是什么'比'为什么'重要"①，这样就容易掌握受众的心理和行为。

2. 视听媒体粘贴用户才能获得相应数据。得用户者得天下。大数据的发展会进一步增强用户的体验感，定制化视听产品会越来越多。伴随着云计算、物联网、移动互联网、智慧城市等建设和应用，数据将越来越海量，大数据的功能也会日益凸显，用户体验的感受与日俱增。没有更好的体验，或者更有力量的内容，很难有用户喜欢。当下许多传统视听媒体建立的APP活跃度不足60%，有些甚至处于僵尸状态，所以只有以用户体验为目的，才能获得用户行为方面的数据，创造更大的社会价值、商业价值和传播价值。而在这一点上，曾经的"滴滴打车"和"快的打车"深谙用户体验之道，为了让用户使用打车软件，不惜耗费巨资，给用户补贴车费来让用户使用。这些打车软件的运营者深谙其中道理，只有培养了用户使用打车软件的习惯，给用户以便捷的服务，才能够粘贴用户。

3. 大数据有利于视听内容在不同渠道的分发。媒介即信息，麦克卢汉如是说，但在大数据背景下，媒介即数据，数据能指引媒介发展。而决定媒体能否生存的，就是利用一种或多种媒介在合法的基础上进行尽可能多的用户数据的收集，而且在此基础上进行数据模块化整理，并根据相关结论来塑造产业。比如随着视听媒体的发展，包括接收、传输技术的发展，互联网、云计算技术的发展，用户将从不同的客户端收看视听节目。用户就觉得手机屏幕看视听内容有些小，电视机看视听内容又不那么方便等。那么制作者根据用户数据，能否就视听新闻信息、电视剧、电影、大型综艺晚会、生活理财服务视听节目等，会根据客户端的需要进行一些制作，比如手机屏中特写多一些，电视大屏中美丽的大景多一些，电脑PC端中互动游戏的功能强大一些等，这样可以让不同客户端的用户有更愉悦的体验感，同时也达到了"一次生产，多次加工，多元输出，多重服务"的目的。

---

① 倪宁：《大数据时代的传播观念变革》，《西北大学学报》（哲学社会科学版）2014年第1期。

4. 提高数据转化价值，成为用户刚性需求。闲置就是浪费，大数据重在应用。像视听媒体中的财经数据经过一系列的分析和研判，对接下来的投资具有一定的参考和判断价值，能让更多的受众或用户赚钱。如何发现问题就立即用大数据来分析，提高数据转化价值，用声画合一、形象生动的视听内容来呈现数据分析带来的相关信息，并成为用户刚需，这是大数据对视听媒体带来的机遇与挑战。目前看来，数据摆在那儿，转化到市场运用方面的难度很大。有学者认为，传统电视媒体开发电视节目新模式，利用大数据方面应该参考电商的经验，创建精细化流程抓住每个个体的消费数据，建立多样化人工数据模型来挖掘消费者心理，最终实现"精准的个性化投放——根据智能化分析推放产品"①。另外，除了建立相应数据库、满足用户刚性需求之外，交互性产生的数据非常关键。具有交互功能的视听客户端在互动过程中能掌握受众的更多数据，通过数据分析来改进生产内容与传播方式，将数据转化为市场所需的产品，这样能有效提升受众直接参与和关注节目的热情。

第二节　大数据对视听媒体的深度影响

　　大数据并不是冷冰冰的数据分析，也不是严格意义上的技术概念，而更侧重于一种新思维，即利用数据作为论证材料的研究方法或思路。大数据运用意味着从海量的用户数据中挖掘一些具有相同特质的线索并将其归类，为进一步判断用户喜好、由此对改进产品的方案做出相应的调整。大数据对视听媒体的生产、传输、接收等各个环节产生了深远的影响，媒体从关注大多数人到关注每一个人的信息需求。一般而言，信息制作存储、渠道流通、接收反馈是媒介融合的几个关键环节，而这几个环节中会产生各种各样的数据，这些数据的运用有利于这几个环节更好地衔接到一起。现在传统电视也好，视频网站也罢，都在进行云平台、云终端的建设，巨大的信息量接收、储存

---

① 吕春燕、李荣、王志强：《大数据：电视产业以动制动的起点》，《今传媒》2014年第7期。

不成问题。这些信息就是数据。而大数据建设，就侧重于发现终端接收过程中留下的数据并了解数据与数据之间的关联。展望未来，大数据时代视听媒体会出现怎样的发展态势，本节认为要从以下几个方面去着手：

一　利用大数据搭建受众所需开放平台

1. 传统电视应利用大数据分析打造多功能的信息服务平台。对传统电视而言，大数据的到来会从几方面带来直观的改变，"媒体生产、传播、营销等不同环节都会因为大数据技术的应用而体现出新的特点"①，比如会对测量仪监测收视率的监测体系带来颠覆性的冲击，因为传统收视率无非以样板户为指标，还是摆脱不了过去的抽样调查方式，而大数据到来，可以从每个观众收看的机顶盒中留下相关个人数据为测量样本，达到实时监测、及时回传数据、测量覆盖面广等目的，而避免原有的样板户少、样板户易受人为干扰等问题。像在利用大数据非常成功的美剧《纸牌屋》中，按传统收视率的统计，可能只会抽取数千个样本户，而美剧《纸牌屋》制作商当时统计的数据库里，包含了3000万用户的收视选择以及400万条评论，还统计了300万次的主题搜索，可以说是名副其实的"大数据"②。

在大数据方面，传统广电行业存在一定的优势。传统广电的观众已经在有线网络里通过机顶盒收看节目留下了大量真实的用户信息数据，这一数据库中可以看到每家每户每天的观看时长、观看内容以及由此产生的人口特征、家庭构成特征，这些都会形成相应的视听内容使用数据、用户行为痕迹数据、搜索与消费数据等，用这些数据足够分析出当前传统电视的受众构成、喜欢的节目、家庭消费习惯、消费支出以及休闲时间等。在技术条件允许的前提下，传统电视可在这些数据基础上进行有针对性的节目内容推送并进行舆情研判。所以传统电视需要"锻造获取和利用大数据价值的能力，以泛互联网范式实现大数据时代的转型"③。

---

① 刘峰：《浅析大数据时代我国电视媒体的创新发展路径》，《电视研究》2014年第4期。
② 参见陈雪莉《"大数据"成〈纸牌屋〉噱头 国内视频仍在"大数据"门槛之外》，2013年5月17日，观察者（http://www.guancha.cn/Celebrity/2013_05_17_145221.shtml）。
③ 黄耀华：《大数据时代电视媒体转型路径探析》，《南方电视学刊》2013年第6期。

就制作层面来看，传统电视人才只有善于整合和分析数据，打造符合观众口味和期待的视听作品，才会在激烈竞争中占有一席之地。而这些优质视听节目的生产，只有了解用户想法及掌握用户相关数据后才能制作出来。如果传统电视不知应用大数据，不发展数据新闻，不增加互动内容，只能是死路一条。有人甚至提出，传统电视"将其定位于家庭数据信息港，成为家庭的数据处理中心及云计算的基本节点"①。所以说，告别"数据孤岛"是电视媒体融入大数据时代的必经之路。传统电视当下"首先要做好媒资的数字化，并在数据化的基础上建立具有全国性乃至世界性的媒资银行，努力淡化'数据孤岛'所带来的负面效应"②。

另外，如前分析，"虽然传统电视与视听新媒体存在'内容版权之争、用户眼球之争、广告投放之争、商业模式之争'，但是它们并非'你死我活'的对抗性竞争，而是一种具有文化基因与技术勾连的竞合关系"③。随着大数据的不断应用和互联网电视或者说智能电视的普及，现在的电视机已经不仅仅是为了"看"，而是为了"用"。随着智能电视机里装的各类 App 增多，各种应用服务、电影游戏、分类资讯，各个综艺节目等都会汇总在一个或几个 App 上，可谓应有尽有，这样一种局面下，过去通过有线或卫星传输收看的电视频道，如果受众不是为了追看首播电视剧等，可以把这些频道搁置起来，转而去 App 里观看。可以说，随着媒介渠道的多样化，电视频道变得可有可无起来。这时候电视的功能，已经侧重于"实用"了，成为客厅里家电的一部分，收看新闻信息或者电视剧等，只是其中的一部分。而传统电视自己搭建平台，建设客户端等，由此获取数据，那就很可能从单向传播变为双向互动、内容限量变为内容无限、管道传输变为平台传播。不管如何，"对于转型中的传统媒体而言，核心数据库的建设更是摆脱传统的生产方式和经营理念的一条捷径"④。

---

① 邬建中：《浅析大数据时代我国互联网电视产业的发展策略》，《现代传播》2013 年第 12 期。
② 黄耀华：《大数据时代电视媒体转型路径探析》，《南方电视学刊》2013 年第 6 期。
③ 傅琼：《互联网电视时代传统电视媒体的应对策略》，《现代传播》2014 年第 1 期。
④ 喻国明、曲欣悦、罗鑫：《试析传统媒体与新媒体的合作模式与操作要点》，《中国地质大学学报》（社会科学版）2016 年第 4 期。

2. 新视听媒体应用好大数据打造开放传播的平台型媒体。当下互联网基础上的视听媒体以及诸多电商企业都在打造强大的平台效应，比如阿里公司做电商平台，百度公司做搜索平台，腾讯公司做社交平台，今日头条在做短视频社交平台，当然这些平台功能也在不断交叉之中，而这些平台搭建后一旦做强做大，会让众多用户蜂拥而至，在使用过程中会留下大量的行为数据。而这些数据就是互联网企业的黄金，进行收集整理甄别分析之后，根据多方收看、沟通、互动等需求，建立起一个信息服务、消遣娱乐、电子游戏、公共服务等虚实结合的互动信息平台，形成一个良性循环，并找出"数据与数据之间存在着某种关联，发现并利用这种关联可以产生价值"[1]。

在大数据应用中，电商企业和视听媒体之间联合起来共建平台有着更多的可能性。如"英国由 BBC 主导的新一代视听公共服务平台 YouView，就是联合了英国电信（BT）、Talk Talk 等电信运营商，独立电视台（ITV）、第四频道（Channel 4）、第五频道（Channel 5）等主要电视机构和机顶盒运营商而建立的开放性视听节目服务平台"[2]。而这样一个平台，走出了"我播你看"的封闭传播模式，除了为用户带来诸多的数字电视频道和大量的视听节目外，还有付费电影资源库，以及源源不断的其他服务，成为一个商家、传媒机构、用户共赢的平台。

当然，目前视听媒体的用户不管是收看电视节目还是浏览视频网站，打开微信公众号的视频链接，都已经留下了大量的个人数据。国外如 YouTube 等视频网站，国内如腾讯、优酷土豆网等视频网站，作为一个开放的视频播放传送平台，每天有成千上万的用户进行视频的上传、浏览、分发、编辑等。纯粹地看，这些行为数据是冷冰冰的、不说话的、僵死的，而一旦通过特定的条件和逻辑进行计算和分析，产生的数据就是活生生的、会讲话的、具有指导意义的，充满商业价值的。某种意义上，开放平台上的用户造就了平台的活跃度和影响力，还有巨大的导流作用。"截至 2013 年 4 月，腾讯开放平

---

[1] 栾轶玫：《大数据重塑媒介生态》，《视听界》2013 年第 4 期。
[2] 吕岩梅、刘旸：《此涨彼涨 融合共进——新媒体环境下电视业未来发展新探》，《电视研究》2014 年第 1 期。

台有 85 万注册开发者以及 40 万元注册款应用加入。在国外，Facebook 的开放平台汇聚了 190 个国家的百万规模开发者，Facebook 的网络视频服务成为仅次于 YouTube 的美国第二视频网站。"①。

平台建设不仅吸纳用户，导流其他功能，同时掌握了用户的个人数据，从而为平台的进一步商业化发展奠定基础。"运行在互联网上的视听新媒体，具有开放、集聚的特点，这使任何一家互联网视听新媒体企业都可以向平台化发展，实现产业链的紧密整合，具有更高的市场竞争能力。"② 现在视听媒体机构都需要大数据来指导自己的生产与运营，美剧《纸牌屋》中的创作思路、演员和导演的选择，都跟受众留言互动紧密结合在一起，通过数据分析，哪一种创作思路呼声高，哪个演员拥趸多，制作方就会选择这样的思路和这些演员，以期满足受众最大需求。现在视听媒体的创作，也是通过数据分析，以符合观众品位为目标，通过科学的决策使资源配置更优化。视听媒体已经从过去"传播驱动"发展为"数据驱动"了③。"由于大数据平台擅长动态的反馈，形成传媒市场需求更为及时的'预警'和'预测'机制。"④ 前段时间，乐视公司推出了乐视电视，将乐视公司搭建的视听信息平台与电视设备商紧密结合起来，通过智能电视将自己的平台放到了电视终端上。这样一来，除了手机端、电脑端之外，电视端内乐视也内置了数据收集的模块。这些数据的结合，将为乐视公司带来更为全面的用户分析。

可见，内容为王还是渠道为王，这个问题没必要过于争论。媒介即信息，媒介即数据，媒介即关系，如何在保证节目质量不断提高的前提下，想方设法收集更多的用户数据，通过数据分析来加快融入或者占有相应集成播出平台，打造平台型媒体，借此赢得更为广阔的媒体市场，这是当下大数据时代视听媒体利用技术手段增加播出效果的重要法门。"眼下，互联网电视的发展正在将部分追求收视品质的年轻用户从 PC 端和移动端，重新拉回客厅娱乐的

---

① 朱新梅、熊艳红：《2013 年中国视听新媒体发展动态》，《中国广播电视学刊》2014 年第 2 期。
② 庞井君：《视听新媒体发展的基本趋势》，《中华读书报》2013 年 6 月 28 日第 21 版。
③ 参见栾轶玫《大数据重塑媒介生态》，《视界》2013 年第 4 期。
④ 朱剑飞、杜若礼：《广电在大数据时代的创新之路初探》，《南方广播电视学刊》2014 年第 5 期。

场景中。此外在 OTT 领域，拥有牌照的央视、湖南台、广东台、SMG 等，均在探索用户大数据的价值溢出。"① 庞大的平台型媒体用户数据将成为互联网时代的黄金资源。

二 利用大数据创作精品视听内容

1. 利用大数据挖掘用户喜好，制作针对不同媒介渠道的精品视听节目。随着视听节目传播的网络化、移动化、碎片化、即时化、互动化等，传统电视也好，网络视频也罢，还是 IPTV、手机电视、微信互联电视等，因为收视环境不同、内容形态不一，受众群体也大相径庭，自然会在不同的终端有相应的传播要求。根据目前数据分析看来，视听媒体应针对不同终端的特性，进行多个层面的用户数据分析，比如手机电视用户以消遣娱乐为主，须简短明快，电视用户可能需要大量的服务类视听信息，多呈现细节；电脑用户更希望能看到一些深度的视听报道，应侧重挖掘与彰显品质个性等。同时，不同的媒介渠道需要怎样的视听节目形态和时长，哪些受众会有独特需求，怎样才能统筹加工成电视版、手机版以及电脑版，视听媒体需要将同样的素材加工成不同风格的视听节目，从而实现素材榨干用尽，资源利用最大化，竭力覆盖多种渠道、多种终端、多个平台上的受众，形成多元立体的传播状态。

2. 利用大数据分析受众需求制作具有文化感染力的视听节目。过去视听节目匮乏的时候，制作方传播什么，大家收看什么，而现在的受众因为可选择面越来越广，口味就变得挑剔起来。像国内的综艺节目中，前几年《中国好声音》《奔跑吧兄弟》《爸爸去哪儿》等这样一些现象级的节目引发了巨大的聚众效应，而其他许多综艺节目受众相对分散。这是什么原因呢？"传播手段的进步改变了信息距离的绝对性，但是只有文化距离的缩短甚至贴近才能为节目生存提供更大的发展空间"②。这些现象级的综艺节目，都有一些特定的情感需求和文化内核在里面。《中国好声音》本来就是音乐文化大餐，音乐

---

① 杨旭：《凤凰全媒体研究院落地 大数据推动传统电视转型》，2015 年 6 月 15 日，搜狐网（http://it.sohu.com/20150615/n415010465.shtml）。

② 张微、杨晓云：《真人秀节目如何叫好又叫座》，《新闻窗》2008 年第 6 期。

就是情感的催生剂,加上"盲转"等民主文化在内,赢得全国观众一派叫好声;《奔跑吧兄弟》除了以明星的影响力提倡强身健体之外,还融入了许多中国的武侠传统等文化因素;《爸爸去哪儿》更是一种亲子文化的呈现。这些综艺节目的特质在于满足受众对当下生活的某种文化和心理渴求,能激发大多数人的共鸣。不管是一云多屏还是大数据分析,都需要找到受众的共鸣点,明白情节化、趣味性、平民化等都是这样优质节目的共性,要清楚地认识到,"大众传媒,始终不能缺失'大众文化''大众需求''大众审美'的品格锤炼"①。

  这种心理和文化需求是需要对用户相关评论、讨论等进行大数据分析才能得来的。"大数据时代也不能全然依赖大数据,对用户的背景变化和心理的洞察甚至更加重要。"② 新的视听媒体也在纷纷分析受众心理和文化需求,不断推出新的节目,以契合当下的受众心理需求,赢得了各大卫视争相抢购。比如"优酷自制节目《我是传奇》与十大卫视、十大唱片公司、线上、线下四位一体,联合播发,脱口秀节目《晓说》引入浙江卫视黄金档"③ 等,都是在大量分析受众数据的基础上形成的传统电视与新视听媒体的互动。

  3. 巨量的平台数据会促使新制作的视听内容成为智慧结晶的"全民制造"。视频网站早就意识到打造视频平台的重要性,认定平台才是最大的流量入口,像腾讯视频、爱奇艺+PPS 等视频平台,从抢夺有限的节目资源开始转向视听节目内容资质,加大自制内容营销等。相反,许多传统媒体在这方面意识不到这一点,只将以互联网为基础的新媒体视为载体之一,不知道平台建设对媒体的核心价值,以至于舍本逐末,错失发展的机遇。对传统电视而言,除了人力物力的束缚外,当然技术的桎梏显而易见,像传统电视属于单向线性传播,大多数录制节目在播出过程中电视受众也无法随时随地参与到节目的互动之中。到了大数据时代,在新的视听媒体比如视频网站、微信

---

① 金国娣、姚航:《〈中国好声音〉与电视音乐综艺的顶层设计》,《中国广播电视学刊》2012年第8期。

② 宋成:《预测与信息到达:基于用户新媒体使用路径的大数据研究》,《新媒体与社会》2014年第2期。

③ 吕岩梅、朱新梅:《2012:视听新媒体发展动向》,《中国广播电视学刊》2013年第1期。

平台、短视频平台等，只要有电脑，持手机，受众不但能随时介入节目的制作中发表意见，还可以对整档节目评头论足，对当下正在热播的电视连续剧"说三道四"，指出剧情的粗制滥造或生硬加工，然后说出自己的建议，或者毅然捉笔，为接下来的剧情提供剧本。

也就是说，大数据将会将大多数人的意图展现出来，从某种程度上实现共性传播，受众既是围观者也是制作者，还是传播者。"为了适应互联网技术发展，传媒产业链上的市场参与者纷纷依据自身优势打造开放平台，让各类合作伙伴、终端用户参与到内容的生产制作与消费中"[①]。最大限度地让受众参与进来并留下相关数据，这是目前所有视听媒体要做的事情。这样的结果，有利于视听媒体与受众建立起一种由互动引出的亲近关系，把制作视听节目的精英团队演变为集合大众智慧的"全民制造"，"平台+自媒体"会成为视听媒体百花齐放的传播格局。

比如目前一档综艺节目从开始策划到后续反馈，大概可以分为三部分，节目播出前、中、后期。每个阶段都有观众的积极参与互动。前期要进行数据库中参与观众的筛选，策划并确定观众参与和互动的各个细节；节目进行中，观众的参与方式及其与演员之间的互动行为决定着节目热度的高低，尤其是现下观众通过实时传播方式如微信、微博等方式对节目造成的影响力，也直接决定着后续节目的参与度和关切度；节目结束后在新媒体空间中，一部分观众很可能与表演者进行新的互动和交流，也起到对节目继续进行下一期的启发作用。所以说，"互动不是可有可无的噱头，而是贯穿始终的节目组成部分，并决定着节目的进程。使得观众的权力欲、控制欲、参与感等人性的欲望得到满足。……千万别把这种互动节目理解成投个票，献个花那么简单，这是建立在人性基础上的复杂的互动体系。人性，是任何传统媒体向新媒体转移的出发点，也是落脚点"[②]。搭建平台，让用户对视听信息、内容的创作表达其感受和评价，并引起生产部门的重视，按

[①] 朱新梅、熊艳红：《2013年中国视听新媒体发展动态》，《中国广播电视学刊》2014年第2期。

[②] 王明轩：《大数据与视频媒介产业链重构》，《南方广播电视学刊》2014年第2期。

照用户意见修整自己的内容,这就在某种程度上实现了用户和媒体生产者之间交互的信息转化和消化。

三 利用大数据发展平台定制业务

大数据时代的媒体平台只有盈利了才能保证发展。越来越多的视听媒体用户基本资料将被媒体所拥有,用户收视行为也会变得"透明化",这为视听媒体的"精准营销"提供了发展机遇。在大数据基础上,如果提供大规模的视听节目定制服务,可以满足受众私人化、便捷化的信息内容需求。像微信朋友圈中系统自动推送的"Feed 广告",就是基于平台上用户的资料数据,比如个人信息、使用频次、社交关系、生活习惯、技术使用行为等进行的一种广告精准推送,是大数据整合分析的一种运用。"自媒体成为大数据时代自主生成优质数据的重要平台"[1],而这种媒介技术,在日益增多和健全的大数据基础上,视听媒体平台可以向受众自动推送他所需要的内容,并预判受众未来需求的可能性和生活状态。

"在大数据的支撑下,未来视频市场将主要有四种节目形态:①以大数据为基础的线性节目,如《纸牌屋》;②以大数据为基础的节点(树状)结构节目;③传统线性视频节目(向精品化方向并压缩规模);④实时互动的游戏化的视频节目。"[2] 就视听节目制作传播而言,以大数据分析结果为导向的内容将越来越多,通过数据了解到用户的兴趣点、燃点、爆点之后再对节目进行策划、生产、整合、传播、运营,会成为基本的生产流程。腾讯视频推出的视频节目《事实说》也是在搜集、整理和分析用户基础上进行话题策划、内容设置和传播方式的。也就是说,新的视听媒体格局下,视听内容多种多样,满足的是不同层面不同群体的需要,其中不少属于个性化的服务,给一部分或极少部分受众收看,比如会根据对方年龄、性别、职业、文化程度、收看渠道、收看时间段等,推送一些针对个别人群的视听内容。还有一些属于特别定制的内容,更是按需求方要求来制作、生产。类似的定制服务已经

---

[1] 张莹、吕少峰:《基于自媒体平台的大数据挖掘与运用研究》,《传媒》2016 年第 1 期。
[2] 王明轩:《大数据与视频媒介产业链重构》,《南方广播电视学刊》2014 年第 2 期。

在电视机、空调、电冰箱、服装等商品中受到用户欢迎。目前不少机构也在定制一些常用的视听信息。

订单式的视听节目制作与发布，将成为未来视听媒体的重要组成部分，也是一种生产趋向。而大数据的预判功能在视听媒体中的运用，不仅会使每位受众粘贴到其中，从中为自己的生产、生活寻求根据，同时还具有巨大的市场价值和盈利增值可能，可以实现传媒产业链的价值再造，实现传播者、接收者与中介者的共赢。在未来的媒介生态格局当中，不管是综合性还是专业性视听媒体，大数据的收集、分析、运用能力往往能左右受众的数量，也决定了订单式业务发展的大小。谁的平台越强大、谁的平台越专业、谁的平台技术服务到位、谁的平台功能卓越特色明显、谁的平台充满个性化与内容定制，基本上会拿数据来说话。当然这种平台不是传统的电视平台，而是开放式的，能让受众随时随地在 PC 端、手机、iPad、户外屏幕、可穿戴设备等上面定制业务，获取信息、传递信息。

这样的平台最吸引受众的地方在于它的开放、共享、包容与大数据，让不同的受众都能找到自己需要的视听内容，或者说，在这样的平台上受众只要填写相关数据并表达相关的信息需求，就可以定制到自己需要的视听节目。这也让人们发现大数据的另一重意义，"运用大数据技术对以关系为纽带的社会网络资源进行价值聚合与分析"①。大数据使视听媒体无所不在的触角，发现被遗忘的、弱小的、无助的或者特殊的、富有的、残障的一些个体，针对这样一些个体提供个人化的视听产品定制。这时候，个体的价值就凸显出来，大众不能绑架个体的喜好，而个人定制就意味着视听产品也具有独一无二的排他性，而不是一味地大众规模化产品。每个群体的需求是不一样的，有特定的内容需求与风格特点，视听媒体在大数据的支持下，应该满足这一点。随着大数据的应用，越来越多的人会成为视听信息的"定制客户"。当然，目前微信中许多公众号、手机中众多 App 就属于定制范畴。这样的私人视听信息定制越来越多，也就意味着个体存在的意义被市场发掘而成为盈利的方向，很多平台可以通过收费的方式来解决生产、制作和运营的费用。这样下去，

---

① 张学霞、拓守君：《大数据时代新旧媒体之碰撞与融合》，《编辑学刊》2015 年第 3 期。

视听媒体不仅可以让用户得到更满意的视听产品，而且在信息如此纷繁芜杂的时代里，赢得未来商业的曙光，发现新的"蓝海"。

大数据将成为土地、人力、技术、资本之后的又一生产要素，这要求视听媒体加快转型，实现精准化传播。从传播方式来看，未来的视听媒体应该是信息智能服务商，建造用户数据模型，细化受众后进行群体性的精准传播。通过数据的存储、运算、查询、辨识与得出绪论过程中掌握不同用户的不同需求，制作出相应的视听内容进行推送，并不断获取用户的收看数据来完善这样一项定制业务。当然要看到，大数据并不是万能的，数据有可能造假，也随时在发生某些变化，所以要及时更新数据，并保证数据的真实性，同时又要发挥创意来满足大多数人的视听需求，因为"你能算出凯文·史派西、大卫·芬奇是影视圈呼风唤雨的人物，但是你还得有个优秀的故事把他们装进去，不过，大数据却算不出一个故事"①。

第三节　视听媒体发展的思维模式与价值生成

在以互联网为基础的多屏时代里，几乎所有人离不开手机、电脑、智能电视、楼宇电视、户外 LED 大屏等电子屏幕。而这些电子屏幕上的视听内容的运行几乎是通过数字化来实现的。播放频次、播放长短、播放时间、播放地点乃至播放者年龄大小、收入高低、消费层次等，都会记录下来成为参考、整理、分析用户态度、行为的数据。如今，大数据分析的应用会随时相伴在每个人身边，也成为绝大多数媒体的必备工具。像近两年全国"两会"期间的热点话题通过大数据分析处理后能够得到快速准确的展现，为媒体带来一片叫好声。谷歌研发的智能机器人阿尔法狗（AlphaGo）打败韩国围棋第一高手李世石，举世哗然，也让媒体意识到，基于大数据处理的人工智能技术前景广阔，开发的形式多种多样，大数据支撑下的视听媒体将会对传统媒体是

---

① 张弛：《大数据思维范畴探究》，《华中科技大学学报》（社会科学版）2015 年第 2 期。

一次翻天覆地的革新，并会引发新的媒介形态与传播方式的重构。"大数据的汹涌来潮，会改变人们传统的对可能和现实、必然和偶然、原因和结果、部分和整体、精确和模糊等一系列思维范畴的认识。"① 视听媒体投身于大数据应用过程中，应该有一些突破性的创造。利用大数据"以一种前所未有的方式，通过对海量数据进行分析，获得有巨大价值的产品和服务，或深刻的洞见"②。另外，就未来多屏时代的视听媒体发展而言，大数据基础之上的思维方式将显得十分重要，乃至决定一家媒体的发展走向和发展规模。如下图所示：

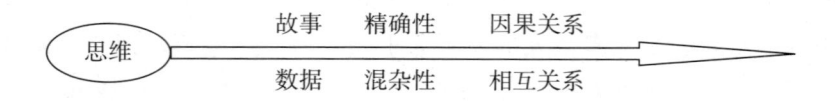

```
                故事    精确性    因果关系
   思维 ─────────────────────────────────▶
                数据    混杂性    相互关系
```

基于此，视听媒体的大数据应用不仅仅需要技术方面的突破，同时还要有思维方式的调整。

一 创新思维：利用大数据发现和占有新媒介

从技术的发展史来看，一切想象皆有可能，视听媒体未来的形态和功能远远会超乎人们想象。1895 年著名的爱尔兰物理学家开尔文勋爵说，空气中的飞行器是"科学上不可能的"，但只过了五年，莱特兄弟便在美国小城吉蒂霍克的多风海滩上进行了第一次的飞机试飞。再如托马斯·爱迪生在 1880 年表示，刚刚发明出来的留声机"并没有商业价值"，但后来的广播以至电影电视等视听媒体的发展离不开留声机的基础功能。手机一开始只是个通话工具，而现在几乎成了片刻难以分开的"智能管家"和"生活伴侣"。"在科技创新的驱动下，许多改变正在发生，而这些改变颠覆了我们所知的每一种媒体形式。"③

---

① 范晓东：《"大数据"成〈纸牌屋〉噱头 国内视频仍在"大数据"门槛之外》，2013 年 5 月 17 日，观察者（http：//www.guancha.cn/Celebrity/2013_05_17_145221.shtml）。
② ［英］维克托·迈尔·舍恩伯格、肯尼思·库克耶：《大数据时代——生活、工作和思维的大变革》，盛杨燕、周涛译，浙江人民出版社 2013 年版，第 4 页。
③ ［美］凯文·凯利：《科技想要什么》，熊祥译，中信出版社 2011 年版，第 23 页。

1. 数据是视听媒体创新的核心资源。正如工业时代的核心资源为能源一样，信息社会的核心资源是数据，除了人这个根本之外，"谁掌握数据以及数据分析的方法，谁将是大数据时代的赢者"①。比如中央电视台春节联欢晚会中曾经进行的全国观众一起参与的微信"摇红包"，其实就是对新的技术的一种尝试，通过这种技术来吸引观众。事实上，这种"微信摇电视"现在已经在各大电视台普遍使用了，而当时作为一种新技术，让相关使用者掌握到了庞大数量的用户资料，由此形成巨大的商机。春晚之后，如雨后春笋一般，东方卫视的《中国梦之声》、北京卫视的《我是演说家》等视听节目也植入微信摇一摇。而微信摇一摇功能的介入，有机地实现了传统电视与受众之间的互动，拉近了电视节目与观众的距离，并为传统电视积累了大量的数据资料。

大数据分析相关性之后的"为什么"的逻辑思维"会给我们提供非常新颖且有价值的观点、信息和知识"②。就视听媒体而言，新的媒介技术不断淘汰着原有技术。像手机电视的出现，对传统电视来说是一个挑战。哪怕没有电视，没有电脑，只要手机就在身边，网络还存在于四周，人们就可以用手机实现观看视频。更何况手机电视更容易掌握用户的数据，并有效跟受众互动。在利用大数据上，手机电视、IPTV、网络视频等视听媒体领先一步。大数据背景下，视听媒体会获得更多的智慧和才能，会具有更多的创新思维。

2. 视听媒体对数据的占有和使用能创造新的媒介产品。手机百度早在2015年利用大数据技术推出了一项"神灯搜索"的功能，这是一项令人抓狂的数据整合分析功能，需要通过搭配"百度神灯"智能扩展配件使用。简单来讲，这一功能可以将搜索的物件通过利用数字激光技术以全息投影的形式在空中呈现出立体化的影像效果，并且还能通过手指触摸或智能语音助手对该全息影像进行放大、缩小等操作。百度神灯搜索还有一个亮点是"懂你"。当人们想订电影票时，通过"百度神灯"唤醒"神灯搜索"，语音搜索"最

---

① [英]维克托·迈尔·舍恩伯格、肯尼思·库克耶:《大数据时代——生活、工作和思维的大变革》，盛杨燕、周涛译，浙江人民出版社2013年版，第4页。
② 张义祯:《大数据带来的四种思维》，《学习时报》2015年1月26日第4版。

近什么电影好看啊",手机百度就会立即投出热映的比如电影《帕丁顿熊》的全息影像,并可以播放预告片,基于用户数据进行影院、场次、座位的智能推荐,快捷地完成在线选座。当然,这些技术还在完善之中,未来,随着足够多的数据整合,一切的物件将会在屏幕上乃至空中立体化影像呈现。

"科技想要的,就是人类想要的——我们同样渴望创造丰富多彩的价值。一项技术找到自己在世界上的理想角色后,会积极地为其他技术增加自主性、选择和机会。"① 看过百度"神灯搜索"宣传片之后,对这样一个全新的技术直观的理解应该有如下几个方面:一、搜索一款需要购买的手机,这款手机会以光效的形式出现在空中,可以看到手机的立体影像;二、搜索一家准备要去吃的饭店,这家饭店的立体影像会以光效的形式出现,前后左右的道路也会呈现出来,便于观察这家饭店的装饰、风格以及寻找更便捷的路线;三、搜索某个多年未见面的同学,只要有数据存入,这个同学的立体影像也会显现出来,可以看到他最近的样子,甚至他过去存在于各种影像资料中的内容。这只是一个直观的感受,事实上,百度"神灯搜索"的功能会更加强大。"媒体在应用大数据的过程中,至少应该包括数据的占有和打通、精细化分析、构建应用产品和数据交互四个环节,如此才能够优化内容、指导业务优化、开拓广告营销。"② 百度在实现了图片识别技术,实现了更多数据的链接之后,会以强大到震惊甚至可怕的搜索功能,给世人展现一个视听媒体真正到来的景象。也就是说,大数据的运用使新的视听媒体产品将以更智能、更立体的方式呈现给观众。

3. 智能化、艺术化是大数据创新运用和发展的方向。视听媒体的发展,会让人的大脑连接更多的视听内容,或者计算机模拟人的大脑来连接可能连接到的视听内容,并进行分析和整理,然后传输给大脑。这种人工智能的开发,虽然是一个很高深的科学,但跟媒介的发达不无关系。其实,有些机器设备模拟人类大脑的神经元,参数规模达到百亿级别,目前已具备2—3岁儿童智力水平。如果这项技术发展下去,人类的大脑可能被技术生产出来的机

---

① [美]凯文·凯利:《科技想要什么》,熊祥译,中信出版社2011年版,第354页。
② 黄升民、吴殿义:《大数据在媒体运营中的应用及思考》,《山西大学学报》2015年第2期。

器大脑所替代。谷歌人工智能技术下围棋赢了曾经的世界冠军,就是人工智能大数据运用和进行相关价值判断的见证。"大数据将有效推进机器思维方式由自然思维转向智能思维,这才是大数据思维转变的关键所在、核心内容。"①凯文·凯利在详细叙述技术的发展及未来图景后写道:"科技正在将所有生物的思维缝合在一起。"②正如麦克卢汉所述,人类有眼睛、有耳朵,所以可以看到东西、听到东西,视听媒体就是人类眼睛、耳朵的延伸,不仅能听可看,还将能触可闻。一旦技术发展到机器可以联通一切的视听内容,并进行整理和思考,人类的存在与否,与这个地球不会有太大的关系,这些自动整理的视听数据、资料会相互交流,然后产生一种急速元素生命体。这些生命体可以连接看到这个星球上任何一个角落。到时候,所谓的传播,就是万物的连接。

微信圈曾流行的一篇文章,标题是《谷歌工程师预言:15 年后大脑将直通网络》。该工程师库日韦尔指出,未来人类大脑可以通过用 DNA 链制造的微型纳米机器人与云计算服务器相连,从而增强智力③。2045 年,人工智能将超越人类智能。很多人会觉得这种预言天方夜谭。但科技的发展史让我们能清晰地感觉,这种预言有很大可能会成为现实。人类大脑连接了网络,人类随时通过眼睛就可以看到全世界各地发生的事情,真正的"千里眼"为时不远。据说,库日韦尔曾在 20 世纪 90 年代对 2009 年做出 147 项预言,2010 年回头看这些预言,发现 86% 的成为现实。这些预言包括便携式电脑得到普及、电脑显示屏嵌在眼镜中。

保罗·莱文森认为,技术演化的第一个阶段,技术作为媒介,或者说技术可以生成媒介;第二个阶段,就是技术作为现实的镜子,客观逼真地反映现实;第三个阶段,技术可以演化为艺术的"接生婆"。大数据基础上的创新思维,会促使媒介技术不断革新,会越来越趋于艺术化。在大数据的支撑下,随着视听媒体的创新求变,未来会有更多的视听媒体诞生,人

---

① 张义祯:《大数据带来的四种思维》,《学习时报》2015 年 1 月 26 日第 4 版。
② [美] 凯文·凯利:《科技想要什么》,熊祥译,中信出版社 2011 年版,第 43 页。
③ 吴志伟:《谷歌工程师预言:15 年后大脑将直通网络》,2015 年 6 月 6 日,新华网(http://news.xinhuanet.com/world/2015-06/06/c_127883843.htm)。

们对媒介的选择会有更多可能和多元化。当然,"如果一种媒介符合前技术传播的某一方面或某一模式,那么这种媒介一定会存活下来,无论接踵而至的媒介是什么"。①

二 用户思维:为不同客户端提供个性化的内容

"战略"是一个中性词,虽然虎视眈眈,可不见得能够瞬间成功。弗雷德蒙德·马利克作为欧洲著名管理大师下了这样的定义:"战略,是当我们不知道未来会怎样又必须采取行动的时候,所采取的正确行动。"② 视听媒体之间的相互竞争会创造出一个庞大的视听市场,这需要视听媒体有一个战略性的思维,也就是用户思维。

1. 大数据时代会更重视对用户的体验需求。"以用户为中心,就是注重用户的体验需求,基于云计算、移动智能化、微型社交化以及大数据全息化等,实现个体、家庭、个人及社区等新的信息聚合平台的创新构建,而不是孤立的某一终端建设。"③ 正如微信解决人与人交往的问题,百度解决搜索的问题,优酷土豆、腾讯等解决视频分享的问题一样,集成播控平台的能量无比巨大。可目前来看,搭建开放平台的视听媒体并不多,而更多的是各自为战进入用户的数据分析以便想方设法粘贴用户。目前众多的视听媒体,比如视频网站、门户网站、短视频平台、微信视频公众号、手机电视、IPTV 等,都在开发潜在用户,利用已有用户数据,重新进行资源整合,追求受众市场的最大化。而获取用户的忠诚度,最好的方式就是提供用户满意的视听内容,或者说,根据每个用户提出的需求量身打造个性化收视内容。个性化、特色化的服务显得尤为重要。

美剧《纸牌屋》利用大数据对受众行为进行了理性分析,最后"算"出这部剧中受众的偏好,然后以满足受众需要为前提,进行了导演、演员的聘

---

① [美]保罗·莱文森:《莱文森精粹》,何道宽编译,中国人民大学出版社 2007 年版,第34页。
② [奥]弗雷德蒙德·马利克:《战略:应对复杂新世界的导航仪》,周欣、刘欢等译,转引自高红波《大数据时代电视平台的战略转型》,《南方广播电视学刊》2013 年第3期。
③ 高宪春、解葳:《媒体融合背景下视听媒体创新途径再分析》,《电视研究》2014 年第1期。

请,情节的改编等,最后赢得了广泛的市场。不仅如此,为了让故事性、思想性、结构性完美糅合,以及制作一些互动的游戏化的视听节目,以便使观众与节目主创人员在同一收视空间实时互动起来、游戏起来,现在许多视听媒体利用收集的数据进行精细化服务。如中央电视台的"征集"节目《爱电影》,就是直接向观众征集节目并通过展示获得投票率,最后播出观众们一致认为"最爱的"电影内容。凤凰卫视也开创了向社会和公众公布每个新闻话题的调查结果,并欢迎受众积极讨论和反馈意见。这样,不论是比较严肃的新闻类节目,还是比较娱乐性的文化艺术节目,都会因为活跃受众的参与互动而呈现出强劲的生命活力。

2. 大数据会对视听媒体内容生产给予更多的视角和分析。大数据对某一事件的整理分析,会在视角、方法、时间、长度上各不一样,最终对同一个新闻事件形成不同特色的报道。在美国道琼斯公司,一个新闻事件发生后,通常是由道琼斯通讯社首先播发,接下来由《华尔街日报》的新闻网站跟进采访,随后在道琼斯和 GE 合资的 CNBC 电视台发布评论,随即广播紧跟其后也开始观点评论,在几家不同形态的媒体报道之后,《华尔街日报》第二天出版时做出详细的报道。特别是深度报道过程中,对数据的分析会让受众有更多的信任和认同感[1]。而视听媒体只有以数据整合分析为手段,以用户为核心,制作经营中强化用户思维,采用海量信息数据打造高附加值的视听产品,由用户来判断信息价值量的高低,自然会建立很大的用户群组。就像阿里巴巴于 2013 年推广的移动支付,用补贴的方式让人们在打车、购物中体验新的网络支付方式,进一步促销自己的移动支付软件"支付宝钱包",继而很快占有了国内移动支付行业的大多数份额。像贝塔斯曼公司建设不同的兴趣社区来发展用户。只有受众认可了,粘住了,才有可能有更多的数据和更大程度的发展。"只有主动了解新媒体用户,提供特色化的服务来强化用户的忠实度,才能把握住用户"[2]。

---

[1] 参见陈国权《勉为其难的全媒体平台》,《中国报业》2012 年第 10 期。
[2] 刘玲:《世界五大传媒集团新媒体战略比较分析》,《出版科学》2011 年第 5 期。

三 合作思维：建立视听媒体之间的互惠共赢

大数据时代，合作与竞争相辅相成。由于技术变革和互联网带来的生活方式、经济模式等的变化，分享、协作、共建等成为互联网发展的基因，而视听媒体的发展过程中，大规模的协作是必不可少的，从生产环节到组织环节、传播环节，每个环节都需要每个用户共同努力才能完成，每一个传者和接收者都要参与其中。这种变革对每家视听媒体来说，既是一种机会，也是一种鞭策和希望。某种意义上讲，合作思维是一种全局思维、未来思维。

2005年7月7日上午8：50，英国伦敦地铁爆炸，全世界为之震惊，而4颗炸弹到底是怎么爆炸的？连环爆炸案提前是怎样设定的？何人所设定？目前伤亡如何？救援力量多强？带着这一系列的问题，各路媒体记者蜂拥而入，力求做出更详细的现场报道。但事后分析发现，最先报道伦敦地铁和车站连环爆炸案的，不是大众认可的传统知名媒体，而是新生的维基百科全书。这给讲究时效性的传统媒体一记重棒。问题是，维基百科不是传统意义上的媒体，而是所有人都可以参与、进行编辑的免费在线百科全书。分析发现，就本次爆炸案，来自英国莱斯特的一名维基爱好者带头这样写：2005年7月7号，在伦敦市中心的基础地铁车站发生了爆炸事故，主要是在埃德门、爱德华路、国王十字街、圣潘克拉斯、老街和拉塞尔广场地铁车站。当时伦敦正处于客运高峰。这段话编辑出来没过几分钟，另外的维基爱好者也纷纷介入，补充事件发生时的现场内容，并且根据自己的判断纠正前面编写人员的错误。很快，参与这一事件编辑的维基爱好者超过千人，到爆炸案当晚，当很多观众通过电视滚动播出当时的新闻状况时，维基百科中已经有2500多人自发创作了一个更容易理解的14页的相关报道，信息之丰富，内容之完整，比任何传统电视媒体提供的信息要强大得多。由此，"他们证明了维基百科全书的力量，同时表明成千上万个分散的志愿者可以创造出快速的、富有流动性和创新性的工作，而这种工作的表现要超过那些最大的且资金雄厚的企业"[①]。

维基百科开辟了一个利用大规模协作生产产品和提供服务的新方式。目

---

① 仝建明：《基于维基经济学的SAP创新研究》，天津大学，硕士学位论文，2012年。

前百度百科也像维基百科一样,在编纂开放式大百科全书。维基百科是一个全球性多语言的百科全书写作计划,是由全球各国维基爱好者编写的,大众参与,相互纠正,协同创新,口号为"维基百科,自由的百科全书"。在维基百科,所有人写的文章都将遵循 copyleft 协议,当然也可以自由地分发和复制他人所写的内容,以便使全民共享所建立的信息资源。维基百科的用户在分享与维护中越来越多,截至 2014 年 7 月 2 日,条目数第一的英文维基百科已有 454 万个条目。全球所有 282 种语言的独立运作版本共突破 2100 万个条目,总登记用户也超越 3200 万人,而总编辑次数更是超越 12 亿次。中文的大部分页面都可以由任何人使用浏览器进行阅览和修改。英文维基百科的普及和共享,也促成了其他计划①。

以互联网为基础的开放与协作,已经是视听媒体发展的大势所趋。未来视听媒体的发展不是靠一两个或一个团队的力量,而是尽量提供一个开放的互联网平台,制定相关的规则与参与方式,让更多有兴趣爱好的人参与进来,"平台上有各种规则、服务和平衡的力量,并且向所有的内容提供者、服务提供者开放,无论是大机构还是个人,核心价值都能够在上面尽情地发挥"②。目前各大视听媒体的平台大多具备开放功能,用户能参与进来爆料、制作和视频发布。优酷土豆、爱奇艺、哔哩哔哩等视频网站,更注重用户制作生成内容。不管是各视听媒体的 APP 还是微信公众号、订阅号,都有用户互动功能。总之,强大的视听媒体应该是一个开放的、众人合作生产的媒体平台。

现在各大公司也是秉承开放理念,在全球寻找协作者,以期取得共赢。"依据自由功能主义的理论,媒体的作用是有助于集体性的自我实现、协调、民主管理、社会整合和对社会的改造。"③ 其实,在人人都是记者的时代,这样的协作共创的平台更有意义,一个重大的新闻事件,由路人、附

---

① 参见 2014 年 10 月 8 日,百度百科,维基百科(http://baike.baidu.com/link?url=OkznR-fLg2FY9veLuN8D1En0KbUNSZppaBi6xE4Bkbo9llj9Re5CqWWGiFId4S_FBoYnrjhheqGnQhhhTDNwcfK)。

② 喻国明:《现在所有媒介融合基本逻辑是错误的》,2015 年 6 月,中国传媒人才网(http://www.cmjob.org/news/news-show.php?id=1354)。

③ [英]詹姆斯·卡伦:《媒体与权力》,史安斌、董关鹏译,清华大学出版社 2006 年版,第 175 页。

近人群、专业记者、专家学者等共同完成，比由专业记者完成报道显得更有意义，更全面和细致。而且在条缕分析的过程中，事实会不断浮出，越来越接近真相。

四 开放思维：搭建平台吸引更多强势媒体和海量自媒体

1. 开放平台上繁盛的自媒体会带来巨大的数据流。交互性、自主性、随意性是自媒体时代的特征，当下人人都是麦克风，人人都是记者，人人都是信息传播者。从过去动车事件到庆安枪击事件，从网红凤姐到郭美美，自媒体的力量不可小觑，可以将一个事件迅速发酵，也可以让一个人蹿红。

合作思维重在联合协作，重在共同完成，而开放思维重在搭建开放性平台，以吸引、导入各种媒体或自媒体入驻，以期做大做强。如2004年南亚海啸的新闻报道中，当许多媒体还采用自拍自编的方式播出时，路透社已经开始使用大量民众自拍的短片，其真实性与感染性、震撼力等均是其他媒体报道不可比拟的。报道显示，当年伦敦地铁爆炸发生后，这些恐怖袭击造成的现场恐怖画面纷纷被世界各媒体登载后转发传播。但后来发现，当时现场拍摄的许多照片，并不是由专业的记者所拍摄，而是当时不少现场目击者在遭受爆炸袭击后，利用手机抓拍出来的瞬间写照。英国广播公司后来报道说，伦敦地铁爆炸袭击的当天，广播公司从许多市民处获得了30多份视频录像片段。实际上，当下许多国内民生新闻节目中，也大量使用了普通观众偶遇现场或正在现场时拍摄的视频。这些第一时间第一现场抓拍到的视频内容，时效强、现场感强，尽管拍摄画面和声音录制会存在这样那样的不足，但明显受到电视媒体的欢迎和观众的认可。

当下的媒介生态中，很难有人明确表示真正的新闻在哪儿，或者说哪条新闻会成为大众议题，只能让所有人参与到讨论与挖掘之中。在这样一个自媒体时代里，原有的传统媒体的"议程设置"已不那么灵光，尽管传统媒体还会有巨大的"议程设置"的能量。搭建开放性平台，让自媒体繁盛这一平台，是开放思维的体现，也是平台出成果的重要方式。另外，互联网世界里流通极快、数量巨大的信息，都可能成为各媒体不断推陈出新的信息数据来源。"混乱性与大数据相伴生，接受混乱性是挖掘数据中隐含的潜在价值、对事物的演化发展做出精确预测的基本途径。"① 目前,像一些电视台、视频网站以观众自拍新闻作为一种节目类型制作播出,如《家庭幽默录像》之类,这种节目大多是家庭成员自己拍摄完成的,不但收视率高,而且在受众互动方面也非常有特色。有学者就明确指出这种播出方式"在这样一个受众能动性普遍提升的时代获得主动性,提升影响力"②。

2. 大量自媒体需要一个平台来进行运营服务和管理。毋庸置疑,自媒体的繁盛是媒介技术发展的结晶,也是社会文明提升的表现。自媒体虽然由个人或几个人运营,但实际上在繁荣一个庞大的媒体平台。这样一个情势下,庞大的视听媒体机构应该和单打独斗的自媒体携手合作,视听媒体提供更开放、更包容的平台,将平台上的数据分享出来,而不同特色的自媒体可以发挥丰富多彩的智力,将这些数据充分利用起来产生效益。比如现在的腾讯微信公众平台,自己几乎不生产内容,就是一个集成播控平台,提供平台让用户来生产内容,提供平台导流等许多综合应用服务,由此做大规模。今日头条、旗下的抖音等短视频、百度贴吧等,都是用户来完成内容并集成后展现给大家。未来平台会增多,如何提供服务让用户主动去生产内容,就需要平台在大数据分析的基础上完善用户体验,展现用户价值,给用户以利益,并通过自媒体相关数据和渠道向不同用户发送视听信息。

自媒体时代,内容+平台+渠道+终端才是最好的搭配。互联网搭建了各种传播平台,用户参与其中编织各种社会化关系网络,而传播不再是一传多,而是多传多,根据兴趣爱好学历收入进行不同层次的传播,在传播过程中又打破相关的界限,在不同的界点上发生新的裂变。央视也好,湖南卫视也罢,随着媒介格局的变化,只能成为其中的编织信息网络的一个节点、重要的节点,而不是一家独大或几家独大。这时候,开放思维可以让更多的媒体联合起来,在一个平台上共谋发展,共享数据,满足用户不同的视听需求。不仅如此,大数据时代对自媒体及媒体从业者也提出了更高要求,"它需要新的思维方式与多种能力的支撑。其中,处理数据和设计、制作、发布信息图

---

① 宋海龙:《数据时代思维方式变革的哲学意蕴》,《理论导刊》2014年第5期。
② 邢虹文:《电视、受众与认同》,上海交通大学出版社2013年版,第23页。

表的能力"①，更需要"新闻素养、技术素养与艺术素养的结合"②。

开放的平台竞争是更加激烈的高智慧的竞争。随着大数据时代的到来，视听媒体也好，自媒体也罢，都需要有利用大数据的基本素养，比如要有大数据思维，对数据来源进行交叉验证，并且利用公开的数据确定你的报道方向、主题内容等；有了数据，就要有处理、分析数据的能力，确定数据处理后结论的正确性；有了数据处理的结论后，如何将这一结论运用到实践之中，等等。不仅如此，虽然学会了数据的采集、分析、整理、挖掘等步骤，但不同的视听媒体会有不同特色的报道，每位记者所建立的一套数据分析系统应该是极具特色化和个人风格的，这样才能在信息海洋中独树一帜，成为受众追逐的对象。

3. 强势媒体的数据资源共享更能满足用户需求。尽管大数据的应用还在不断探索之中，但携手合作、利用大数据来共同促推产业发展，已经是传媒业的共识。在这样一个过程中，庞大的媒体数据资源合作共享，必然会带来更多的视听产品与综合服务。阿里巴巴集团 CEO 张勇 2015 年 7 月 15 日表示在分析十多年来淘宝、天猫上的用户数据的基础上，阿里巴巴有信心给用户提供他们所需要的教育、游戏、娱乐等个性化服务，不过这些服务还要联合更多的数据才能实现："首先依靠的两个合作伙伴——湖南电广传媒和 DMG 印纪传媒。具体来说，电广传媒提供湖南省和其他省市近 2600 万的电视用户，阿里巴巴带来庞大的'影视＋电商＋音乐＋游戏＋教育'内容体系和大数据资源。最后由 DMG 负责将准确的数据分析行为转化为用户追求的内容和互动模式，通过精准投放来完成用户转化率。此次合作也被形容为是'内容＋平台＋渠道＋终端'的强强联合。"③

这是一种强大的不同媒体之间的合作。随着大数据越来越多的运用，让人们看到未来视听媒体更广阔的可能性。"单一维度的数据只能反映事物的一个局部表象，当更多维度的数据被收集起来后，它们之间便产生了对比、映

---

① 文卫华、李冰：《大数据时代的数据新闻报道——以英国〈卫报〉为例》，《现代传播》2013 年第 5 期。
② 彭兰：《"信息是美的"：大数据时代信息图表的价值及运用》，《新闻记者》2013 年第 6 期。
③ 同上。

照的多种可能"①，大数据的分析整理不仅仅是在回答"发生了什么事"，而且也在分析到底"为什么会发生这种事"，发生这种事的概率有多大，"而且一些关联数据库还可以预言'将来发生什么事'，最终发展为非常活跃的数据仓库，判断'你（用户）想要什么事发生"②。同时大数据运用到视听媒体中，使信息内容根据预测性和研判性，更为"可视化"，通过数据浓缩要点、图解过程、说明关系、阐释观点等。未来没有大数据，基本免谈大媒体，更不可能做大做强平台。在海量信息的时代，大数据带来的不应该是冰冷的数字世界，用户的需求更要得到充分满足。

另外，大数据会让更多受众获得新的知识、观点和思考。那么如何利用大数据打好发展基础，就要考虑建立一套数据可信度的审查机制和运用标准。这种机制，一方面审核数据来源的可信度，另一方面辨别数据分析的可信度。数据信源不可靠，视听媒体根据数据得来的结论性指导会是错误的，发展就无从谈起。由于自媒体时代各种信息无法审验与核实，"垃圾进、垃圾出"的数据运用现状并没有完全杜绝，也不可能完全杜绝。对新的视听媒体的发展而言，大数据运用也就成了双刃剑。用好则发展壮大，用错就一败涂地。

---

① 杨昆：《阿里终于出大招了 家庭互联网离我们还远吗》，2015 年 7 月 15 日，前瞻网（http：//www.qianzhan.com/analyst/detail/220/150714-1b833ed9.html）。

② 胡络绎：《大数据，让营销更准确》，《软件工程师》2013 年第 1 期。

第五章 合纵与连横：传媒资本运作历程与发展趋向

第一节 视听媒体的商品属性和价值特征

与一般企业的产品相比，视听媒体是一种特殊的商品，到底能否彻底作为商品参与到市场竞争中，还存在一定程度的争议。美国政治学家、传播学家拉斯韦尔将传播在社会结构中所起到的基本功能分为三方面：监视社会环境、协调社会关系、传承社会遗产。这是基于政治的角度考量的。他在《传播在社会中的结构与功能》一文中，除了政治角度之外，还从经济角度来分析发现，传播具有提供信息资源以及买和卖的信息的机会、根据信息制定经济政策、开创经济行为等功能；另外，从一般社会功能来看，传播具有社会规范、协调公众、娱乐消遣等功能。从文化角度来看，传播有文化传承和社会认同等功能。所以，从不同角度来看传播的功能，发现传播的信息具有公共性的一面。而这些公共信息产品，如果纯粹从商业的角度来理解和应用，会给社会带来许多问题，甚至造成社会的动荡。

美国首位获诺贝尔经济学奖的经济学家萨缪尔森在论文《公共支出的纯粹理论》中就对公共产品有过定义：公共产品是指"每一个人对这种产品的消费，都不会导致他人对该产品消费的减少"[①]。根据这个定义，公共产品有

---

① 刘辉：《一场失灵理论及其发展》，《当代经济研究》1999年第8期。

两个本质特征：非排他性和非竞争性。也就是说，一是不可能阻止不付费的人对该公共产品的消费，不付任何费用的人同支付费用的人一样享受公共产品带来的好处；二是每个人对该公共产品的消费不会影响到其他人对该公共产品的消费。在此基础上，后来的经济学家们又分为：纯公共产品；准公共产品。纯公共产品兼有这两大特征，如国防、环保、教育、法律制度等；而准公共物品只具有其中一方面的特征，如学校、公园、公路等，有些人使用，别人就使用不上，有排他性。而私人产品是个人或机构所独占、独享的产品，其他人如果要使用必须征得所有人同意，并要支付一定的费用。所以媒体产品是个极其复杂的混合体。它既有公共产品属性，又有私人产品属性。如果一味让它作为经济产品，将会成为一些资本的俘虏，影响社会公平的进程。而作为准公共产品，它给社会所有人提供一视同仁的信息，让大家在各种信息面前机会平等，从信息中挖掘不同的内涵。比如同样可以了解国际形势、党和国家的路线方针政策、最新出台的法律法规政策等，同时天气预报、疾病信息、管理信息等，这些内容跟每个人息息相关，如果掌握不清楚，会引发社会的各种不公平，也侵犯着公民的知情权。公共产品就是非排他性和非竞争性，可以不顾及市场因素。另外，随着时代进程的发展，每个人只有了解各种信息，才可能更好地参与到这个社会中，行使自己的权利，完成自己的义务，并就各种问题形成和表达自己独特的观点。

当然，在市场化程度如此高的社会，媒介和信息很多时候是以商品的形式出现和存在的。除了广告商将受众注意力卖出去之外，"信息不仅就其本身而言是一种重要商品，而且已成为生产过程中的一个重要部分，它同样受制于文化和工业生产中用以创造一致性的市场标准"[①]。不过要清楚地认识到，媒体所生产的信息产品毕竟是非常特殊的商品和公共品，是商业属性和意识形态属性的二元合一，而且细细分析，很大程度上是一种公共产品，为此不能完全将其商业化。传统媒体主要提供信息内容和广告资源，而今天的媒体功能又在无限延展。细分来看，媒体内容产品只要载体存在，就可以重复消

---

① ［美］丹·席勒：《信息与危机经济》，选自张国良主编《20世纪传播学经典文本》，复旦大学出版社2011年版，第43页。

费，满足无数次消费，而且消费中不存在排他性与竞争性。就内容产品而言，传媒应属于准公共产品。但相对于内容产品之外，广告产品具有竞争性和排他性。广告版面资源有效，优秀节目前后广告时长有限，广告价格高低不一等，从这些角度看，广告属于私人产品，你有了我不能有，我的你不能分享，有些广告会占了先机等。所以媒体经济是一种混合经济，既有商业属性又有公共产品属性，需要分开来看，"媒介所传播的信息中，有一大部分是公共信息，如时事新闻、经济动态、科技信息、健康信息、天气预报、政策法规等，这些信息具有很强的外部性，理应向公众免费提供"[1]。

在西方发达国家，传媒业在国民经济中占有重要地位，时代华纳、新闻集团、迪尼斯等进入全球企业500强。在我国，传统电视媒体属于"事业单位"，党和国家的"喉舌"，媒体资产国有，许多职工吃财政饭，由财政拨款，从性质而言，是将传媒信息定位为公共产品，但同时又进行"企业化管理"的运作模式，注重信息的商品属性。1979年元旦，中国电视第一条广告由上海电视台播发，自此开始了传媒机构宣传与经营并重、双轨制发展的先声[2]。2000年之后，随着各省电视台纷纷成立广播电视电影传媒集团，传媒的商业化属性得到了进一步的发展。近些年随着国家文化体制改革的推进和对文化产业发展的重视，不少传媒企业如上海新华传媒等2006年起纷纷借壳上市，视频网站、手机电视、IPTV等借力资本力量进行技术研发与新视听媒体运营，百视通2011年成为上市新媒体第一家。同时，民营资本不断介入新的视听媒体产业，新闻集团、路透社、道琼斯等国际资本也以不同形式介入我国传媒市场[3]。随着当下视听媒体发展格局的变化以及媒介的增多，媒体的私人属性、商品属性会不断放大，像定制类的媒介信息产品具有排他性和竞争性，商品属性更浓，更会受到资本市场关注。当然，国有媒体依然会以公共产品身份出现。"在物质形态上，广播及无线电视是公共物品，有线电视、数字电视及网络媒体是准公共物品，报纸及杂志是私人物品，媒介产品承载的内容

---

[1] 喻国明、丁汉青等：《传媒经济学教程》，中国人民大学出版社2009年版，第18页。
[2] 参见夏文蓉《中外广告发展史》，南京大学出版社2009年版，第23页。
[3] 参见王妍、莫林虎《默多克新闻集团资本运营对中国传媒业的启示》，《金融经济》2010年第6期。

是公共物品,媒介产品集聚的'注意力资源'是私人物品"①。

事实上,当确定了媒介的商品属性之后,如何培育它的市场,让市场更规模化,经营产品更丰富,以及产业更发达,"蓝海"效应越来越大等,是摆在传媒机构面前最重要的议题。传统电视、视频网站、手机电视、IPTV等目前盈利模式主要有广告收益、版权售卖、延伸产业收入等,这种盈利模式能基本维持运营,而不足以成为庞大的视听媒体集团。如果影响力更大,借助资本市场的力量会事半功倍。目前看来,国内视听媒体市场资本力量十分活跃。"传媒作为一项产业的市场价值在于,它能够多大程度上影响它的受众,并且这种对于受众的影响力能够在多大程度上进一步地影响社会进程、影响社会决策、影响市场消费和影响人们的社会行为。"②像"断崖式"跌落的传统视听媒体在发展中除了拓展新型产业、走联合发展道路之外,或许还有一条路可走,就是被实力企业并购。国内外通过兼并、控股曲线收购等方式实现做大做强、跨地域跨媒体发展的案例很多,"美国的大部分媒介产业都是以盈利为目的的。像所有产业一样,它们受到注入收益性、成本限制和变化中的所有权模式等因素的影响"③。

越来越多的新视听媒体或者自媒体的出现,是作为一种新型商业主体的,而非为了公共效益而存在,当然媒体在传播过程中无疑具有公共效能,而且社会效益必须放在第一位,但不少新视听媒体的商业属性是先发的,公共属性只是商品竞争过程中的一种价值延伸。"如果大众传播媒介能把艺术、政治、宗教、哲学同商业和谐地、天衣无缝地混合在一起的话,它们就将使这些文化领域具备一个共同特征——商品形式。"④其实从博客出现,到微博兴起、微信朋友圈让人流连忘返,新的媒介技术给众多商家带来了巨大的商业利润。技术形态不经意中加强了人们对意识形态的关注,也同样掀起了商业狂潮,像视频网站在信息生产、运营、传播过程中,运营者将传媒的商品属

---

① 向志强、曾振华:《媒介产品属性与媒介产业经营策略》,《湖南大学学报》(社会科学版)2007年第3期。
② 喻国明、丁汉青等:《传媒经济学教程》,中国人民大学出版社2009年版,第46页。
③ [美]大卫·克罗图、威廉·霍伊尼斯:《媒介·社会——产业、形象与受众》,邱凌译,北京大学出版社2009年版,第39页。
④ [美]赫伯特·马尔库塞:《单向度的人》,刘继译,上海世纪出版集团2008年版,第47页。

性不断放大，会让自己的视听产品在生产传播过程中形成一条有效的产业链，以此来赢得更大的发展机会。目前看来，视听内容所形成的商业价值非常巨大，主要体现在以下几个方面。

一　基于媒体扩张的价值，延伸产业链

现代企业发展追求的是规模经济，是通过资源相对集中来打通上下游企业，建立产业链来降低投入成本，从而实现更大的经济效益。目前全国各地建立工业园区并将相同产业放在一起建立特色园区就是这个道理。扩大企业规模一方面来自企业内部的不断投资扩大再生产，另一方面就是通过外部力量进行各种资本运作。企业自身不断增资是有限的，而外部的资本运营会带来大量的资金和技术力量等，有着广阔的天地。

不断扩张、做大规模是企业追逐效益的本性，也是防御风险的本能使然。就国外传媒企业发展而言，通过并购来转移公司所有权或控制权，从而快速建立新的运营方式来降低媒体企业发展成本与克服发展瓶颈问题，是一种常见的资本运作的方式，也是不少大企业实现扩张和发展的主要手段。新闻集团、路透社等庞大的媒体集团，几乎都是通过资本并购发展壮大的，大多经历了多次并购。每一次并购之后，企业之间就破除了一系列人为设定的障碍，更好地进行资源整合，延长了产业链，扩大了业务范围，建立了现代企业制度，商业价值大大增加。

为了建立产业链，上下游企业之间相互横向并购最为常见。视听媒体在内容生产环节、集成服务环节、技术输送环节、媒介终端环节、受众服务环节都可以产业化运作。而打通上下游企业显得至关重要。像美国康卡斯特公司是一家主要以有线电视、宽屏网络以及IP电话服务硬件为主要业务的服务供应商，与内容生产毫无瓜葛。2010年、2013年，该企业通过两次并购行动，花了460多亿美元的巨资，就成为NBC也就是美国国家广播环球公司的唯一股东，也使该公司从一个提供有限电视网络、数字宽带网络和IP电话的网络硬件平台的服务提供商，一下子变为拥有生产、制作影视产品，同时具有多个发行渠道产业链的完整的综合媒体集团公司，在影视体育娱乐和通信行业方面领先于美国同行。像麦当娜、迈克尔·杰克逊这样的歌星生产的音

乐产品就是媒体扩张的体现，是庞大媒体通过扩张达到全球范围内建立企业传播流行的佐证。

随着媒体的增多，像视频网站、手机电视、IPTV、楼宇电视等视听媒体的竞争力不断加大，有些制作内容优质、运营手段高超的视听媒体必然会越来越受大众欢迎，而有些视听媒体会慢慢被边缘化、被冷落，而发展势头良好的视听媒体定然会通过扩张，运用市场手段吞灭被受众抛弃的媒体。传统电视目前遭遇这样一种景况。在这样一个竞争过程中，视听媒体作为一种信息产品的生产机构，只有多方资本运营、建立上下游产业链、做大做强，形成一定的规模，才会有能力抵抗市场带来的巨大风险。像上海文广集团早在2014年战略定位为"新型互联网传媒集团"①。作为国内省级文化传媒行业产业布局最完整和市场价值最大的文化传媒产业集团，上海文广旗下有众多广播频率、电视频道、数字付费电视频道、报纸杂志及文艺院团、演艺场馆等，同时还拥有东方明珠广播电视台、上海国际会议中心等城市文化地标，通过资本运作将旗下频率频道报纸杂志等捆绑在一起，植入互联网基因，增强了抗风险能力，又具有强大的公共价值和市场价值。

当然，视听产业链的核心竞争力还是内容，也就是优质的节目。除此之外，视听信息产品、创意产品以及运营过程中、线下延伸产品等建立的媒体产业链，在一家综合传媒集团内部会形成较高的处理速度，能在业务上进行互补，同时降低节目制作成本，打响所在媒体的品牌，实现多元化的市场扩张。只有多方利益共同体相互联合，打造"平台+内容+终端+应用"产业链，才会形成一种巨大的优势，拓展出更广阔的市场空间。不过，从产业发展的角度来看，传媒行业有与其他产业类似的一些共性，比如需要分析成本与回报、产业政策扶持等，也有区别于其他产业的特殊性，比如产品具有一定的公共价值等，另外还有内在的规定性，应该受到相应的监管。

二 基于节目版权的价值，增加无形资产

由于传媒业具有意识形态和产业双重属性，知识型、技术型企业比较密

---

① 郭全中：《媒体融合转型中的资本运作——从SMG的"百视通"吸收合并"东方明珠"的案例谈起》，《新闻与写作》2015年第4期。

集，所以保护版权成为重中之重。知识产业是根据市场需要对知识资源进行开发、加工、利用和创造的过程，版权作为视听内容的所有权确认，是一种无形的资产，可以进行一系列附加值的转化，可以换成实物或者现金。在这样的过程中，视听媒体并购，就涉及知识产权的所有权问题。视听媒体播放的内容，必须拥有完整的版权，不然属于侵权范畴，会得到相关管理方严重的责罚。但是，通过并购，达到对视听节目的理念、产品、符号、情节、影像、配音、后期制作等内容的拥有，当拥有版权之后，自身的利益才能保证，也才能更好地去掌控这一方面的市场。

在国外，版权保护非常严格。美国是一个特别重视知识产权的国家，打击侵权的力度从未减轻。当视频网站刚起来的时候，美国不少视频网站上播放福克斯、迪士尼等公司的影片。2007年3月，美国国家广播环球公司（NBC Universal）和福克斯广播公司（FOX）共同投资，组建了后来声名鹊起的HULU视频网站。该视频网站最大的特点，就是播放正版内容，除了购买NBC与FOX旗下的影视作品之外，还与索尼公司、米高梅公司、华纳兄弟公司等影视制作机构建立战略合作关系，同时加强NBA等体育赛事的直播，通过购买主办方拥有版权的节目，或者引进拍摄的其他赛事节目，提高网站的点击量。由于节目是正版，受版权法律保障，加上网站里的视频内容非常丰富，HULU网站很快受到各地网友的欢迎，成为美国点击量最高的视频网站之一。其他侵权的视频网站很快在法律追究中销声匿迹。

就视听媒体而言，在国内，前几年视频网站快速发展过程中盗版泛滥，传播和受众主体版权意识皆淡薄，最终在相关部门严厉打击和监管之下有所好转。近两年国内视频网站开启了"烧钱"大战，创造自己拥有版权的自制网剧、综艺节目等。视频网站纷纷通过上市、收购、合并等方式进行筹资，然后拿到正版版权，比如2009年酷六网获得盛大网络公司注资，立即扛起"全正版"的大旗来挤垮无力购买版权的视频网站；而后乐视网、优酷网等上市，通过上市融资来获取资金，购买版权视听作品；同时爱奇艺背靠百度、搜狐视频背靠搜狐、腾讯视频背靠腾讯，在购买正版作品方面不遗余力。从2011年起，国内视频网站的版权问题逐步得到解决，基本实现了正版作品的播出。而随着版权价值的提升，各大视频网站的无形资产不但得到增值，还有利于在股市内进行融资。

要注意的是，媒体之间的业务关联度越高，越注重版权保护。好莱坞大公司影片授权给电视台、电视网时，会规定授权期间之内，电视台一共可以放几次。像一部影片下了院线之后，好莱坞大公司一般会给院线 3 个月的保护期，这样能使不愿再等 4 个月空窗期的观众还会在影片放映期间努力走进电影院。如果没有这 3 个月的保护期，许多观众可能就会选择等上几个星期，不用去影院，直接看 DVD 或从网上下载就可以观看了。这样看来，视听媒体之间的兼并或联合发展越多，版权价值也会越高①。

三 基于建立品牌的价值，打造全球企业

品牌的价值不可估量。现代企业必须有自己的品牌标识，才能在更宽广的地区赢得知名度，更容易得到受众认可。像全球知名的沃特迪士尼集团目前拥有六大品牌：迪士尼、娱乐与体育节目电视网、皮克斯、漫威、卢卡斯和 ABC。为了这六个品牌，迪士尼可谓下了苦功夫。在动画制作方面，当皮克斯公司发展迅猛并和迪士尼动画制作能够抗衡时，迪士尼想尽办法，2006 年斥资 74 亿美元并购了皮克斯公司。虽然隶属迪士尼公司，但皮克斯保持了自己的企业运营方式与制作风格，先后制作的《玩具总动员》《海底总动员》《超人总动员》《怪兽大学》等，不断获得多个奥斯卡奖项，并为迪士尼带来巨大的全球票房收入。

品牌有时不和受众规模形成正比，但无疑裹挟了强大的经济效益。其实很多纪录片电视频道、专业电视频道中，受众相对较少，但因为得到核心受众的喜爱，会逐渐成为行业的翘楚，形成了极大的品牌影响力。这样的专业付费频道，它的盈利模式相对单一，基本是靠"卖节目"。不过卖节目主要是为了扩大节目的品牌影响力，只有将该行业的受众囊括其中，通过付费来获得信息或者得到某种观点启示、生命体验，这种节目才实现了一般价值。接下来，很多广告主就会觉得，付费频道作为专业性很强的频道，存在着"数量虽少，但忠诚度很高"的观众，于是，在付费频道投放特定产品的广告，

---

① 参见陈焱《好莱坞模式：美国电影产业研究》，北京联合出版公司 2014 年版，第 235 页。

往往会收到很好的传播效果①。就传统纸质媒体来分析，英国的《经济学人》杂志发行量没多少，根本无法与《泰晤士报》等大众报纸相比，但该杂志主要受众为实力强劲的政商界大腕儿，是高收入群体，杂志就是行业内的翘楚，无法割舍的观点形成了杂志品牌的魅力，成为企业广告主盯准的高收入高消费群体的重要广告渠道。有时候，品牌的影响力远远超过收视率或发行量所带来的效益。在笔者了解的国内多个财经电视节目如《经济信息联播》《财富人生》等，这些财经节目的收视率比起民生新闻节目要相差甚多，但很多广告主愿意在这些财经节目前后投放广告，很大程度上，就是看重这些财经节目的品牌影响群体的消费力。

四 合作共赢的价值，实现跨地域、跨媒体发展

如前所述，有一则预言是有关谷歌和亚马逊在合并后成立了"谷歌逊"，由于谷歌强大的搜索功能和亚马逊的成功销售能力，"谷歌逊"非常成功，日益叠加强大，后来《纽约时报》竞争不过，与其打官司，居然在美国最高法院败诉。这样一来谷歌逊就一发不可收拾，到2014年强大到有一个专门的超级平台，让任何人、任何单位向上面发任何新闻和资讯，并能获得相应稿酬。从此《纽约时报》越来越处于劣势，终于在2014年偃旗息鼓，由原来的一份公开发行的报纸变成了一份几乎无人问津的内部刊物，只好专攻一些精英和老者去看，而年轻人几乎不看②。而这则预言目前看来，有巨大的启发性。

互联网的基因是开放平等、合作共享。经济学上有一个概念叫协同效应，指的是1+1远远大于2的企业或业务结合。这在很多企业合作中经常实现，媒体公司也不例外。像迪士尼收购漫威漫画公司，就是协同效应的放大。一个是动画制作，另一个是漫画制作，目标受众群体各不一样，但当两家公司合作之后，通过动画手段将漫画形象开发制作成电影、电视剧、游戏时，创造出了远远大于两家公司曾经所拥有的受众群体，创造出了像蜘蛛侠、美国

---

① 束开荣：《浅议媒体产品的公共属性、私人属性及其经营策略》，安徽大学，博士学位论文，2013年。
② 参见覃信刚《媒介融合、台网互动解析》，云南人民出版社2013年版，第100页。

队长、复仇者联盟等全世界受众喜爱的一系列屏幕英雄形象和玩具等品牌。

在国内，视听媒体之间共同投资的行动已经展开，传统电视与新视听媒体之间也频频合作，像原有的湖南卫视与青海卫视的合作、第一财经和宁夏卫视的合作，以及几家传统电视与视频网站的合作，协同效应明显放大。现在一些综合传媒集团旗下内部通过这样的资本融合来放大协同效应，如成都传媒集团旗下拥有不少频率、频道、报纸、出版社等，以前各自为政，随着这样的资本、技术、媒介渠道方面的合作，会让每一家参与方得利，而一旦出现损失，会有众多承担方共同来承受，这样一定程度上减轻了投资或合作风险，同时能凝心聚力打造出新的多媒体产品。

同时，当下提倡"广电+"行动，国内广电行业全国性或区域性的合作已经开始，央视、北京卫视等打造自己的客户端并极力吸引其他视听内容进入，跨区域、生态化、集团化运作已经是广电行业洗牌整合的发展趋势。但怎么做到以"媒体为基础，阵地为目标，用户为核心，走平台化、移动化、生态化，整合式和联合化发展之路，实现产业模式转型和整体升级"，是目前广电媒体仔细架构和有力推动的方向。可以说，整合发展大潮下，广电媒体和其他视听网站、新型媒体、其他行业联手发展，才能打造出受众所需、用户满意的视听产品，"通过集团化、强强联合、资本运营等手段加快发展已经逐渐成为国内传媒业发展的共识"[①]。

应该看到，视听媒体发展到今天，与其他如纸质、广播等媒体相比，互有短板，各有所长。移动化、社交化、互动化时代里的传统电视也好，视频网站也罢，以及传播各种视听信息的不同媒介，都各有优势、短板。借助资本市场进行整合组织传播是一条行之有效的发展路径。而这种整合，某种程度上就是资本力量介入后的媒体并购运营，组合成完整的产业链，由此形成庞大的综合传媒集团，为用户提供无处不在的智能化视听体验，进而影响当下的传媒生态。

---

① 何霄峰：《我国传媒产业资本运营分析》，山东大学出版社2005年版，第1页。

第二节　我国传媒资本运营发展历程及特点

传媒产业作为国民经济的重要组成部分，在公共利益优先的前提下，随着市场化程度的提高和媒介技术的发展，经济功能发挥得愈加重要。当传媒的视听内容被规模化生产、传播并带来一定经济效益时，媒体产业发展之争浮出水面并日趋激烈，媒体之间的兼并、联营行动接二连三，益发频繁。这种白热化的竞争中，生存下来的往往是财力雄厚、制作内容特色明显、资本运作能力强大的综合传媒公司，而且马太效应随之强化，大的媒体会不断通过各种手段或方式兼并效益不佳的媒体公司来提升自身影响力，扩大经营规模和范围，打通上下游产业，形成传媒产业链等。

就资本运营方式而言，除了风险投资（VC）、上市等外，还有企业之间经常出现的兼并、收购、重组等业态。媒体的资本运作就是"把媒体所拥有的可经营性资产，包括和新闻业相关的广告、发行、印刷、节目制作、出版、信息等产业，通过流动、兼并、重组、参股、控股、交易、转让、租赁等途径进行优化配置"[①]，以此来实现媒体资产的规模性增长。其中，并购含义广泛，既包括兼并、收购，也具有联合、接管等含义。"并购是媒体运营过程中经常采用的竞争策略，包括兼并、合并和收购……通过并购，媒体或媒体集团能促进资源和生产要素的合理配置，快速获得市场垄断优势"[②]。传媒业的发展，资本并购会让强者更强，弱者也获得相应制作成本与运作成本。在健全的传媒市场中，传媒产业发展在政府宏观引导下进行市场化运作，在价格杠杆的撬动下整合资源，促使有限的资源集中到优质的媒体机构中，使生产能力、组织运营能力、传播能力、市场开拓能力更强的媒体机构得到进一步的壮大发展，从而促使传媒生态更优化，受众得到更符合需求的有影响力的

---

① 朱虹：《我国媒体资本运作浅析》，《新闻大学》2002 年第 3 期。
② 唐建英：《我国视听新媒体市场的并购与联盟策略》，《中国广播电视学刊》2014 年第 2 期。

视听产品。

在我国,规模小、地域性强、竞争力不强依然是传媒企业普遍存在的问题。不过,近年来网络视频、手机电视、互联网电视等视听产业飞速发展,与传统电视产业等形成群雄争霸的态势,新视听媒体行业发展出现"井喷"。在这样一个发展态势下,我国各大视听媒体看准了产业发展的潜力,纷纷加大相关资金、技术及人员方面的投入力度,希望借助资本力量在激烈的视听媒体市场竞争中占得一席之地,同时希冀做到更大更强,成为拥有巨大数量的用户或独霸一方的综合传媒集团,"领军型企业所占市场份额不断扩大,并购力度进一步加大,战略联盟和网台联动活动频繁,跨行业合作更加广泛深入,行业整合进入新阶段"[1]。

一 清末民国时的报业兼并

就媒体并购而言,清末已经有报业并购的活动。对摇摇欲坠的清末王朝来说,报纸议论时政甚至传谣造谣令统治者头疼不已。对保守的统治者而言,国内的报馆可以一封了之,但租界的报纸不好对付。后来,开明一点的官员逐渐摸清了以资本方式来控制报馆的新手段。为此,清末大臣端方安排上海道台蔡乃煌以官方资本不断投资控股报馆,而蔡乃煌先后投资《舆论日报》,收购了日本人井手三郎经营的《沪报》并并入《舆论日报》,兼并了另一家商办报纸《时事报》,也并入《舆论日报》等,后来还硬性入股《中外日报》并最终控制该报,还意图入股《申报》等,最终因为端方的倒台,官方以资本控制舆论的行动即告终结[2]。但官营商报,是希望通过市场化运作来控制言论,比起明目张胆钳制言论看上去要好一些。

民国时期中国报业并购比较普遍,而且并购活动耐人寻味。当时作为上海最早的报纸《申报》与上海《新闻报》势均力敌。《申报》董事长史量才处心积虑要收买《新闻报》。刚好《新闻报》大股东美国人福开森打算放弃

---

[1] 唐建英:《我国视听新媒体市场的并购与联盟策略》,《中国广播电视学刊》2014年第2期。
[2] 参见汤传福、黄大明《纸上的火焰:1815—1915年的报界与国运》,广西师范大学出版社2013年版,第201—206页。

该报的股权，史量才趁机谈判，以七十万元购买了福开森的所有股权。虽然股权买来了，史量才成为《新闻报》的大股东了，但报社的经理、记者、编辑等不答应，担心人事变动，影响报纸自主发展和个人生活，便说史量才要成为报业托拉斯，不能这样做。于是，《新闻报》的股权运动闹得轰轰烈烈。无奈之下，史量才跑到《新闻报》宣布，"本人亦绝无吞并《新闻报》，想成为报业托拉斯的企图。此后，《新闻报》还是一张独立自主的报纸，内部一切事务仍请汪氏昆仲照旧主持。我对于各部分亦不无端干涉。"① 此后六年，直至史量才被杀害，史量才没有变动过《新闻报》任何一个人，也没有干涉过《新闻报》的业务，去报社也只有那么一次，只从财务上掌管了这家报纸。

可以看出，不管是从市场趋利的角度还是传媒产业化发展的目的，《申报》购买《新闻报》股权是一次有意识的并购活动。民国期间的报社开办相对容易，并购并不多。不过，并购活动会对相关媒体的方针、理念、组织架构、经营活动等带来巨大的冲击甚至彻底更新，为此媒体生产者会特别在意这种并购行为，并竭力保持和维护自身的办报风格、文化传统等。这会形成两家传媒之间的某种冲突，而如何协调、解决这种冲突，又考验传媒组织者、运营者们的眼光和魄力。

二 新中国建立后的传统媒体市场化改革与发展

新中国建立后，随着社会主义市场经济体制的确立与发展，在我国国情、政策、经验等基础上，我国传媒呈现出政治和商品双重属性，而且随着市场化程度不断提高，如何以产业兼并和资本力量来发展壮大，形成规模效应和品牌影响力，成为不少传媒机构深思熟虑的问题。

1949—1957 年，中国媒体尝试进行市场化运营，但随即而来的"反右"等政治运动终止了这些探索。

1978—1994 年，1978 年财政部批准了《人民日报》等把家新闻单位实施企业化管理的报告，此后党媒大多走上"独立核算，盈余留用"的道路。

1994—2000 年，1994 年 2 月上海东方明珠有限公司挂牌上市，开启新

---

① 杨鹏：《我国传媒行业资本运营的现状及分析》，《经营者》2015 年第 11 期。

中国以来媒体资本运营之路①。1996年，中国传媒集团化改革开始兴起，希望在市场中谋求一定效益，摆脱对财政的全面依赖。改革的结果，使传媒市场资源得以盘活，许多传媒企业作为市场主体开始了市场掘金活动，竞争由此开始，现代企业管理制度等开始引入传媒企业中，资本力量初步显现。

2000—2010年，2000年以后，随着互联网兴起，国内媒介形态多样化，门户网站、各种新媒体、传统媒体各展所长，竞争形势不断加剧，各种变相或者直接的并购活动就开始频繁起来。到了2002年，传媒市场并购行为成为传媒上市公司业绩增长的重要支撑力量。就2002年来看，中信国安收购五个有线电视网项目的股权；歌华有线成功并购北京地区10个远郊区县的有线电视网络并进行了统一整合；香港泛华科技集团与人民日报社共同投资成立大华媒体服务有限公司；TOM.COM公司宣布与三联书店共同成立合资公司；新闻集团全资子公司星空传媒与其间接大股东湖南广播影视集团签署框架性协议自愿结成战略合作伙伴关系等。沪深两市有40多家媒介类上市公司。2003年传媒界并购事件不断，像星美出资并购阳光卫视和阳光文化网络，以300万元取得两家机构各70%的股权；保利集团也是大胆出击，出资成功并购华艺不说，双方谈判的结果，就是保利与北大华艺联合成立传媒公司进行市场运营，并各占50%的股份。

三 2010年后的新旧媒体资本运作

目前看来，国内传媒业资本运作的方式主要有三类："一是通过金融资本，即直接获得国内商业银行授信额度的支持；二是通过上市公司从证券市场募集资金；三是利用产业投资基金。"② 2010年后，国内传媒并购呈增长趋势，特别是不断有新兴的互联网传媒企业加入。2011年，上海广播电视台、上海东方传媒集团有限公司旗下百视通新媒体股份有限公司正式在上海证券交易所挂牌上市，成为国内第一家广电新媒体可经营性资产整体

---

① 参见文昊《民国的报业巨头》，中国文史出版社2013年版，第354页。
② 田应坪：《中国传媒业的资本运作》，《中国广播电视学刊》2010年第12期。

上市的公司。2012年资本运作力度颇大，百度宣布以3.7亿美元正式收购PPS视频业务，并与爱奇艺进行合并，力图打造国内最大的视频网站。中国民营视听网站优酷网和土豆网以100%换股的方式合并，组建国内最大的民营视听网站。酷6网宣布与开心网达成视频合作协议。这种横向合并，明显展现出企业的扩张态势。这一年，越来越多的新视听媒体与传统广播电视台成立合资公司，如中央人民广播电台、江苏电视台和爱奇艺合作成立银河互联网电视有限公司，CNTV与腾讯、易世腾（机顶盒厂商）合资成立未来电视公司等。视听媒体打造"平台+内容+终端+应用"产业链的意图一览无余。

2013年，我国传媒并购将近50起，交易总金额超过500亿元，不少强盛的传媒集团断然出手，引发传媒市场的并购热潮。其中华谊兄弟一举收购银汉科技和浙江常升，乐视网全资收购花儿影视和乐视新媒体，博瑞传媒溢价7倍收购漫游谷，华策影视16.5亿元收购克顿传媒，打造大娱乐平台等，显示出传媒市场拓展进取的力量。其中21起并购基本发生在互联网企业之间，像阿里巴巴入股新浪微博，百度正式收购PPS后，立即加快整合爱奇艺旗下的视频业务，随即全资收购了91无线，腾讯以近五亿元的资本战略入股搜狗……当年每月平均将近2起媒体之间的并购事件。"这些并购跨领域、跨媒体、跨平台，……有力促进了视听新媒体产业链的优势整合，对于扩大有关企业的竞争优势和产业版图具有战略意义。"①

视听媒体发展转折点在2014年前后。就2014年来看，影视行业并购交易量巨大，有42家上市公司发起并购，并购交易总金额合计超过900亿元，其中传媒业的单项并购金额以百视通收购东方明珠为最高，涉及金额为492亿元。2014年传媒业以并购金额排名计算，前10位涉及资本全部超过30亿元。最为活跃的则是华策影视，2014年发起四起并购，共合计耗资5.07亿元，逐步覆盖了网络、游戏、动漫、海外电影等市场，形成了一条从内容到发行的产业链。另外，像阿里巴巴在2014年4月以12亿美元的高价强势拿下了优酷土豆网18.5%的股份，并乘势出击，短短两个月后出资62.44亿港元

---

① 杨明品：《中国视听新媒体发展趋势分析》，《传媒》2013年第11期。

入股文化中国，精心的布局，看得出阿里巴巴打造阿里影业的意图非常明显①。

传统电视媒体方面，上海文广就通过资本布局更广的服务生态圈。2015年4月，百视通合并东方明珠，意图打造A股首个千亿元级上市文化传媒公司；12月初，东方明珠大手笔布局互联网电视，在与网宿科技、中兴、华为等战略合作基础上，联合兆驰、海尔、国美、熊猫等打造"风行超维电视"；12月22日，风行电视、唯品会启动战略合作，开发针对互联网电视的3D购物线上体验店，开启互联网电视大屏客厅电商新时代。②这也意味着，上海文广不断在形成"内容+硬件+应用+渠道+互联网运营"的全国第一个全开放的互联网电视生态。

2015年国内文化传媒并购市场继续保持活跃态势，文化传媒上市企业不断增多，其中宣布的交易案例达到276起，披露交易规模176.41亿美元，相比2014年是一个大幅度的增长。投资并购重组是互联网企业加快规模扩张的主要手段。2015年，互联网企业跑马圈地，投资合作并购事件数量非常之多。从年初的滴滴和快的合并到4月的58同城与赶集网结盟，都在不断增强双方联合之后的竞争实力，以至11月初又有阿里以全现金的方式收购优酷土豆，阿里的传媒布局更为广阔。互联网企业通过规模扩张实现了市场份额的扩张③。2016年传媒行业并购势头继续扩大，而且不断往新领域拓展，不少传媒大亨先后投资VR产业等。

在这样一种趋势下，近年来中国传媒产业发展速度非常之快，视听媒体的产业链不断在延展，用户越聚越多，从2000年起产业总值增长率一直保持两位数增长，预计"2017年达到1.6万亿元"④，接下来十多年中，很有可能会形成几家巨无霸式的大型综合传媒集团。

---

① 参见徐沪初《跟上媒体并购脚步》，《董事会》2012年第8期。
② 参见谭天、夏厦、张子俊《2015：网台融合新生态》，《南方广播电视学刊》2016年第1期。
③ 参见赛迪智库互联网研究所形势分析课题组《2016年中国互联网发展形势展望》，《互联网经济》2016年zl期。
④ 丁栋：《2014年中国传媒产业总值或突破万亿元》，2014年4月，中国新闻网（http://www.chinanews.com/gn/2014/04-19/6082825.shtml）。

表 5-1 近些年来中国传媒市场资本运营大事记

年份	主要事件	意义
2011	上海广播电视台、上海东方传媒集团有限公司旗下百视通新媒体股份有限公司正式在上海证券交易所挂牌上市	成为国内第一家广电新媒体可经营性资产整体上市的公司
2012	中国民营视听网站优酷网和土豆网宣布	组建国内最大的民营视听网站
2012	酷6网宣布与开心网达成视频合作协议,酷6将为开心网增加视频上传按钮,酷6视频也可以一键分享到开心网	增强了双方竞争实力,增加了双方视频内容数量
2012	吉视传媒、湖北楚天、华数传媒等成功上市	成功募集资金,加快了资本运作的步伐
2012	优酷和土豆以100%换股的方式合并优酷土豆股份有限公司	横向合并明显扩张了企业的市场份额
2012	中央人民广播电台、江苏电视台和爱奇艺合作成立银河互联网电视有限公司,CNTV与腾讯、易世腾(机顶盒厂商)合资成立未来电视公司等	市场化力度加大,对产业链上下游进行市场化效能配置和有机整合
2013	百度宣布以3.7亿美元正式收购PPS视频业务,并将PPS视频业务与爱奇艺进行合并	合作双方更具市场竞争优势
2013	乐视网全资收购花儿影视和乐视新媒体	强化新媒体布局
2013	博瑞传媒溢价7倍收购漫游谷	打造横向产业链
2013	华策影视16.5亿元收购克顿传媒打造大娱乐平台	形成了一条从内容到发行的产业链
2013	阿里巴巴入股新浪微博	强强联合
2013	腾讯近五亿元战略入股搜狗	强强联合

续　表

年份	主要事件	意义
2014	百视通收购东方明珠，涉及金额为492亿元	加快传统媒体的资本运作力度
	阿里巴巴在以12亿美元的高价强势拿下了优酷、土豆网18.5%的股份	布局新的视听媒体，优化战略布局
	阿里巴巴出资62.44亿港元入股文化中国	布局新的视听媒体，优化战略布局
2015年	阿里巴巴注资光线传媒24亿元，成公司第二大股东	布局新的视听媒体，优化战略布局
	58同城与赶集网合并，市值超100亿美元	强强联合
	《财经》杂志母公司财讯集团以及国内最大电商阿里巴巴等共同投资，共同打造新媒体"无界传媒"	布局新媒体，打造产业链
	阿里巴巴宣布参股上海文广集团下属的第一财经，出资高达12亿元人民币	建造传媒帝国，形成纵向产业链
	阿里巴巴以总价约46.7亿美元收购优土	建造传媒帝国，形成纵向产业链

可以看出，资本运作是利用市场资本资源在遵循市场法则的基础上最大限度地进行价值增值、效益增长的方式。近年来的传媒产业投资是综合性的，有传统电视、有视频网站，也有新型媒体如VR产业等。视听媒体没有资本运作，很难投入新技术的研发和内容运营之中。而建立视听媒体产业链，必须进行资本运作，打通上下游企业。目前国内视听媒体产业链的形成，主要以电视台、视听网站等为基础，在此基础上囊括新闻、娱乐、服务、游戏等内容，建立多种媒介为一体、跨行业发展的产业链条。当然也有平台建设形成独具特色的产业链模式。根据喻国明教授的传媒集团化发展模式理论，中国传媒业资源整合目前有五种模式：系列化模式、一体化模式、多元化模式、混合化模式、资本化模式。而目前已经从前面四种发展到资本运作，通过一定的市场运作来打造更有影响力和生命力的综合传媒集团。

文化传媒企业进行资本运作在保护公共利益的前提下由市场法则来决定。在市场上，规模效应和强者为王属于不二法则，传媒业作为高投入、高产出的行业，规模越庞大，产业链越完整，才能达到资源效应最大化，抗风险能力就越强，综合传媒地位更高，也更有实力去做一些新的探索与改革，才能提供更精美有效便捷舒适的视听产品，以便获取更多的用户，为自己的产业发展提供新的动力。"国内文化产业并购主要有三个目的：一是获取用户，二是获取内容，三是优化财务报表。"① 毫无疑问，对一个想发展壮大的视听媒体而言，采用"并购与战略联盟是从外部环境获得竞争优势的重要战略选择"②。

就新的视听媒体资本运营情况来看，在确定核心优势和发展目标的前提下，如何采取有效的措施将并购与战略联盟进行有效的融合，使之适应媒体经营形势的变化，从而达到整合和优化相关资源，并创造出巨大的协同效益和规模效益，是发展中需要思考的问题。"商业视听新媒体做'蛋糕'的能力很强，天然具有市场化、融合化、集约化、国际化运营的体制机制优势，易于获得资本青睐，在较短时间发展起来。"③ 整体来看，近些年来我国传媒资本化、规模化发展的趋势日益明显，资本不断向大型传媒企业和机构涌入，想方设法产生勾连或者直接作用，而各大新视听媒体的运作者们，也纷纷通过并购、上市、重组等资本运营手段，以雄厚的资本实力来打造媒体的品牌特色和竞争优势，试图在产业链建设方面上获得主导权。像优酷、土豆等上市企业合并以及其他一些媒体并购事件充分证明了这一点。接下来，视听媒体行业会进入深度整合阶段，强者越强、弱者更弱的马太效应会逐渐呈现，甚至一部分媒体将面临被淘汰的局面。当然，这种媒体环境下，少数弱小的传媒公司不得不谋求合作，以便赢得一些生存与发展机会，而一些庞大的综合传媒集团将凭借强大的实力和资本提前布局，通过并购等资本行为来扩大自己的影响力和市场主导地位。

就国内这些年的并购事件来看，因为媒体特殊属性，政府在媒体资本运

---

① 李庆：《传媒大变局下的媒体并购和基因重组》，《新闻实践》2013年第10期。
② 唐建英：《我国视听新媒体市场的并购与联盟策略》，《中国广播电视学刊》2014年第2期。
③ 张玉玲：《视听新媒体时代：变化刚刚开始》，《光明日报》2013年6月13日第16版。

作中作用很大,"我国传媒产业这种带有极大政策风险性的资本运营完全不同于国外传媒产业在市场经济和政治制度都比较成熟的环境下的资本运营"①,除此之外,还呈现出这样一些特点。

1. 并购战略目的性加强,产业链改造与升级加速。目前,国内视听媒体产业资本运营的方式主要有企业并购、上市融资、风险投资、合作经营等。而并购是更为常见的一种策略。那些成功并购的公司,都是围绕自身发展和壮大规模为出发点制定相应并购战略,以便占领行业制高点、打击竞争对手、为用户提供更好产品等。截至2015年年底,国内传媒集团化运作已经趋于白热化。各种新闻综合传媒集团不断出现,经过一番资本运营的各种新媒体也是层出不穷,"组建跨地区、跨媒体的综合性、多功能的传媒集团将是中国传媒体制改革和应对国际竞争的重要举措"②。这些传媒集团针对国内的传媒市场进行了大刀阔斧的改革,并以各种形式介入市场竞争中,资本运作变得越来越频繁,发展战略也越来越明晰,已经初步形成由信息生产者、信息运营者、渠道提供者、技术支持者、用户、广告主等要素构成的市场价值链,产业规模化会越来越大。

从阿里巴巴近两年的并购行动中来看,其高瞻远瞩,境界阔大,醉翁之意不在眼前之利益,而是将电商、传媒、线下等诸多产业打通的庞大商业帝国。在2015年的布局中可见一斑。3月,阿里巴巴注资光线传媒24亿元,成公司第二大股东。4月,《财经》杂志母公司财讯集团以及国内最大电商阿里巴巴等共同投资,共同打造新媒体"无界传媒",初步投资超过亿元,目标不外乎抢占新媒体高地,打造新的产业品牌。6月初,出现了传媒产业发展中值得浓墨重彩的一笔,阿里巴巴宣布参股到上海文广集团下属的第一财经,出资高达12亿元人民币,成为阿里巴巴在传媒领域的第二次大动作(第一次是入股华数传媒),随即又牵手歌华有线、电广传媒、吉视传媒等共同发展。11月,阿里巴巴以总价约46.7亿美元收购优土,一时成为热点,其动作密集、卡位提前,长线布局传媒产业链的意图十分明显。就阿里巴巴频频入股广电

---

① 杨鹏:《我国传媒行业资本运营的现状及分析》,《经营者》2015年第11期。
② 周天:《国内传媒上市公司面临并购》,《国际金融报》2003年1月24日第7版。

传媒行业，业内人士分析认为是对广电媒体发行渠道的争夺，是阿里巴巴布局"电商+电视"战略的重要一环，如果运作如料想中那般顺利，阿里巴巴将"从内容原创到发行、分销、传播到终端再到整个 IP 的衍生，将娱乐与传媒的矩阵做大，将整个产业链打通"①。

当然，面对阿里巴巴等互联网企业的大举入侵，传统电视意识到整合的迫切性，由此展开的并购重组行动也是轰轰烈烈，比如 2015 年 6 月，东方明珠以自有资金 3.55 亿元参与陕西有线电视运营商广电网络的定向增发，并将成为其第二大股东②等，云南卫视、陕西卫视等与外面公司共同出资，由外来团队整体运营，展现出传统电视媒体的市场意识与资本意识。而且广电媒体内部也在不断进行资源的有效整合，以便通过资本运作占有黏度很高的广电用户。"电视媒体在现阶段加强资本运作，能迅速整合各方行业资源，吸纳新媒体的最新技术、相对成熟的管理经验和盈利模式，从而少走弯路"③。目前，我国 A 股市场媒体板块中的电广传媒、东方明珠、中视股份、歌华有线表现良好，并成功进行了融资。而其他传统媒体也纷纷借机上市，2011 年 12 月，上海广播电视台、上海东方传媒集团有限公司（SMG）旗下的百视通新媒体股份有限公司在上交所挂牌上市。之后，百视通又与中国银行合作获得 40 亿元授信。2012 年吉视传媒、湖北楚天、华数传媒等成功上市，成功募集资金发展数字电视、互联网电视和手机电视等视听新媒体业务。

毋庸置疑，时至今日，不管以互联网为基础的新视听媒体，还是传统广电行业，都已经意识到资本运营、产业并购、抢占先机、先发制人的重要性，以便促使媒体迅速崛起壮大。在新的视听媒体中，视频网站也是频频进行资本运作，反响最大的莫过于优酷和土豆合并，这两家视频网站的合并意味着新的视听媒体之间通过全方位合作来追求协同放大效应，以便使两家网站在视听内容资源上优势互补，同时让用户分享独家视听内容，减少购买、制作

---

① 聂品：《阿里系广电大棋局：入口之争夺战其实才刚开始》，《上海证券报》2015 年 7 月 8 日第 3 版。

② 同上。

③ 吴蕴聪、吴樾先、刘杰：《互联网环境下电视媒体的运营模式及发展路径》，《中国广播电视学刊》2016 年第 6 期。

成本等。而成本减少、内容增多会为两家平台带来更高的效率和更多的用户，统计数据显示用户访问量明显提高，流量、点击率也大大增多。另外，合并之后在同行业的市场竞争优势来看，会有一个较大的提升，"合并之后，优酷和土豆在营收和管理费用等方面有着明显的协同效应，互相弥补资源上的短板"①。也就是说，少一个同类型的竞争对手而多了一个共同担当的伙伴。

未来的传媒资本并购行为将更趋白热化。有专家认为，"未来5年的中国传媒产业将持续两位数的增长，2018年有望突破两万亿，GDP占比将超过5%"②。中国传媒业将会迎来新一轮的并购热潮，在保证新闻舆论导向正确的前提下，产业化发展是不可扭转的趋势。但目前我国产业并购等都是以运营商为中心进行的，建立以用户为中心的产业链发展体系更为重要。

2. 跨界合作与并购兴起，不断拓展和创新产业盈利空间。并购分横向并购、纵向并购、混合多元并购等，一般会选择与自身经营业务相关的企业去实施，并合理确定目标企业估值。混合多元并购就是跨行业、跨业务出击。随着市场经济的发展，跨行业并购已经不足为奇，餐饮行业收购文化产业后成功转型为演艺公司，化工行业进军影视业成为影视传播公司，这样的事例已经此起彼伏，举不胜举。2009年中央电视台和《浙江日报》从报道资源、团队资源方面进行合作；2010年南方广播影视传媒阶段和南方报业集团从经营、大型活动、新媒体建设方面合作，上海广播电视台与搜狐网从内容、策划方面的合作等，都是跨界的例子。另外，传统媒体单一的业务经营已经跟不上形势的发展，目前许多传媒集团除了主营的媒体业务之外，还在房地产、餐饮业、演艺业、旅游业等方面纷纷出击，以求形成巨大的能抗衡多种风险的综合企业，像广州新成立的粤传媒，除了媒体业务外，还大力发展电商、游戏、彩票等，其中彩票客户端也颇有影响力。

值得注意的是，与传统电视相比，新的视听媒体大多属于民营企业，或者是由传统电视、电视等广电机构投资设立的企业，经营媒体业务主要有

---

① 屈哲：《视频网站的商业模式和发展方向——以"土豆网和优酷网合并"为例》，《服饰导刊》2012年第3期。

② 崔保国、何丹嵋：《2014年中国传媒产业发展报告》，《传媒》2015年第12期。

IPTV、网络电视、手机电视、公交电视、LED 大屏、民航电视、地铁电视、楼宇电视等，这些企业建立了现代企业制度，适合在市场中进行资本运作。而未来几年，这样综合多产业发展的传媒公司将越来越多。目前资料表明，媒介市场最明显的跨界就是纸媒与电视媒体、电影公司之间的并购行动频频发生。像 2012 年浙报传媒收购盛大边锋、浩方后涉足网络游戏产业；国内知名的中南传媒、凤凰传媒等大型纸质或电视媒体，计划并购电影、游戏、互联网公司等，以便打造出产业链完整功能强大的综合传媒集团。像黎瑞刚带领的华人文化投资美国公司 NextVR 就是进军 VR 产业，并借此在打通传媒、移动生活综合服务等综合性平台。当然，鉴于国内的政策环境，目前跨界并购进行资本运营方式并不多，"政府应当鼓励业务相近、资源相通的新媒体企业跨媒体、夸行业、跨地区、跨所有制进行并购重组"①。

不仅如此，为了让"平台+内容+终端+应用"融合为一体，以便实现多方之间的资源和生产要素合理流动与重新组合，目前有不少视听媒体与电信企业、电商企业进行跨行业联盟，共建平台、共享渠道、共通终端，而让广大用户来生成内容。IPTV 就是跨界发展的结晶。另外，2015 年，阿里巴巴不断加快媒体扩张的步伐，打造自己的传媒帝国，不断向社交平台、传统纸质媒体、电视媒体以及视频网站、数字媒体等进行投资扩张，通过不同的资本运作方式，截至 2015 年年末已经将 24 家媒体纳入麾下。

3. 跨国合作与并购不断尝试，产业资本运营模式不断创新。2001 年中国加入世贸组织后，作为世贸组织成员，低关税降低了国外媒体进入我国的门槛，我国传媒业开始面临全球化的竞争。事实上，近年来不少国外传媒集团，以不同形式介入我国传媒业务当中，有些发展迅猛。不过，中国传媒目前还没有完全向国外资本开放，可国外一些媒体机构已经有限度登陆中国内地，比如"德国著名的传媒集团贝塔斯曼以成立书友会的方式间接介入图书分销领域；新闻集团旗下的星空卫视成功获得了在珠三角的落地权；维亚康姆公司制作的 MTV 天籁村和承办的 CCTV–MTV 音乐盛典已经深入人心"②。2010

---

① 宫承波、翁立伟：《我国新媒体产业模式创新思路探析》，《当代传播》2012 年第 3 期。
② 张玉玲：《中国出版业最大跨国并购完成》，《光明日报》2014 年 7 月 30 日第 10 版。

年国内先后有湖南卫视与英国独立电视台、深圳广播电视集团与日本北海道电视放送株式会社、新华社与美国全国广播公司等签订合作协议，以求互通有无，从节目内容、人员交流、策划制作等方面相互支持、帮助。

与此相应地，国内媒体机构开始向全球发展，像华谊兄弟、蓝色光标、华策影视等公司等满怀雄心壮志，有意"走出去"，在继续并购国内优质标的的同时，也开始收购海外传媒公司。像国内近期黎瑞刚的华文文化投资控股集团投资美国公司 NextVR，是华文文化跨国投资的举措之一。事实上，"走进一家大的音乐商店，我们会看到，更重要的是听到很多东西……仅仅五家大的企业集团就控制了全球的流行音乐产业。这五大是华纳（美国）、贝塔斯曼（德国）、百代（英国）、环球音乐集团（加拿大）和索尼（日本）。美国音像店里所有音乐的 95% 和欧洲音乐的一半以上都是这五大集团发行的"①。全球市场的开放，意味着传媒资源的流动加快了，整合效应会不断显现。

但传媒毕竟是一个很特殊的行业，对一个国家而言至关重要，所以没有一个国家完全开放到任由传媒机构被市场左右而不管不问。所以在外媒进入国内的同时，国内媒体也想方设法"走出去"扩大影响力，但不见得完全并购成功。像 2010 年南方报业联合成都博瑞传播（下属《成都商报》）等，准备并购美国历史悠久的传媒《新闻周刊》经营权，但最终因为"非经济"原因出局。2014 年大陆投资集团复星国际有意收购富比士传媒，最终败于香港的投资集团 Whale Media Investments，铩羽而归。除了这些因素之外，跨国并购还要考虑文化差异及"政治法律风险、财务风险、经营风险、整合风险"②等。

目前看来，我国媒介产业并购存在政府主导、市场化运作发展的特点，视听媒体在并购过程中，因为强大的资产和资本力量占据着重要地位，特别是像湖南卫视、浙江卫视等媒体机构因为强大的实力，有可能发展为庞大的综合传媒集团。但我国视听媒体之间的并购也存在诸多政策方面的限制。"传

---

① ［美］大卫·克罗图、威廉·霍伊尼斯：《媒介·社会——产业、形象与受众》，邱凌译，北京大学出版社 2009 年版，第 401 页。

② 周斌：《出版企业跨国并购模式及风险控制浅析——以凤凰传媒并购美国 PIL 项目为例》，《中国出版》2015 年第 14 期。

媒所固有的政治特性和传媒的特殊地位决定了传媒业的发展毕竟有别于其他行业，传媒业实施资本运作有其独特的优势，也有体制机制上的诸多障碍和潜在的问题"[①]。为了让视听媒体如传统电视、视频网站、IPTV、手机电视等更好地发展壮大，在我国国情、政策基础上，应该借鉴国外一些跨国传媒集团的资本经营策略，以便壮大自身实力，推出更多的市场需要的受众喜爱的媒体产品。

当然要看到，传媒竞争最终是内容、技术、人员等核心竞争力的竞争。这种核心竞争力，会体现一个传媒机构各种资源叠加的能力，是一种组合放大、功能聚变，是一次推陈出新的产品市场竞争力。当下如何加快我国传媒行业中大型媒体集团化整合的步伐，大刀阔斧整合分散的媒体资源，以集团化为导向，以集群化为手段，联合多家媒体打造实力雄厚的传媒集团，同时引进资本进行股份制改造、鼓励员工持股、激发创新意识、体制内放权、多元化发展等，已经成为当下我国传媒业迅速壮大自身实力、有效应对境外传媒前来竞争、大胆走出国门发展的必需动作与明智之举。

第三节 国外传媒资本运作发展历程及特点

就全球而言，像美国等一些国家娱乐与传媒产业发展迅猛，占据全球大多市场份额，而像中国等发展中国家，娱乐和传媒产业虽然近些年加快了发展步伐，但在全球的影响力还无法与发达国家抗衡。像美国的电影产业在全球电影产业中占有80%以上的份额。美国电影、电视及相关服务项目的出口是美国重要的出口业务。这对大多数国家来讲是不可想象的。在2011年，美国有143亿美元电影、电视及相关的服务项目出口，电影、电视产业服务项目的出口贸易顺差大于美国的通信、管理、咨询、法律、医药、电脑和保险

---

① 何霄峰：《我国传媒产业资本运营分析》，山东大学，博士学位论文，2005年。

等行业①。"目前全球传媒产业正处于平稳发展时期,产业规模的年增长率保持在5%上下浮动,在全球GDP的比重约为2.4%。"② 国外发达国家的传媒产业特别是视听产业在国民经济中占有越来越重要的位置,同时通过产业链的延展,呈现出越来越强大的发展趋势。

尽管从具体的经济效益、资金实力和发展规模讲,全球大多传媒企业可能比不上一些庞大的工商企业,但传媒机构是广告、信息、资本等一起的混合型经营,特殊性在于除了商业方面的影响之外,主要还在舆论引导、文化构建方面对社会产生巨大的影响。事实上,在过去的这一百多年里,世界各国的传媒市场发生了翻天覆地的巨大变化,除了政策变更、技术革新等因素外,从经济学家视野来看,是各国信息传媒产业在国家、市场的主导下兼并此起彼伏,从不停歇。诺贝尔经济学奖获得者斯蒂格勒曾说过,仔细综观美国的许多著名的庞大的市场企业,基本上都是运用了兼并收购的方式发展起来的。这些兼并过程中既有市场因素,也有国家政策因素。政策方面,如美国《1996年电信法》的颁布,直接刺激了美国信息传播产业,于是在21世纪初,美国出现大量的跨媒体、跨地域、跨行业的兼并整合风潮。而且,"从20世纪90年代末至21世纪初,兼并与整合构成了美国广播电视跨世纪发展的两大主题"③。当然美国相对典型,其他国家传媒业的发展也离不开兼并之道。谢耕耘先生在《兼并和收购——媒体扩张与发展之道》中指出,媒体并购(亦称"公司购并")指媒体或企业间的兼并和收购,"是一种通过转移公司所有权或控制权的方式实现资本扩张和业务发展的手段,是企业资本运营的重要方式"④。他在文章中分析指出了媒介产业并购的几种分类,比如按所在行业分,可以分为横向并购、纵向并购和混合并购等。不管兼并形式怎样,主导者根本目的还是让媒体产业做大做强,扩张规模,形成产业链发展。像美国的迪士尼、德国的贝塔斯曼、默多克的新闻集团,后来成为"巨无霸"型的大企业,有着庞大的规模效益,都是大规模媒介并购后的产物。也就是

---

① 参见陈焱《好莱坞模式:美国电影产业研究》,北京联合出版公司2014年版,第235页。
② 参见崔保国、何丹嵋《2014年中国传媒产业发展报告》,《传媒》2015年第12期。
③ 郑超然、程曼丽、王泰玄:《外国新闻传播史》,中国人民大学出版社2000年版,第369页。
④ 谢耕耘:《兼并和收购——媒体扩张与发展之道》,《新闻界》2004年第4期。

说，要重视传媒产业的资本价值，"利用资本特有的凝聚力、渗透力、辐射力、扩张力，重构视野、创新业态，成为企业做大做强的有效武器"①。

就并购目的看，无论默多克新闻集团大肆兼并壮大还是贝斯塔曼的崛起与发展之路，本质上是一种为了抵抗风险、扩张规模而开展的一种跨媒介、跨地域甚至跨行业进行的兼并活动，以此打造实力一流的大型传媒集团。传统媒体业务不能满足新技术发展与受众需求，需要通过整合兼并来发展，国外几大传媒集团熟谙这一点，早就开始通过资本布局来进行跨媒体、全媒体乃至平台建设。

1. 第一次世界大战后西方纸质媒体的资本运作与发展

第一次世界大战结束后，以现代报业为代表的媒体发展日益成熟，竞争和兼并加剧，并成为当时媒体发展的一种常态。其中媒体兼并主要表现在垄断化成为报业发展的基本特征。垄断是靠不断地兼并来实现的，一时间西方各国报纸种数减少，"一城一报"现象普遍。其中，一家报业公司控制多家报刊的比较多，有些大的报业公司还拥有通讯社、电台、电视台多个媒体机构等。这一阶段并购过程中最主要的特征就是超级报团的出现②。典型如英国报业进入 20 世纪后，兼并现象特别突出，一战后报业市场几乎被实力雄厚的报团一网打尽，主要有北岩报团、比弗布鲁克报团及西敏斯特报团等。其中 20 世纪初伦敦最著名的报纸《泰晤士报》《每日电讯报》《每日邮报》《每日新闻》《每日记录报》《威斯敏斯特公报》《晨邮报》《标准报》八家，基本上处于你死我活的兼并之争中，最终后四家在惨烈竞争中败下阵来，自此销声匿迹。这种兼并除了靠经营手段和技巧之外，资本是否雄厚是非常重要的一个因素。在法国报业兼并后发展起来的主要有普鲁沃斯特报团、温特家族报团、科蒂报团和天主教报团，美国主要有斯克里普斯报团、芒西报团、赫斯特报团等。这些报团基本上都呈现出跨媒体或跨行业垄断，跨国、跨地区垄断等特点。而扩展的途径主要有兼并、合并、联营、控股公司、合资企业等。

---

① 田海明：《文化产业的资本运作及发展之思考》，《学术界》2011 年第 1 期。
② 参见郑超然、程曼丽、王泰玄《外国新闻传播史》，中国人民大学出版社 2000 年版，第 128 页。

2. 第二次世界大战后的西方广播电视媒体兼并与发展

第二次世界大战结束后，国外媒体并购进入一个以视听媒体垄断为主的狂潮。混合传媒集团形态陆续出现，不少报业集团开始发展广播电视产业，综合实力在多方经营中大大增强。就英国来看，BBC挺进电视业后飞速发展，很快在国内呈现出一家独大的垄断局面，统辖42个地方电台、14个区域电视台和1个第四频道电视台以及它们的节目公司，外加2个新闻社。为此，英国一些人士1952年发起"压力运动"，抗议BBC的垄断地位。欧洲不少国家的传媒业发展跟英国一样，大的传媒集团控制国内主要的市场份额，覆盖面非常大。不过在法国，二战结束后，广播电视的私人经营权被取消，国家层面加强了对广播电视事业的垄断与控制，各大电视公司的领导成员由内阁任命或批准，这样以国家资本的力量占据了传媒行业的主导地位。就美国来看，二战后从经济、军事方面成为世界上头号强国，经济发展促使国内报业公司不断通过资本兼并集中到一些人手里，"一城一报"现象愈加严重，资本垄断进一步加强。像哥伦比亚广播公司、全国广播公司和美国广播公司这三大广播网，凭借强大的资本实力和规模化的经营三分天下，基本上瓜分了美国大多数广播市场。

二十世纪八九十年代，全世界范围内再次掀起了少数控制着国际节目市场的媒体公司大规模进行兼并的潮流。在美国，像1985年首府传播公司以35亿美元收购美国广播公司，震动整个传媒界，10年后迪士尼公司收购首府——美国广播公司成为当时全球最大的综合传媒集团，随后时代——华纳连续吞并了包括CNN在内的多家公司，重新抢回第一宝座。不少跨国公司纷纷兼并报纸、广播、电视等媒体。而美国《1996年电信法》出台后再次掀起了新一轮的兼并高潮，到了1997年，默多克成为美国最大的拥有22个连锁电视台的传媒霸主。另外，美国广电行业和电信行业的双向进入，促使美国信息市场进一步繁荣。到1999年，美国著名的三大广播公司已经全部被兼并。在法国，1982年后逐步开放广播电视的政府垄断经营，到80年代末市场占有率逐渐超过国营媒体。当时法国第四频道、电视一台、电视五台、电视六台等发展迅猛，并购活动频频出现。在英国，1988年BBC扩建了三个覆盖全国的电台网和数百个新的社区台，超级电视台和空中电视台迅速崛起，而且双方加强了节目互换，媒体垄断趋势愈加强化。

总之，第二次世界大战后到 2000 年之前，传媒产业兼并重组的浪潮大多从美国掀起，蔓延到世界各国，形成了跨媒介、跨国际的特点，其中兴起的传媒集团如新闻集团、时代华纳、维亚康姆、索尼集团等，由此闻名于世，称雄传媒界至当下。

3. 新世纪以来西方媒体集团的兼并与发展

进入二十一世纪后，以网络媒体为主的媒体跨行业、跨国界并购持续进行。像在 2001 年后互联网泡沫在全球范围内蔓延，达到最高峰时促使时代华纳和美国在线经过不断协商后联合抵抗风险，这两家全球重量级资讯巨头最终走到了一起，引发全球轰动。而与此同时，很多企业也趁互联网兴起之际纷纷加入传媒行业中，法国所辖最大的自来水供应公司威旺迪环球集团为了快速扩张，从 2000 年到 2001 年对美国传媒业进行了 5 次收购，当时资本运作额高达 500 多亿美元。可以说，随着传媒业兼并之潮方兴未艾，大型公司展现出强大的资本运营能力。科姆卡斯特公司 2001 年购买美国电报电话公司的有线电视及宽带部门，斥资 445 亿美元；赫赫有名的维亚康姆公司购买黑人娱乐电视网，斥资 30 亿美元；米高梅电影公司不甘寂寞，购买彩虹媒介 20% 的股份，斥资 8.25 亿美元；美国全国广播公司更是花费 19.8 亿美元一举拿下西班牙语电视公司。

从新闻集团的发展史来看，收购兼并成为公司运作的家常便饭。1993 年购买亚洲星空卫视，1998 年建立英国数字电视平台，1999 年进军德国电视市场，2000 年耗资 10 亿美元收购新加坡电信 4% 股权，2001 年重组新闻集团旗下的卫星平台，2003 年新闻集团宣布收购 Direct TV 的母公司股份，2004 年新闻集团大规模重组，确定拥有 740 万直播卫星用户。到 2005 年，新闻集团默多克四面出击，以 5.8 亿美元收购了 Intermix Media 公司。这家公司旗下拥有的 MySpace 网站，当时是美国最成功的社交网站，在被默多克收购后一度发展迅猛，曾超越美国最大的网站雅虎和 Goolge 的流量，成为美国访问量最大的网站。2005 年，默多克还收购了好几家媒体，比如媒体分享网站 Photo-bucket、Web 网络公司、IGN 娱乐、Scout Media 网络体育公司等，极大地扩张了新闻集团的多媒体版图。不仅如此，到了 2008 年，默多克的新闻集团再次大胆出击,获得 VeriSign 集团旗下 Jamba 手机铃音部门的大多数股份,由此使新闻集团扩张到手机娱乐界,将世界上最大的手机娱乐企业之一收归麾下。两年之后,新闻集团又轻松收购了一家小型社交网络应用开发公司,这家公司旗下有著名游戏《Spymaster》,默多克将公司触角延伸到社交网络的游戏开发之中。在这样不断并购的过程中,新闻集团旗下拥有了各种各样的媒体形态,有大有小,经营项目几乎覆盖到当时所有的媒介产业,以并购实现媒体多元整合,以多元化凸显规模效益;同时拓宽了融资渠道,加速了资本积累,并且做到以传媒业为主。其他产业多元发展,最终以打响传媒品牌为主,形成了各具特色的业务发展模式。

  资本运作、独特的媒体发展理念加上技术先行,是新闻集团成功的几大法宝。毋庸置疑,新闻集团一步步发展壮大,最终成为一个全球性的跨国传媒集团,是一个充满并购与资本大肆运营的过程,也再次证明了一点,实现传媒集团快速扩张,定位精准且大胆进行媒体并购是最有效的不二法门。不过也要看到,有时传媒产业的这种并购、整合、联营,不仅仅是为了谋求传媒集团发展过程中的超额利润,更多的可能是出于对发展中所出现的风险的抵抗,以及信息内容制作方面平衡的考虑。但也要看到,传媒企业在并购中会存在难以消除的巨大风险,充满着诸多复杂不可测的因素,像时代华纳和美国在线合并后遭遇许多难以消除的矛盾,最终于 2009 年宣告分手、合并失败就是一个典型的例子。

  另外要看到,随着媒介技术发展和资本力量的强势接入,传统的靠单一广告收入发展的媒体已经跟不上时代步伐,特别是数字技术、通信技术、媒介技术等不断发展,使各种传播媒介层出不穷,媒体竞争十分激烈。通过兼并而产生的综合媒体集团,因为经营方式多样,呈现出实力更雄厚、技术更先进、信息产品质量更好,同时又消除了行业内耗与恶性竞争等特点,向好的发展态势非常明显,但也会存在一些传媒企业之间兼并后因为发展基因不融,而导致效益下滑、一家或几家媒体独大而垄断新闻、少数人控制舆论、信息鸿沟越来越大等问题。就美国的报业并购来看,许多媒体之间以兼并方式在扩大经营规模、抵抗风险的同时,也导致了一系列问题:首先,越来越多的媒体会渐渐控制到一部分人或少数集团手里,媒体所有权的集中会使许多报道、评论近乎一致,内容多元、价值多元等新闻多样性难以实现;其次,媒体竞争引发大规模兼并,结果使大型媒体缺乏竞争对手,一家独大而导致报纸质量逐渐下滑;再者,资产雄厚的媒体集团老板大多属于垄断资本家,和政界、金融界、工商界等存在着千丝万缕的联系,甚至有些还涉足其中,八面来风①。这样的媒体竞争状况,会使一些大财团通过相互融资、交叉控股、互派董事等方式,深深介入几大垄断媒体生产制作的各个流程之中,使媒体逐渐成为垄断资本的真正代言人。目前看来,国外一系列的媒体并购过程中,主要有以下特点:

1. 媒体兼并中本土化、差异化、精品化竞争明显

媒体竞争归根结底是内容的竞争,同时也是运作方式、传播渠道的竞争。就默多克新闻集团的发家史来看,默多克前期的报业竞争,主要是通过对本土性丑闻和体育报道来作为主要的信息内容,报纸版面上稀奇古怪、情色丑闻甚至低俗不堪的内容较多。而这些内容正好迎合着当时普通大众的阅读口味和信息需求。"一家报纸如果不能使整个社会对它发生兴趣,它终将会成为经营阶层的内部出版物。"② 默多克应该说出招怪异、剑走偏锋,选择了与当时精英媒体不一样的发展思路。但随着形势的发展和报纸规模的扩大,默多克也有像《澳大利亚人报》《泰晤士报》等严肃纯正的新闻报刊,精品化意识加重。其中就视听媒体而言,默多克的新闻集团后来非常注重视听媒体品质,在收购了好莱坞电影公司旗下的曾拍摄有《音乐之声》《绝代佳人》《星球大战》等经典电影的21世纪福克斯公司后,利用该公司下属的电视台,发展卫星互动体育频道等,不仅制作出非常优良的视听信息产品,同时差异化竞争路线明显。而体育赛事的转播和体育内容的不断加大,得到了众多体育爱好者的追捧,也为默多克在视听媒体方面的发展提供了巨大的机遇,从而建立起了更加综合、庞大的媒体集团。

---

① 参见郑超然、程曼丽、王泰玄《外国新闻传播史》,中国人民大学出版社2000年版,第320—369页。

② 高振强:《全球著名媒体经典案例分析》,中国国际广播出版社2002年版,第250页。

2. 资本运作对技术发展充满前瞻性判断

对技术发展形势的判断,是世界五大媒介集团走在世界传媒前列的不二法门。在众多媒介集团比拼有限电视网络和卫星网络时,维亚康姆集团公司独具慧眼,发现并看好刚刚兴起的宽带服务的力量,于是旗下的 MTV 开通了"MTV 直播",这一宽带服务使原来以电视播放为主的 MTV 可以通过宽带服务到达每个个人电脑上。观众只需点击鼠标,就可以看到近期演唱会、演奏会现场,欣赏流行音乐、艺术家故事等,而且有能力的观众还可以通过 MTV 直播软件,制作属于自己的音乐或录像,合成后发送给 MTV 直播里的主持人。观众成了节目组成的一部分,也给维亚康姆带来了巨大的盈利点,抢占了这样一个宽带市场的先机,可以说先发制人。

在技术领先方面,默多克率领的新闻集团也是不惜一切代价把握先机。他深谙技术带来的发展机遇,并极力将技术带来的好处运用到传播中。早在 1999 年,在中国国内互联网技术才开始向大众传播时,新闻集团旗下的英国天空广播公司已利用互联网与数字技术的互动功能,推出了互动体育频道,给观众更大的自主权。收看节目时,自主控制电视机机顶盒和遥控器来实现对十多台机位的调控,可以随意选择其中一台的角度,欣赏某一时刻的精彩瞬间,并对一些特写、慢镜头等进行回放或拉近观看,甚至边看比赛边查阅各种赛事的相关统计数据以及曾经有过的赛事花絮等。这一互动电视技术出现后,观众极为欢迎,观众每日增加量达到 1 万户。目前这一互动频道已经实现电视导购、娱乐、电影、博彩游戏等多种在线功能,赢得受众喜爱,并成为互动频道的用户。

表 5-2　　　　　新闻集团近年来发展新媒介的重大事件

年份	发展新媒介的重大事件	事件意义
1996	新闻集团 FOX 宣布成立健康网络网站	提早进军互联网
1999	推出互动体育频道	实现电视与观众互动
2000	开展互联网信息业务,投资无线因特网服务市场	提前介入互联网业务

续 表

年份	发展新媒介的重大事件	事件意义
2003	并购全美最大的卫星电视节目供应商 DirecTV	发展电视新媒体
2005	收购 MySpace.com，整合到福克斯交互媒体公司	率先进军社交网络
2005	收购视频游戏业务 ICN 娱乐公司	布局视频游戏业务
2007	与 NBC 等联合创办 Hulu 视频网站	提前建立视频网站
2007	收购策略数据公司（SDC）	抢占数据高地
2011	收购美国著名房地产网站运营商 Move Inc	布局"互联网+"产业

  从新闻集团的新媒介技术布局来看，互动电视、社交媒体、视频网站、数据分析、互联网综合服务等成为发展的主要方向，综合媒体集团在技术高度分工基础上的加强集成化成为一大趋势。据说新闻集团默多克非常喜欢一位科幻小说家克拉克写的科幻小说，并不断引用克拉克的名言："在争取信息自由的斗争中，成为最终决定因素的是技术，而非政治。"① 事实上，在多年媒介经营的过程中，默多克早就认识到技术带来的变革力量，并在新媒体使用中获得的巨大利益，他曾说："科学技术正在改变着我们的生存方式、联系方式和业务开展方式，面对这场席卷全球的新技术浪潮，一些人可能会比其他人受益更多，但是另一些人却已被历史彻底抛弃。"② 而不断创新是迪士尼卡通影片的魅力所在。迪士尼在提高技术制作方面一直不遗余力，费尽心思。第一部使用音响效果的有声卡通片是迪士尼拍摄制作的《威利号汽船》；第一部彩色有声动画片是迪士尼拍摄制作的《花儿与树》；迪士尼也开创了真人与

---

① ［英］威廉·肖克罗斯：《媒体巨人默多克传奇》，池俊常等译，华夏出版社 2001 年版，第 93 页。
② 周鸿铎：《世界五大媒介集团经营之道》，经济管理出版社 2005 年版，第 228 页。

卡通一起拍摄制作影片的先河；大量借助苹果电脑动画设计公司制作了三维动画片《晶兵总动员》《虫虫特工队》等。

不仅如此，迪士尼也是第一个参与了在苹果 iTunes store 上展映收费的电影、电视节目；在苹果 iPad 问世阶段，消费者就可以从该平台上看到迪士尼的动画电影、电视节目等。目前来看，在新的制作特技探索方面，迪士尼永不止歇，而且走在世界的尖端。苹果公司很好地抓住了时代发展契机，即 IT 产业的本质：突破单一软件公司或互联网平台的瓶颈，而是融硬件、软件、网络为一体，在 IT 产业"智能化"过程中提供用户更全面快捷的体验，这不但使苹果公司注满新生活力，而且也避免了迅速滑入被淘汰的困局。而现在大数据、VR 虚拟技术等已经成为西方资本觊觎的方向。

3. 媒体并购中跨国、跨媒介、跨行业的经营形态不断增多

其实，现在回过头分析，世界五大媒介集团在资本运营过程中，打通当时媒体能关联的产业链，可以说几乎涵盖了所有的媒介形态。就默多克的新闻集团而言，报纸、电视、电影、杂志、互联网等应有尽有，报纸方面有声名显赫的《泰晤士报》《卫报》《镜报》《每日电讯》等；电视方面星空传媒公司下属 40 多个频道，像福克斯新闻频道等收视率位居全美前列，还有天空电视台等多家电视台；在电影方面有 20 世纪福克斯电影公司等；出版社方面有哈珀·柯林斯图书出版公司；杂志方面有旗帜周刊；体育方面有橄榄球队等；不仅如此，新闻集团还拥有多家新闻网站，访问量也位居前列，其多元化战略非常明显。

2015 年，日本媒体《日本经济新闻》（简称日经新闻）以 13 亿美元买下多年的西方媒体巨擘《金融时报》，成为日本媒体集团当时收购海外企业史上最大的一笔交易。这种大手笔的资本运作在纸媒发行低迷、影响力日渐萧条的环境下，不管是为了扩大全球影响力还是打算跨区域扩张，都不影响其成为震撼新闻界的消息。"跨区域、跨行业和跨媒体的整合重组行为已开始切实改变着媒体的行业布局和发展生态"[①]，综合传媒集团多媒介发展已经是一种

---

① 张立勤：《传媒并购的文化冲突成因及其整合路径——美国在线—时代华纳并购败局的启示》，《中国记者》2010 年第 5 期。

必然趋势。就时代华纳而言，1990年成立以来，从杂志、电影等产业起家，然后将事业版图横跨网络、电视、出版与游戏等产业，现在旗下包括时代杂志、体育画报、财富杂志、生活杂志、特纳电视网、CNN、HBO、DC漫画公司、华纳兄弟等具有全球影响力的媒体，同时还拥有美国NBA亚特兰大老鹰队、美国职棒大联盟棒球队、DC漫画公司等。像贝塔斯曼是靠图书出版起家的，但是在音乐制作方面，有世界最大的BMG集团，在电视发展方面，有欧洲最大的电视集团CLT－UFA，制作的王牌节目《谁想成为百万富翁》等成为摇钱树；在互联网方面，持有美国在线的一定股份。

当然，视听媒体发展壮大后最终会形成庞大的综合传媒集团，这样不仅扩大了经营规模，还补充了相互的技术短板或内容缺陷，并通过建立上下游企业之间的产业链，在各种经营业务中进行"短板"互补，优势资源整合共享，同时还在原料采购、新闻产品生产中降低成本，最终受益者还是用户。但要竭力避免或者进行相应补偿的是，一旦跨国传媒集团的垄断地位过高，就会打破或加剧信息传播的不平衡性，要么出现"信息贫困"，要么"信息过剩"，内容会越来越单一，思想会越来越淡薄，甚至出现思想专制及"知识鸿沟"会越来越大。如何规避信息传播的不均衡，成为传媒竞争加剧、庞大传媒集团出现后迫切面对的问题。

4. 致力于打造品牌化的视听信息产品

对许多媒体集团来说，旗下至少有一两个众所皆知的品牌，哪怕这些品牌盈利程度不高，但因为品牌的支撑，会得到众多用户的关注，其他业务方面收获会大大丰硕。像迪士尼就在全球塑造了独特而恒久的品牌，并对这种品牌赋予文化意义。迪士尼的商标是家喻户晓的米老鼠，识别度高，形象可爱而容易被人牢记，不仅如此，迪士尼名下的唐老鸭、睡美人、狮子王等鲜活的形象也让人过目难忘。如今人们的穿着上都有这些标识，在全世界范围内具有很高的知名度和美誉度，迪士尼乐园也就成为全球游客心向往之的地方，任何一个对手难以企及。不仅如此，在米老鼠、唐老鸭的基础上，迪士尼不断再走品牌扩张之路，打造迪士尼乐园。目前，洛杉矶、东京、巴黎的迪士尼公园游人如织，成为当地不得不去的景点，为迪士尼带来了巨大的收益。在品牌的维护上，迪士尼也是不遗余力。在中国国外商标侵权诉讼的第一宗案件就是迪士尼作为原告发起的"米老鼠形象及商标"侵权案，中国大陆几家出版社涉嫌侵权，最终迪士尼公司获胜，通过法律手段维护了品牌的资产和归属性。

品牌是无形资产，其价值之长远与高贵，很难用金钱具体来衡量。在传媒资本运作中，"为了获得信贷支持及参与兼并收购上市活动，对品牌、商誉、著作权、特许权等无形资产的评估和质押作为必不可少的一环"①。像时代华纳公司在历史长河中之所以保持不败的局面，就是特别重视特色定位，打造品牌形象，将每一个媒体打造成其他媒体无法超越的精品。像旗下杂志《时代》中对"封面人物""年度风云人物"的评选，《财富》杂志"全球企业500强排名""财富论坛"等，都是时代华纳长盛不衰的品牌，是卓越智慧的结晶。全美统计出的最畅销的5本杂志中，4本就被时代华纳所拥有，分别是众所周知的《时代周刊》《体育画报》《人物》和《财富》杂志。拥有这样令人瞩目的品牌杂志，哪怕就一本杂志而言盈利的确微弱，但杂志的权威性和影响力能得到世界各地认可，通过杂志影响力来搞活动，可谓品牌经营到了极致。因为有这样的品牌资源，时代华纳敢于在其他方面开拓业务，目前时代华纳发行的杂志超过了64种，不少都是行业内的品牌媒体。当然，在其他媒体品牌的塑造方面，时代华纳也是不遗余力，像电影方面华纳电影拍摄于1942年的《卡萨布兰卡》脍炙人口，经久不衰，同时近年出品的美剧《兄弟连》《黑道家族》《权力的游戏》《真探》，电影《黑客帝国》《哈利·波特》《肖申克的救赎》《盗梦空间》系列等，不仅创造了可观的收视率和票房纪录，同时也对品牌的提升起到了巨大的推动作用。

5. 重视媒体兼并扩张中的"长尾理论"

2004年美国《连线》杂志主编克里斯·安德森提出了"长尾理论"，指出小众和个性化产品所创造的巨大的市场价值。现在DIY产品火热证明了人们对个性化产品的需求。在越来越智能化的网络传播时代，关注长尾并发挥长尾效益，是媒体发展的趋向之一，媒体产品向数量众多的狭窄市场转移已经成为大的趋势。特别是受众需求越来越个性化的同时，每一个需求面都会

---

① 支庭荣：《电视媒体品牌价值的评估方法及其改进》，《中国广播电视学刊》2009年第3期。

有相对应的分散市场,而找到这些市场中的"蓝海",就需要进行"小众产品"的设计,"让一些关注率低、非主流的新闻事件找到了传播的途径,最终形成了长尾效应"①。

　　实际上,当下的传播市场呈现出无限的生产、无限的渠道、无限的需求的特点,而媒体分众化策略就是要寻找窄众市场,实现经济学中的"长尾理论",将一些有质量、有特色、有个性的视听媒体产品推出去,让更多的受众去选择。克里斯·安德森在《长尾理论》中指出,长尾效应运用最为成功的行业是互联网、娱乐和媒体业。事实上,在今天这样受众越来越细化、时间越来越碎片化、视听内容越来越短小化的当下,很多媒体产品会通过口碑效应、关键词搜索或者一传一的方式,快速扩散给更大规模的受众,实现经济学中所称的长尾效应。像电视节目中,过去收视率偏低的节目要么撤掉,要么得不到足够的重视而自我消亡。而在长尾理论中,适合小众收看的视听产品放在广阔的环境中,或许会更有价值,会受到越来越多的人的欢迎,也会赢取更大的效益。

第四节　当下视听媒体资本运营发展趋向探析

　　视听传媒作为当下传媒中的主要组成部分,了解与研究传媒产业并购发展及特征,将有助于我们从组织运营的角度分析当下视听媒体传播中主要的发展动力与趋向。面对媒介技术的快速发展和资本市场的风起云涌,如何进行资本运营,加速资本积累与增值,对视听媒体发展尤为重要。目前,以市场为主导、资本为纽带、技术融合等为核心要素的媒体并购成为传媒业发展的主要手段。上市、收购相关企业、改造亏损企业后高价售出、通过并购塑造品牌等都是今天传媒业资本运作的方式。以并购实现资本扩张、资源共享、

---

　　① 王春驰、杨迪、闫卓:《关于新媒体新闻信息传播中的长尾效应研究》,《新闻研究导刊》2016年第14期。

风险防控、联合发展或者进军新的领域,这是现代传媒集团在并购中发挥的作用。

就国内视听媒体的资本运作来看,尽管不少传媒集团跃跃欲试,尝试跨地域、跨行业经营,但目前存在多方面的因素制约,这种尝试还在不断磨合当中。我国大部分电视媒体存在融资渠道单一、资金使用受到主管部门严格限制、产业资源分散严重,在视听媒体市场上,面对视频网站、门户网站、视听新媒体、户外视听媒体等冲击,难以从行业层面形成有效的资本吸收机制,在引入社会资本的过程中还存在诸多的限制和障碍。在资本运营越来越广泛的传媒业中,一旦这种状况持续下去,生存堪忧。不过,随着投资房地产、股市等行业热度降低以及国家文化产业发展制度层面的鼓励和支持,国内传媒产业必然会迎来一波又一波的投资浪潮,因为"新媒体作为一个新兴产业,中国与世界发达国家几乎站在了同一起点上"[①]。总体来看,呈现出以下发展趋向:

一 视听媒体借助资本力量向综合传媒集团发展,马太效应初现

和国外形成几大综合传媒集团相仿的是,目前国内的媒体产业发展越来越趋于综合化、集团化、规模化,包括视听媒体、纸质媒体在内的大型传媒集团初现雏形,而弱小的视听媒体随时会面临被吞并的危险。就传统电视媒体来看,作为视听媒体重要组成部分,传统电视发展过程中两极分化日趋明显,强者越强,弱者更弱。"预计未来的电视媒体生态圈将由三部分组成:一是不超过5家的市值过1000亿人民币的大型媒体集团,市场化、资本化是其实现的主要路径;二是专业联盟,形成差异化竞争,也是二线电视媒体的可选项……"[②]。作为嗅觉灵敏的资本,面对媒介技术的不断发展、受众的空前扩大和政策红利的不断释放,对传媒产业的关注会日益增加,由此引发的竞争也会愈加白热化。

---

① 陈兵新:《媒体产业发展的现状、问题与突围》,《中国广播电视学刊》2009年第11期。
② 王玄:《有关电视+互联网的数据干货:跨屏互动有哪些新机会》,2015年6月,钛媒体(http://www.tmtpost.com/1028373.html)。

就传统电视而言,像湖南、东方、浙江、江苏卫视等无论是从收视率、经营规模还是市场占有份额,已经远远超过了其他省台,广告收入差距数十亿元乃至上百亿元,成为市场上的传媒巨象。而西部三线及地级市电视台,广告收入断崖式降落,支出益发艰难。加上我国广电产业格局分散独立,传统电视媒体四级办台等呈现出区域性、大而全、小而散等特点,像中央电视台等规模庞大、实力雄厚的传媒集团并不多,如何合纵连横,在政策允许的范围内,通过某种形式的资本运作,将优势资源形成合力,是目前必须面对的一条道路。在这样的一种市场格局下,只要政策允许,兼并随时可能发生。实际上,前些年有湖南卫视与青海卫视、第一财经与宁夏卫视等的战略合作,以及云南台与外地传媒公司的全面合作等,虽然没有股权的并购,但合作模式中已经有不少资本的影子。

就视频网站来看,目前也开始出现两极分化趋势,发展不均衡,知名度越高的网站越来越得到受众关注,而排名靠后的网站渐渐消失在公众视野之外。虽然说金融资本、通过上市公司从证券市场募集资金、利用产业投资基金是我国传媒业资本运作的主要方式①,但事实上,后两者相对更加便利。因为无形资产不好评估等因素,视频网站等能得到的银行贷款相对较少,除了上市融资之外,产业投资占了主要部分。像国内新型的视听媒体,不断显现出产业资本在背后的强大支撑力量,如优酷土豆背后有阿里巴巴,爱奇艺身后是百度加小米。这些强有力的资本支持会促使视频网站强者越强、弱的不断萎缩。事实上,近些年民营的视听媒体不断引入风险资金或在资本市场里融资,像腾讯持续在视频业务方面保持激进战略;土豆网从2005年上线以来,融资活动频频,收效颇好。目前来看,不差钱的各大视频网站跃跃欲试,随时考虑着与传统电视联姻或者在政策许可、能力达到的条件下兼并传统电视,进行资源嫁接,从而打通视听媒体上下游产业链,形成规模效应。"这些并购跨媒体,跨领域,跨平台,产业新媒体与传统媒体,产业链上游和下游,促进了视听新媒体的优势整合。"②

---

① 参见田应坪《中国传媒业的资本运作》,《中国广播电视学刊》2010年第12期。
② 杨明品:《中国视听新媒体发展趋势分析》,《传媒》2013年第11期。

第五章 合纵与连横：传媒资本运作历程与发展趋向

国内传媒业意图打造庞大的综合传媒集团的布局已经显现。"未来的并购可能沿着两条线推进：一是产业链垂直重组并购，拉长产业链长度；二是产业链横向重组并购，拓展产业链宽度。通过两条线的融合，形成庞大、紧致、高效、带动力强的视听新媒体产业体系。"① 就最近几年国内媒体中频繁进行资本运作的 SMG（上海文广传媒集团）为例，SMG 属于上海广播电视台控股的企业集团，方便于作为市场主体单独进行运营。SMG 进行了多次市场并购，包括跟阿里巴巴等电商的合作等，已经在资本运作方面已经迈开了重要步伐。目前 SMG 横向产业链发展中，包含了电视节目制作、影视剧制作、少儿动漫节目制作，综艺娱乐节目制作及演艺相关产业、体育节目制作及版权、生活时尚节目制作及时尚产业拓展、相关衍生产业、赛事运营等。为了充分发挥上海文广的市场效能和资本运作能力，上海文广引入市场机制，通过对具备市场发展潜力的业务板块进行重组，垂直产业链发展中又打造了一批面向市场的独立子公司。就 SMG 规划而言，以前希望不断实现经营规模的增长，每年 4 个 1000 亿元。但后来觉得这种发展不适合当下的发展形势，也难以实现具体的赢利目标，于是断然调整，"实施大小文广整合，对接资本、推进旗下两家上市公司重组"的思路，实现产业链的重组并购。在这一思路下，实施了诸多的资本整合与并购行为，比如东方明珠与百事通的并购，一方面整合了资源，另一方面壮大了实力。2014 年两家公司市值合计 705 亿元，合并后市值达到近 2000 亿元人民币，市值规模扩大了 2.84 倍。在这样一个基础上，该台台长王建军表示要跨媒体跨行业发展，实现垂直与横向产业链的共建时充分运用资本的力量，"我们发布了与阿里巴巴在财经新媒体领域的战略合作，充分发挥各自在传媒与大数据领域的领先优势，合力打造全球具有影响力的金融信息和数据服务产业"②。可以说，上海文广和阿里巴巴一样，其传媒布局可谓高瞻远瞩，意图将自身打造为国内庞大的综合传媒集团，在保有媒体属性的同时成为具有多种综合服务功能的多元经营发展的电子文化商务巨头。

---

① 杨明品：《中国视听新媒体发展趋势分析》，《传媒》2013 年第 11 期。
② 王建军：《"互联网+时代"的广电态度：SMG 绝不会坐以待毙，在内容和渠道上都必须掌握话语权》，2015 年 6 月 11 日，IT 时代网、IT 时代周刊综合（http://news.ittime.com.cn/news/news_4977.shtml）。

二 传媒产业的资本投入越来越大，资本介入方式呈现多样化

资本运营对传媒集团在扩大规模、防控风险、强化特色优势、赢得市场垄断地位等方面的重要性不言而喻，甚至可以说，在当今时代不懂得资本运作与股权并购，视听媒体机构就不可能有强大的理由。但资本运营并不是那么一件容易决策的事情，甚至一着不慎全盘皆输，"在并购过程中，企业不得不将目标企业的债权、债务照单全收，包括那些没有利益或失败的业务，从而使并购的成本十分高昂"①。媒体并购与企业并购一样，大多是强弱联合，并购过程中除了资产清单之外还有债务等问题，同时并购会带来人员的组合，内容的筛选，人事管理方面的混乱等。

除了动辄如前所述的几十亿元乃至上百亿元的传媒并购外，视听媒体内容产出方面的投入也在不断加大。美国的影视产业是由好莱坞六大公司加上十万多家中小独立影视公司组成的。2013年，好莱坞六大公司平均一部影片的制作费用是9000万美元左右，而影片的全球市场推广营销成本也已经增加到与制作费用一样高：一部影片的制作和营销预算加起来就需要1.8亿美元左右。虽然不是每部影片的成本都需要1.8亿美元，但几乎都在1.5亿美元以上②。这样看来，如果没有一个强大的影视公司，没有强大的融资能力，就难以找到这样高昂的制作费用，高品质的电影也就无从说起。但是，考虑到了这些影片的成本、后期的市场推广和营销费用，以及目标观众群，全球的票房收入，只有综合考量存在的各种风险，一家大的制作公司才能拍板拍摄这样大制作的影片，而一般小公司难以拥有如此强大的资本力量。而哪家公司能看到市场机遇，并大胆决策，就有可能凭借强大的资本实力或融资能力，成就一部影视作品，也让自己赚得盆满钵溢。资本是保证电影拍摄的首要条件，像20世纪福克斯电影公司等这样的公司中的制作部门，任何时候都有100—150个类似的影片项目在开发当中，没有强大的资本保障，是很难完成这样的开发。而那些独具慧眼又有强大资本保障和融资能力的媒体公司会借

---

① 唐建英：《我国视听新媒体市场的并购与联盟策略》，《中国广播电视学刊》2014年第2期。
② 参见陈焱《好莱坞模式：美国电影产业研究》，北京联合出版公司2014年版，第75页。

此抓住机遇，完成对项目的投资，以便从中谋利和打响品牌。

与此同时，业外资本介入传媒的方式越来越多样化，主要有："1. 业外资本通过包版面或栏目的形式进入媒体；2. 业外国有资本导入媒体；3. 证券资金导入媒体；4. 上市公司介入媒体；5. 民间资本介入媒体；6. 境外资本进入传媒业。"①目前看来，承包版面或栏目的形式比较低级，国有资本控股媒体的相对普遍，上市融资的媒体已经不少，而民间资本投向媒体特别是自媒体的不断在增多，像近些年网红自媒体"Papi酱"获得由真格基金、逻辑思维、光源资本和星图资本1200万元融资，一方面是资本嗅觉灵敏所致，另外一方面也看出自媒体商业模式的灵活多变。另外，尽管国外资本当下进入中国传媒市场也还是有诸多限制，比如贝塔斯曼来中国发展过程中遇到了政策的障碍，就是无法获得出版权限。不过，在中国投资已经超过1500万美元的贝塔斯曼采取了曲线策略，就是收购了文学网站"榕树下"，然后通过跟人民文学出版社合作推出榕树下的原创作品，然后贝塔斯曼再进行互联网技术开发和电子商务图书派送等业务，三位一体的运作模式在中国市场上站稳了脚跟，并期待着有朝一日发展壮大。就国内市场的传媒并购来说，政策方面的因素至关重要。如何在牢牢把握喉舌功能的前提下进行市场运作，有限度地打破政策堡垒、区域堡垒和介质堡垒，还得需要传统电视媒体等在利用大数据分析之后进行多方面的摸索。

三 传媒资本不断投向新视听媒介技术，定位愈加分众化

像2016年辽宁卫视春晚中六小龄童的表演借助3D全息影像技术赢得一片叫好声一样，视听媒体在发展过程中，需要借助各种媒介技术，比如电视、计算机、电话、通信卫星、光纤通信技术、手机、网络技术、录音录像、无线传输、卫星传输、5G以及各种视音频转换技术等来提高整体的节目质量，达到受众满意的效果，而每一步的革新还伴随着新的媒介形式的出现。近二十年来，传媒产业中媒介技术的更新换代是非常快的，而且未来更新速度会更快。以互联网为基础的传媒企业，其兴也快，其亡也速。从前两年的余额

---

① 黄进：《资本介入传媒的模式与风险分析》，《商场现代化》2007年第1期。

宝，到前不久的 P2P，都是风靡一阵，到后面逐渐凋落甚至销声匿迹。金融产品是这样，信息产品亦如此。曾经的流行于 20 世纪 90 年代的 BP 机，是一种传递信息的产品，如今只存在"80 后"以上的人的记忆里，后来者根本无法想象。而曾经的 BBS，也是很多年轻人流连忘返的地方，如今也只能成为一些人记忆中的文字港湾。

不可否认的是，传媒业是具有高回报率的朝阳产业，这也是资本密集进入，以图抢占先机的缘由。而新的媒介技术往往会成为资本驱逐的那一线亮光。近些年，光纤技术、宽带技术、卫星传输技术、压缩编码技术、芯片技术、多屏互换技术、显示屏技术、软件平台技术、分布式计算技术（云计算）、5G 等高新技术的前后出现，惹得资本争相追逐、前赴后继。目前像 5G、大数据处理运用基础之上的人工智能技术、智能芯片等都是资本眼中的宠儿，期冀着开启一片新的"蓝海"，希望能够提前布局并进行投入，以便未来有所斩获。而大数据产业规模日益庞大，与新的视听媒体联合发展，通过人工智能技术的使用将给受众带来全方位、多层次的不一样的感官体验，也将给资本带来更多的盈利空间。另外，像近两年兴起的 VR 产业，特别受资本青睐，在 VR 游戏、VR 动漫等方面投入了巨资开发。在 VR 新闻生产方面，BBC、美联社、《纽约时报》、赫芬顿邮报等不惜血本进行试验，以便生产和制作出受众欢迎的虚拟现实新闻，售卖"内容+设备"的 VR 套餐，或者收费观看等。黎瑞刚所在的华文文化投资控股集团 2017 年出手，入股全球顶尖的 VR 直播公司 NextVR，展示出 VR 产业作为新媒介技术的巨大市场潜力。目前，"视听新媒体日益与各类相关技术、媒介以至社会相互之间深度渗透融合，呈现出融媒体和多任务处理，虚拟世界与现实世界、媒介与社会之间互动聚合的特征"[1]。

"技术为媒介提供新的可赢利的资源并增强不同媒介间的联系能力，从而为媒介合作提供了新的机会。"[2] 技术对媒介发展的推动是无与伦比的，麦奎

---

[1] 庞井君：《视听新媒体发展的基本趋势》，《中华读书报》2013 年 6 月 28 日第 21 版。
[2] ［美］大卫·克罗图、威廉·霍伊尼斯：《媒介·社会——产业、形象与受众》，邱凌译，北京大学出版社 2009 年版，第 366 页。

尔认为:"每一种媒介都可以从技术、物质形式、典型模式、文类、功用以及制度环境的观点来讨论。"① 麦奎尔非常重视媒介技术的作用,知道传播特别依赖技术的发展,新技术会带来新的传媒发展机遇。而如前所述,默多克不断引用一位科幻作家克拉克的话来强调这一点:"在争取信息自由的斗争中,成为最终决定因素的是技术,而非政治。"② 目前像传统电视借助资本力量,力求在技术革新方面实现突破,实现制作播出内容的多屏互换。备受资本青睐的互联网电视 OTT 技术就是这样的。"指互联网公司越过运营商,发展基于开放互联网的各种视频及数据服务业务。"③ 这种有效的技术方式一定程度上可以让电视媒体制作的内容到达各种屏幕,实现多屏共赢。在资本的作用下,以互联网为基础的多元智能传播体系中,新的视听媒体会一举占领大多数用户,从而会出现"网络的竞争就是寡头独占式的极致化竞争"④。传统电视已经开始放下身段,主动与具有更高技术标准的新的视听媒体进行资本联姻。

就美国五大传媒集团而言,面对新媒体的冲击,兼并与重组、跨行业发展等是不变的策略,而对技术的追求是提前布局的重要手段。贝塔斯曼本是从事图书出版行业,面对互联网新媒体的冲击,以发展电子商务为起点最早进入互联网领域,然后再以各子公司的品牌为依托,将传统媒体内容与互联网平台发展紧密结合起来。像 1995 年与美国在线(AOL)合作,贝塔斯曼成立了在线服务公司 AOL Europe,开启新媒体扩张步伐;2002 年更是大胆出击,通过收购部分股票入住 Codeonline 公司,介入互动手机游戏领域等。而迪士尼公司面对新的视听媒体的冲击,也是想方设法突围,1999 年与 Infosee 公司联合创办了门户网站 Go.com,直接向网络视听媒体转型。默多克的新闻集团更是出手不凡,如前所述,面对新媒体新技术的冲击,并购全美最大的卫星电视节目供应商 DirecTV,发展电视新媒体;收购 MySpace.com,直接把电视内容整合到福克斯交互媒体公司里,进军社交网站;后来又看到游戏产

---

① [英]麦奎尔:《大众传播理论》,崔保国等译,清华大学出版社 2006 年版,第 16 页。
② [英]威廉·肖克罗斯:《媒体巨人默多克传奇》,池俊常等译,华夏出版社 2001 年版,第 93 页。
③ 邬建中:《浅析大数据时代我国互联网电视产业的发展策略》,《现代传播》2013 年第 12 期。
④ 喻国明:《关于当前传媒发展的若干思考》,《编辑学刊》2014 年第 5 期。

业巨大的盈利能力，收购了美国第一自由在线体育网络 Scout.com 和生产体育杂志的 ScoutMediaInc，发展视频游戏业务；到了 2007 年，默多克新闻集团与美国 NBC 环球公司共同创办 hulu 视频网站，成为全美访问量最大的视频网站之一。

从上述例子可以看到，美国五大新闻集团在频频兼并重组或并购战略中，对新技术的重视可见一斑。不管什么时候，只要新技术改变了媒介生态，冲击到传动的业务，五大新闻集团会迅速做出反应。特别是第二次互联网浪潮后，以互联网为基础的新的视听媒体层出不穷，五大新闻集团也就"采取主动战略，全面进入多媒体数字领域，发展宽带、移动通信、视频点播、网络游戏等多种新业务"[①]。可以看出，无论是默多克收购《华尔街日报》，还是汤姆森收购亚洲分社，都是坚持原创，坚守阵地，但同时又不断收购新媒体来占领新的业务盈利平台，这是五大传媒集团应对新媒体挤压的统一策略。因为对新技术的认可、判断和期待，五大新闻集团勇于大胆出手，才有了今天的强势地位。

另外，随着媒介技术的更新换代，未来的视听媒体竞争中将在资本支持下会进一步的细化传播每个环节，"原来既做内容生产，又做聚合、发行，还做相关业务的全能型企业，有可能向细分化方向发展，形成一批在产业链各个环节上的专业化企业"[②]。这是资本运作的结果，投资方不希望自己的投资一去不回。资本也会在一定的数据基础之上确定自己的发展目标。比如乐视网于 2011 年 3 月成立乐视影业公司，新公司的主要业务定位于电影市场——比如进口片《敢死队2》、国产片《小时代》系列、张艺谋的《归来》等一系列票房斩获颇丰的影片，都是出自乐视影业公司之手。可乐视公司并没有停留在这样一个业务定位上，在有一定规模的基础上进行数据分析，开始多元发展，扩大规模同时又分散分享，比如通过资本投入加强内容制作力量和平台建设，目前正在打造"互联网+"、视听内容、智能终端，已经制作出不少汽车、体育视听节目，正不断创造出新的价值。

---

① 刘玲：《世界五大传媒集团新媒体战略比较分析》，《出版科学》2011 年第 5 期。
② 杨明品：《中国视听新媒体发展趋势分析》，《传媒》2013 年第 11 期。

事实上,现在的传媒经济体量大、覆盖广、数据板块结构完善,政府、企业、个人等公开信息可以融汇到一起,将多重数据结构整合后进行分析性预测,会在许多方面起到事半功倍的成效。更宽泛地看,大数据可以对每个人的行为和发展状态进行预测。这里面的市场前景无限美好,新的蓝海看上去十分宽广。可如何认准一个朝阳产业,大胆通过资本运作去占有、利用大数据基础上的新技术新媒介,由此形成强大的综合传媒集团来推送数据信息和预判大多数的未来生活,还需要所有传媒从业者去考量。当然,最关键的是,资本的嗅觉四处延伸,跃跃欲试,各种可能都在闪现,"可以预见,移动视听新媒体是下一个资本集结的领域,必然产生新的行业巨头,并改写视听传媒产业版图"①。

四 以资本打造视听媒体全球开放传播平台,用平台聚拢各种资源

随着网络的全球普及和技术手段的迭代发展,现在像时代华纳这样的综合传媒集团可以将自身机构遍布全球,在第一时间将世界各地的信息进行有机搜集、整合、传播、扩散。像 CNN 等媒体利用遍布各地的记者或通讯机构,可以对世界各地发生的大事迅速、准确、及时地进行报道,在网络平台上甚至能实现即时化的现场报道,这一定程度上缩短了空间的距离,有实现信息传输方面的"地球村"的可能。也就是说,在资本力量的支持以及综合、庞大的传媒集团化发展过程中,"已经看到媒介和传播以及它们作为推动全球相互依赖性最重要的动力角色"②。

1. 平台发展越来越多趋向全球化。除了谷歌、Facebook 这样的平台巨头之外,就美国电影来说,面临的市场情况是,美国只有 3 亿多人,而全世界有 70 多亿人,是美国人口的 20 多倍,美国好莱坞电影如果只是围绕本土题材和内容来制作播放,那么本土票房或许只能够维持成本,而放眼全球,如果能制作出像《泰坦尼克号》《阿凡达》那样全世界大多数观众都喜欢看的电影,那么全球票房加起来,就会让一家电影公司赚个盆满钵溢。从这个角

---

① 杨明品:《中国视听新媒体发展趋势分析》,《传媒》2013 年第 11 期。
② 陈韬文、黄煜等:《与国际传播学大师对话》,中国人民大学出版社 2011 年版,第 50 页。

度出发，对美国电影公司而言，全球化战略就异常重要。当然，不一定每一部电影都要围绕世界观众来制作，但大的影视公司肯定要考虑一部影片的成本支出和盈利能力，受众越多效益会越好，所以拍摄之初就会考虑到在全球播放形成的效益。像漫威漫画公司（Marvel Comics）与DC漫画公司（DC Comics）为美国齐名的漫画巨头，1941年3月的创刊号创作了首位以爱国为主体的超级英雄——美国队长，当时漫画创作主要以本土受众为目标，后来创作的蜘蛛侠、钢铁侠、绿巨人、金刚狼、恶灵骑士、蚁人等8000多名漫画角色和复仇者联盟、X战警、银河护卫队等超级英雄团队，开始定位于全球读者，好多是拯救全球的英雄人物，吸引了大批量的男性观众。而迪士尼公司发现自己公司的影片大多为年轻女性观众，急需扩大男性观众时，2009年便以42亿美元的高价将漫威漫画公司并购过来，在漫威漫画公司与派拉蒙公司合作拍摄了《复仇者联盟》和《钢铁侠3》之后，花了1.15亿美元将两部影片的发行版权买下来，定位于全球市场铺开发行，最终两部影片票房分别达到15亿美元和12亿美元①。

2. 视听媒体内容全球化，运营全球化，传播和受众主体多元化、移动化、社交化等成为大势所趋。当下的综合传媒集团是集资本运作、互联网平台运营于一体，有各种集成播放平台，也有各种信息传输渠道，以便能让用户在不同的时空里掌握到最新的信息，更加方便于用户来获得黏性，"如BBC主导的'YouView'融合型平台打出'永久改变看电视的方式'的口号"②。在这样一个由四家公共广播电视机构和三家主要电信运营商联合出资建设起来的平台上，注册用户不仅能享受免费收看70多个数字电视频道的好处，还可以随时随地访问这四家广电媒体的在线点播回看平台，以及能够随时在苹果移动终端点播相关视听内容。像具有这样案例价值的还有国内兴起的视频网站优酷。优酷就是一种核心运作方式与物质载体的分享平台。通过平等、开放、共建、共享的理念汇聚了天下各种人士制作的多种多样的视频资源，从而可以以免费的方式获得曾经在传统媒体眼中以"内容为王"为至高理念的

---

① 参见陈焱《好莱坞模式：美国电影产业研究》，北京联合出版公司2014年版，第43页。
② 吕岩梅、朱新梅：《2012：视听新媒体发展动向》，《中国广播电视学刊》2013年第2期。

最宝贵的节目资源,产生巨大的粘贴效果与影响力。"分享平台适应了在技术进步与消费方式变化的背景下人们复杂的心理需求与信息需求。"① 事实上,分享平台更多的目的在于满足心理需求和功能需求,受众只有满足了心理需求和功能需求之后,才会从信息方面进行一些了解。互联网的基因就是分享与共建,像百度百科、优酷等平台在全世界都可以查看、使用。

3. 传媒平台式竞争将成为前几名的竞争。北京大学研究文化产业发展的学者陈少峰表示,目前国内大部分文化传媒企业综合实力不强,盈利程度不高,只有进行大幅的并购重组,提高行业的媒体集中度,才有可能诞生世界级的综合传媒集团。实际上,随着媒体转型升级和媒介融合的深入推进,将会有更大的媒体集团出现,以便在保证公共利益的前提下,更好地在市场中整合发展。当然,如何以开放包容的心态参与到媒体并购的潮流中,整合世界级产品、渠道、资源的公司,通过塑造国际品牌,培育核心竞争力,致力于多元化、国际化发展,以品牌效应和无形资产价值推动媒体产业联合,成为视听产品的创新工厂,已经是媒体经营者必须思考的问题,这是一个必须要走的道路,随着发展,不是你并我,就是我并你。不过在传媒行业,往往是前几名的平台,拥有绝大多数的市场份额,这也意味着,在这样一个激烈的竞争过程中,通过资本的力量、媒介技术的力量,传媒平台式发展改变了人们的生活方式和思维结构,"而被技术与资本联手打造起的新数字媒介,反过来,也在社会、经济、文化等各个层面对人们的生活产生了巨大的影响"②。但同时,在借助资本力量打造全球平台的过程中要考虑到,"用资本而不为资本所用,即所谓'传媒控制资本、资本壮大传媒'的愿景"③。在全球化过程中,平台式的竞争将更加激烈,社交类平台也好,直播类平台也好,只有做到极致,在行业内排名前几位,才能发展得平稳与健康。

4. 基于平台的分众化传播将更加明显。不过要看到的是,在传媒市场中,全球化不一定意味着非要大众传播,覆盖到每一个人。全球化可能会带来巨

---

① 陆小华:《新媒体观——信息化生存时代的思维方式》,清华大学出版社 2008 年版,第 160 页。
② 程洁:《新数字媒介论稿》,上海三联书店 2007 年版,第 176 页。
③ 裘正义:《传媒与资本需要相向而行》,《中国报业》2014 年第 13 期。

量的分众化，会产生一个更加分化的世界。当然，这是一种基于某种基本的价值理念基础上的分众化，会产生一种结构性的力量，而在此基础上的传播，是根据这个圈子的大小进行有目的有针对性的传播，而不是一味大水漫灌式的向全球传播。而且，移动化和社交化的传播方式会让受众更加分化。未来会是志趣相投者的集中营，喜好一致的人越来越会走在一起。而各种圈子之间交流会加大，但圈子不一定会打开。喜欢文学的、喜欢影视的、喜欢篮球的、足球的、羽毛球的、游泳的、户外运动的、科技发明的、生意的，圈子之间会有更多的视听内容共享。为此，制作机构会根据这样的爱好群体，打造不同的视听产品。

当然，视听媒体兼并的全球化发展肯定会出现庞大的媒体巨头，国际传媒大鳄们会经常在一张桌上吃饭并敲定相互产品的价格。"媒介所有制已经和本国政治取向以及经济系统中的其他各大产业达到了相当程度的融合，以至于它们已经成为世界级的势力联合体。"① "大公司犹如保护伞般控制着众多不同的媒体，并且可以用它们控制的某个媒体加强其他的部门，有时候它们还可以利用影响力改变新闻来投政府所好。"② 所幸的是，在这样的资本大潮中，一些公共性媒体依然坚挺。第二次世界大战中美国打败日本后，要求建立一家非商业性和非政治性的广播电视系统，并且不依靠国会每年的拨款维持。这就是日本广播协会（NHK）的由来。目前，是世界上内容最多的、节目最为丰富的非商业性电视系统，而英国广播公司（BBC）排名第二。这两家机构依靠向每个家庭的收视观众收取固定税而运营。这样的公共传媒机构，以公众利益为至高原则，有意识抵制资本对传媒的控制。事实上，越来越多的国家正在创办公共电视台或者公共视听媒体。"不要为了迎合资本市场而进行并购，因为整体传媒市场比较热，很多上市公司可能会被外部要求承受被并购的压力。"③

---

① [美] Ben H. Bagdikian：《新媒体垄断》，邓建国、张诗耘等译，清华大学出版社 2013 年版，第 93 页。
② 同上书，第 144 页。
③ 李庆：《传媒大变局下的媒体并购和基因重组》，《新闻实践》2013 年第 10 期。

五 传媒资本不断加强风险管控,"联姻"追求用户至上

当然,资本并购并不是一个简单的金钱叠加游戏,并购是在理念、业务、制度层面的一系列经营效率整合,在传媒业并购过程中,需要注意战略战术,需要正确认识并购目标,重视企业并购后的整合,同时要注意并购的时机问题。"发达国家大的媒介集团都重视这些方面:定位、产品系列化、明星制、大制作、相关产品的制作、宣传,还有覆盖和发行、窗口化策略、定价、新产品开发等等。而中国观点系统的唯一招数是改版,这是非常不够的。"[①] 视听媒体兼并是一种资本、资源、市场份额、产品种类等的有形兼并,也是企业文化与管理理念等的无形兼并。这种兼并会存在新旧媒体文化间不断磨合和冲突,会存在对市场认识、传播策略、用人差异、组织架构方面的不同理解,以及业务模式、重点产品、传播渠道等方面的差异。而这些方方面面的综合起来,往往会对两大传媒集团或企业之间的兼并带来种种制约,以至于影响着并购是否成功和并购后能否正常运行。像时代—华纳与美国在线两大巨头合并后,就出现了各种冲突与不合,以至于不断陷入危机,最终分开[②]。国内来看,国内像优酷、爱奇艺、搜狐、腾讯、乐视、芒果 TV 等视频类企业,就是多方资本运作来实现业务方面的快速发展,但这个过程中经常会有来自多方面的磨合与冲突。几年前湖南卫视经过一番协商后与淘宝网合资创立"快乐淘宝"公司,本意是媒体与电商的联合发展,可湖南卫视出于媒体思维,注重节目内容的可看性,而淘宝网则是互联网企业思维,注重经营效益和价值实现,双方的分歧使快乐淘宝公司在发展定位上始终飘忽不定,实际发展中的困难与双方合作时设想的差距较大。所以参与并购活动的传媒企业如何实现资源有效的整合,互相利用对方的优点,达到相得益彰的作用,在共同业绩方面取得突破,实现企业价值的最大化,是并购企业的最大目标。

"中国风险投资年鉴已经从 2009 年专门把传媒产业与其他产业区分开来列为与其他 11 个行业并驾齐驱的重要行业,进军传媒业早已成为众多风险投

---

① 李彬、杨芳、尹丽娟:《清华新闻传播学前沿讲座录》,清华大学出版社 2006 年版,第 59 页。
② 参见刘兆明《时代华纳美国在线的合并为何终结》,《新闻记者》2010 年第 2 期。

资家的选择。"① 风险越大，投资回报就越大。特别是新的视听媒体中因为媒介技术变革很快，隐匿的投资风险也就越大。投资企业应该科学而系统地分析制定针对该传媒企业进行风险资本的投资策略。当然，一家传媒企业发展并购的成功，会在管理、广告、价格、营销等方面表现出特别的商业模式，根本目的是赢得传媒帝国版图的扩张。不过，大多数媒体并购中存在诸如"贪多图大心理的陷阱；财务风险的陷阱；整合失败的陷阱"② 等，规避这样的陷阱，需要从深思熟虑，谨慎操作，毕竟"全球媒体兼并是资本、资源、市场份额、产品种类等的有形兼并，也是管理与文化的无形兼并"③。像法国维旺迪集团急速扩张失败就是活生生的案例，除了文化差异因素之外，"维旺迪的失败留给人们太多的教训：扩张过度、资金运转不灵、业务主线不清晰"④ 等，如果除传媒业之外的资本不熟悉传媒发展的基本规律、运作模式等，盲目进入，把其他行业的经验放置于传媒业资本运作，就会引发较大的风险，甚至投资失败。

同时还应看到，媒体市场并购加剧，出现超级报业公司以及后来的综合传媒集团，从资本运作来分析，并不是所有的并购都属于大鱼吃小鱼，其实也有"蛇吞象"的现象。比如1985年美国首府传播公司，就以借债的形式兼并了老牌的美国广播公司。在企业发展史上，这样的以小灭大的"蛇吞象"的案例层出不穷，传媒企业之间的兼并也不例外。

尽管"资本'半途而废'的例子要远远大于'善始善终'"⑤，不过仍然可以明确，"未来的传媒会是以内容为中心的，加入越来越多非内容的服务、非内容的价值创造的传播与服务"⑥，其实以互联网为基础的传媒经济，宽泛

---

① 胡其云：《我国传媒业引入风险资本研究》，上海财经大学，博士学位论文，2011年。
② 谢耕耘：《兼并和收购——媒体扩张与发展之道》，《新闻界》2004年第4期。
③ 殷晓蓉：《全球媒体兼并：本质特性何在——从20世纪90年代初时代—华纳的合并说起》，《新闻记者》2003年第2期。
④ 蒋春柳：《传媒并购中的文化整合——另一个角度解读维旺迪的失败》，《传媒观察》2005年4期。
⑤ 李金宝、王少磊：《媒体投资的"泡沫"——与喻国明先生商榷》，《出版广角》2003年第2期。
⑥ 喻国明：《传媒业未来比金融业有更高的价值》，2015年4月，中国传媒网（http://www.cmzz100.com/cn/G4/dajia/info/1523.html.）。

来看，像移动支付、互动交往等，都是在传递信息、接收信息，那么这样来看，传媒业的经济总量会越来越大，进行的资本交易也非常频繁。如此一来，未来的视听传媒产品，在打响品牌赢取市场的同时，更会通过资本运作来达到更大的规模和更高质量，以便在激烈的市场中抵御风险、立于不败之地。而这一切，最根本的还是需要从受众角度出发，用最好的体验让受众成为用户，"所谓差异化的媒介定位、个性化的媒介产品设计，本质上是由受众资源的特点和媒体所拥有的其他资源优势决定的"。[①]

总之，视听媒体的资本运作、未来发展逻辑必须建立在对人们日常生活逻辑的研判之上，以便在核心业务上得到长足发展或领先行业。同时，受众的社会生活习惯、消费方式、交往逻辑以及媒介技术和发展趋势等，都应成为视听媒体服务和着眼的重要领域，这也决定了未来发展机遇的根源、趋向和结果。可以说，视听媒体就是应该将用户的需求置于极重要地位，设定服务的价值和目标也是有利于用户的。这将意味着，资本力量在视听传媒业的发展中，不仅仅是对市场、利润、技术的把控，更重要的是对受众的细致了解和精细服务，由此进行精细化运作。

[①] 张天莉、李强：《媒介受众资源的认知、调整与增值》，《新闻大学》2006 年第 2 期。

第六章　未来视听媒介功能与受众价值

第一节　媒介补救与视听媒体未来发展趋向

受众的发展经历了漫长的变化过程。麦奎尔认为受众的形成是社会环境和特定媒介供应方式的产物。无论是古希腊、古罗马时期聚在一起听演讲的城邦听众、观看竞技的城邦观众，还是中国的说书听众、戏曲观众，抑或是小说散文读者，都是受众的原始雏形。从印刷品的读者到广播的听众再到电影、电视的观众，以及后来的网民们，都可概括在受众的范畴里。受众是随着大众传播的产生而产生的，也是视听媒体进行信息传播的最后一个环节、最终目标所在，成为传播学界重点研究的一个内容。而"批判学派的眼里，"大众受众"一词多少带有贬低的意思，意味着个性丧失，非理性和缺乏自我意识"①。在马尔库塞看来，受众是被控制和同质化了的单向度的人，他们缺乏思考而不知辩解，只是一味地接受或顺从，而传媒却可以将"心理无知"强加给他们，"单向度的人，既是丧失否定、批判和超越的能力的人。这样的人不仅不再有能力去追求，甚至也不再有能力去想象与现实生活不同的另一

---

① 刘燕南：《〈受众分析〉：解读与思考》，《现代传播》2006 年第 1 期。

种生活"①。经验学派的受众研究,起初是因为广告主的要求而产生的,是对消费品市场的调查和受众需求调查得出受众的基本轮廓,比如教育程度、收入情况、爱好什么等。对商业媒体而言,只有受众越多,广告主才会越喜欢,因为广告主在购买广告时间段的时候,也购买了成千上万观众的眼球,"节目只是一个包装,里面的真正产品是观众"②。

如前所述,视听媒体的内容制作、传播策略、节目运营、技术革新以及资本运作,最终目的是受众。广义来看,受众和接收媒介都属于接收主体。因为现有媒介的功能不足,使受众提出了更高的要求,以至于媒体经营者根据受众需求生产出更有利于传播和阅读的媒介。媒介也在创造文化,开放的、个性的、社交的文化。当下的电话、电视、计算机、互联网、可视电话、智能机器人等诸多媒介功能的不断综合,再加上以互联网为基础进行的数字化传输,造就了今天如 Facebook、微信、今日头条、抖音等开放性媒介平台。就近期的技术而言,百度的"神灯搜索"能呈现出可视的立体化的全息影像,阿里巴巴集团和湖南电广传媒、DMG 印纪传媒强强联合后打造智能家庭互联网,这些都使媒介的功能放大增强。而随着媒介的发展,一直备受欢迎的智能手机 iPhone 制造者称 iPhone 8S 将成为苹果手机的绝唱,手机这一媒介很可能被其他媒介取代。媒介技术在市场的驱动下不断满足或迎合受众的需求。

"在我们所处的时代,置身于变革的风口浪尖的不再是技术本身,而是技术所带来的人的素质进步。"③ 那么从视听媒体的接收主体来看,视听媒介与受众的发展会呈现怎样的关系?未来的智能电视会是什么样子?掌中的手机是否会被智能化的穿戴设备代替呢?分布式场景化设备和人工智能技术将会给传媒业带来怎样的变革呢?"依照海德格尔的技术观,媒介绝不仅仅是器物,更重要的是它敞开了一个可见的世界和空间,在此邀约了一系列的关系和意义,并由此建构了我们的观念。换句话说,媒介成为人们通向意义世界

---

① [美] 赫伯特·马尔库塞:《单向度的人》,刘继译,上海世纪出版集团 2008 年版,第 205 页。

② [英] 詹姆斯·卡瑞、珍·辛顿:《英国新闻史》,栾轶玫译,清华大学出版社 2005 年版,第 149 页。

③ [美] 霍华德·莱茵戈德:《网络素养——数字公民、集体智慧和联网的力量》,张子凌等译,电子工业出版社 2013 年版,第 3 页。

的端口。"① 从受众需求来看,视听媒体的媒介变革和意义构建将会呈现出这么几方面特点:

一　视听媒介服务将愈加贴近人性,不断满足受众感官认知需求

从考古发现的冰河期的牙骨上的符号,到古代帝国的莎草纸、印加人的结绳记事,后来用于记账的文字的出现,到中国纸张的发明、8世纪木刻版印刷的广泛使用,以至电报的兴起,报业的发达、电影的视觉盛宴,广播电视的繁荣壮大,再到目前互联网的普及和"互联网+"的提出,媒介在记录世界的同时也深刻改变着世界。到目前,视听媒介已经成为我们生活的一部分,与空气、水一样至关重要,没有视听媒介信息的生活,或许人类会枯死如荒漠。

"如果一项技术产生于文化内部或外部,而且这项技术能够赋予我们某项感官以新的侧重或优势,那么我们所有感官之间的平衡比率将得到调整。我们所感觉的世界不再是原来的世界,我们的眼睛、耳朵和其他感官不再保持原来的感觉。"② 技术无形中在改变人们以前认知的世界,并将这个世界不断拉到眼前。在《数字麦克卢汉》一书中,美国媒介理论家保罗·莱文森对于"媒介是人体的延伸"进行阐述,提出媒介演化具有"人性化趋势"和"补偿性媒介"理论,认为一切媒介的作用在于补救先前产生的存在某些功能不足的传统媒介,而且会取得立竿见影的效果,"是对过去某一种媒介或某一种先天不足的功能的补偿或补救"③。事实上,从媒介发展历程来看,结绳记事的符号容易造成理解上的歧义,于是有了较为准确的口语传播,可口语传播限于人类声音的大小、传播的远近、时间的长久与内容的多寡,传达到的内容、时间和空间方面十分有限,所以柏拉图碍于这种传播方式的不便,甚至提出一个城市面积的大小规划,应该以一个人站在市中心广场上,高喊一声

---

① 胡翼青:《显现的实体抑或关系的隐喻:传播学媒介观的两条脉络》,《中国地质大学学报》(社会科学版) 2018 年第 2 期。
② [加] 马歇尔·麦克卢汉:《谷登堡星汉璀璨——印刷文明的诞生》,杨晨光译,北京理工大学出版社 2014 年版,第 89 页。
③ 邵培仁、廖卫民:《思想·理论·趋势:对北美媒介生态学研究的一种历史考察》,《浙江大学学报》(人文社会科学版) 2008 年第 3 期。

能够传到的范围为界限。可见，口语不适合在更大的区域范围或向一个国家内受众传播，于是文字补救了口语传播在空间方面的种种限制，把文字信息传达到更遥远的地方去，并且能够长时间地保存下来，以此为据。不过文字毕竟写起来慢，存储介质也相对有限，而且传达给许多人时，需要对同一内容进行大量的抄录后分发出去，于是印刷媒介出现了，很好地解决了文字复制的问题。但印刷后的文字还是存在一系列缺陷，作为抽象性的文字符号，因为很多人教育程度有限而不能完全理解掌握，同时即便文字叙述再怎么"生动形象"，也只能让人想象其中的场景、人物语气动作等，一千个读者心中有一千个哈姆雷特，但面对信息传递时，文字难以准确具体地还原当时的场景，甚至会出现"瞎子摸象"的情况，在这样一种情况下，随着物理学发展和技术革新，人们发明了广播。广播媒介是对文字媒介的一种补救。广播可以让声音跨越时空"再现"在人们面前，而且通过生动的语气、随性的聊天等能让人们感受到绘声绘色的效果，听众可以从身边同样语气、口音的人身上推测到广播里播音者的姿态；但广播依然无法展现真实情景，只能听到声音而看不到场景，缺憾依然很大，于是电视出现了，文字、声音、图像等形式都可以在电视屏幕上表现，而且声画合一、现场感强。但电视有无法移动、难以互动、伴随空间有限等缺憾，笔记本电脑、平板电脑、手机等移动化媒介就应运而生，加上以互联网为基础的各种媒体互动功能增强，而且在不断推陈出新，移动视听媒介功能快速放大。

目前视听媒介的发展不断趋于移动化、轻薄化、自动化、智能化、社交化，充分利用碎片化时间优势和延伸空间的优势，技术赋权不断向日常生活渗透。而各大视听媒体视频网站也好，传统电视也罢，在不断探索内容方面的多屏传播以及分屏传播，以便给用户提供多方位的、综合功能齐全、十分满意的服务。在这样一种情况下，智能手机的功能会越来越强大。无人机航拍镜头、无人机采集新闻资讯技术已经普遍运用，特别是在自然灾害如地震水患、爆炸现场、污染源头等的无人机采集新闻技术，让受众视听媒介第一时间掌握信息和冲锋陷阵的能力。VR、AR技术将会使受众身临其境，进入新闻现场情景。视听媒介使用起来更便捷、更符合人的感知和认知需要，甚至未来的媒介不断会模仿或复制人的认知和思考模式，以便按照人的意志来实现媒介的价值。像传统电视目前向云电视、SIRI 电视、社交电视转变过程中，不断满足受众收视需求，表现出一种人性化的发展趋势。

"适者生存的媒体才是合适的媒体"①。视听媒体将借助更加便捷、即时、轻薄的媒介形态，打造适应不同媒介渠道的视听产品。随着媒介技术的发展，业界认为视听媒体的发展会更便捷周全，"进一步摆脱了对这些时间、地点、环境、终端、平台等多种因素的依赖，完全围绕着人本身不断变化的需求，持续性地提供花样翻新的各类内容和服务"②。视听媒介更符合人性需求，"将朝着以人为中心的方向继续演进，不断为人们带来新的体验，创造新的惊喜与奇迹"③。

二 视听媒介发展更具艺术和智能化，有望成为生活助手

视听传播因其声画合一、直观生动等特征深受受众认可和喜欢。普通百姓也好，科学家、企业家也罢，不断在追求更艺术化、智能化的传播载体和传播方式，而媒介除旧换新也极力朝这个方向发展，越智能化，越具颠覆性和冲击力。数码照相技术颠覆了胶片成像技术，让昔日无比辉煌的柯达一蹶不振；平面触屏手机颠覆了诺基亚的键盘式输入，让曾经成为手机中的战斗机的诺基亚几乎销声匿迹；微信兴起后博客、微博人庭冷落，对手机移动通信盈利造成巨大冲击……新的媒介工具作为信息载体出现，无疑更有品质、更多功能、更具艺术、更加智能。

"玩具—镜子—艺术"是莱文森认为的媒介演进路线，认为媒介技术"不但要能够复制现实，而且要能够以富有想象力的方式重组现实"④。目前来看，人们接收视听信息的客户端基本有以电脑为代表的 PC 端、以手机为代表的移动端，加上客厅里伴随家庭生活的电视端，这几大媒介成为人们使用的主要信息和传播载体。而这些载体一直朝智能化方向发展，老式的电脑、手机与

---

① ［美］保罗·莱文森：《数字麦克卢汉》，何道宽译，社会科学文献出版社 2001 年版，第 287—288 页。
② 张玉玲：《视听新媒体时代——变化刚刚开始》，《光明日报》2013 年 6 月 13 日第 16 版。
③ 庞井君：《视听新媒体发展的基本趋势》，《中华读书报》2013 年 6 月 28 日第 7 版。
④ ［美］保罗·莱文森：《莱文森精粹》，何道宽编译，中国人民大学出版社 2007 年版，第 33 页。

现在的电脑、手机从形状到功能上根本不在一个层面。随着互联网的发展，现在用手机、平板电脑能连接网络收看视听内容了。各终端的互联成为一个大趋势。刚诞生的黑白电视动不动收不到信号、图像模糊，而现在联网的智能电视上，你可以看到正在直播的上千个电视频道，也可以看到分门别类的各种视听媒体 App 客户端，时政新闻、财经新闻、电视剧、电影、游戏、搞笑、娱乐、惊悚、幽默等在同一个 App 里归类到不同的版块，另外通过智能电视，可以交水电费、学唱歌、听英语、打可视电话、玩游戏等。中怡康及国美公布的数据显示，"未来三年中国智能电视的产量规模年均复合增长率将有望达到 65.1%"①。

媒介融合不断引发媒介的裂变与重组，VR 虚拟现实技术、多维演播室技术、网络游戏、全息视频等让受众越来越多了一分"仿真"的感觉，更富视觉冲击力。凯文·凯利《科技想要什么》② 一书中指出，未来会有更多颠覆性的媒介产品出现，而且越来越灵巧、制作越来越精美、充满"艺术"的想象力，比如人们可以在皮肤上植入芯片，空中全息成像的方式来代替手机或电脑，到处都是分布式场景化设备，你仅仅通过个人身份验证或扫描面部、手指来随时在身边任何一个移动或固定的场景化设备上浏览视听新闻、上网聊天、打游戏、实现各种智能操作；哪怕我们熟悉的文字阅读，也随时可以边看边听电脑阅读；而且未来会有"能说会道"、唱歌跳舞、替你选择和处理大量信息的智能机器人的出现！你可以随时命令或安排机器人给你播放视听新闻或者听它给你分析各种话题。

视听媒体智能化的发展趋势，促使更多技术人员投身传媒业。过去传媒行业总以为是文科生驰骋的战场，现在看来，越来越多的技术型人才主导着视听媒体的发展。就视频网站而言，搜狐视频、优酷土豆、爱奇艺、迅雷看看、腾讯视频等这些互联网视听媒体创立者或者领军者具有非常鲜明的"技术"背景。当下多屏时代的出现，轻薄化、小型化、智能化的技术型媒介工

---

① 朱新梅、熊艳红：《2013 年中国视听新媒体发展动态》，《中国广播电视学刊》2014 年第 2 期。

② ［美］凯文·凯利：《科技想要什么》，中信出版社 2011 年版，第 234 页。

具也会越来越多，智能程度远超普通人想象。像网易通过制作 VR 虚拟技术视频，全景式再现了切尔诺贝利事故场景，让受众切身感受到 30 年前苏联人遭遇不幸时的震撼和恐惧。比如"谷歌眼镜"，给用户带来巨大的视听信息组合。它能集手机、电视功能为一体，还可以随时上传下载，带来全方位的、更加真实的视听信息集群和视听体验。这是未来视听媒体发展的组合模式。一个人在西藏旅游，他所能看到的西藏风光，比如宽阔的雅鲁藏布江、梦幻般的纳木错湖、奔跑中的藏羚羊、风中的五彩经幡等，都可以随时随地通过谷歌眼镜的按钮在网络里上传下载，与亲朋好友们共同分享，特别是一些重病加身无力到高原去旅行的人可以通过其他游客的"眼睛"，通过智能化的视听媒体，会发现人生难以企及的另外一片美好天地。不仅如此，以后的谷歌眼镜或类似产品还可以测量身体的多种功能，可以随时变焦，设置老视、近视模式等，综合功能会越来越多。

　　未来人们四围的一块块屏幕会被充分利用，成为智能化的视听媒体。除了新闻浏览、综艺节目、电影收看等之外，智能交互式电视、可遥控洗衣机、声控电灯、智能化冰箱等，为受众提供更多的综合服务功能，让人们感受到媒介技术在家庭场域和生活场域的传播重构力量，除了传播视听新闻、节目外，"新型视听终端还会引入重力感应、光线感应、手势输入、语音搜索、语音翻译、柔性屏幕、3D 游戏、投影仪、画板等新技术，进一步提升用户的视听体验"[1]。不仅如此，现在越来越多的人工智能技术应用于媒体发展当中，比如智能穿戴设备、虚拟增强现实、机器人主编、机器人写手等。Facebook 的 CEO 扎克伯格就说未来重点发展方向就是连接世界、发展人工智能和发展虚拟现实。"新的科技总是用一种我们熟悉的、跟过去时代相关联的形式出现"[2]。

　　媒介形态和功能的艺术化、智能化，使视听媒体越来越"脱媒化"，成为一个宽泛意义上的媒体。"在未来，媒介也许是整个社会系统运行的导体，而

---

[1] 庞井君：《视听新媒体发展的基本趋势》，《中华读书报》2013 年 6 月 28 日第 5 版。
[2] ［英］戴维·莫利：《传媒、现代性和科技——"新"的地理学》，郭大为等译，中国传媒大学出版社 2010 年版，第 213 页。

媒体人和 IT 人也终将在后信息过载时代激情合体。"① 人类的生活方式、思考方式、消费方式、出行方式乃至生存方式等都发生了巨大的改变，智能化的视听媒体不仅提供各种各样的视听信息服务，同时可以打理你的生活，做你生活的助手，还可能成为你情感的伴侣。一个虽然不是特别累赘但可以被取代的手机就没必要带在身上，互联网服务会像空气、水一样成为一种自然而然的常态，人们接收一切信息都可以在梦幻般的光影中以可视化的方式完成。视听媒体"脱媒化"已经成为趋势。在这个世界中，你会发现无处不在的智能运用，智能化的机器人、智能化的房屋、智能化的公交车、智能化的网络等，只要你能想到的，就会以一个智能化的姿态活灵活现地出现在你的面前，而你没想到的智能媒体，也会充满"艺术化"地出现在你面前，让你大吃一惊。比如"未来天花板上的麦克风可以'听懂'人们的对话并适时'插嘴'提供相关信息"②。

三　视听媒体直播将进入常态化，"人人皆直播"与精品推荐并存

现在人们的手机里会发现有越来越多的直播内容。稍重大的事件都在直播，App 直播、各种软件直播、微信微博客户端直播等。传统电视媒体在嫁接新视听媒体过程中，大多新闻栏目都自建了自己的 App，可以实现第一时间的事件直播。像传统门户网站新浪、搜狐等在大多数城市的地方站点都可以实现对新闻事件的视频软件直播。过去只有重大事件电视才直播，而现在随着网络技术和去中心化的流媒体的发展，人人拿起手机，随时可以直播一场婚礼或者一次晚宴。视听直播更可能成为受众生活中的一种常态。而且直播和 VR 技术结合后，每个人可以介入到虚拟的直播现场，感受现场的氛围。

视频网站 24 小时不间断地直播越来越多，除了聊天类的直播外，综艺、真人秀类节目的直播不断常态化，像芒果 TV 出品的《完美假期》对 12 位年轻人豪宅内密闭生活的为期 90 天的不间断直播；腾讯视频的《我们 15 个》

---

① 周文：《后信息过载时代的传播求解和媒介未来》，2015 年 2 月，比特网（http：//net. chinabyte. com/122/13266122. shtml）。

② 译自 The Independent. 谷歌终极目标：《芯片植入大脑》，2013 年 12 月，搜狐网（http：//it. sohu. com/20131211/n391610308. shtml）。

全年365天不间断直播；乐视网打造的《女神的房间》也是采取类似的方式对选手表现进行房间内多方位的直播。而传统电视对大型政治活动、赛事、演唱会、综艺晚会等的直播也愈加频繁。除了传统电视、视频网站等对大型事件的直播外，数据显示，国内在线直播平台数量接近200家，"直播+电商"成为常见的营销手段，像网易旗下的直播平台网易CC和网易bobo就是如此。而其他的视频直播，如斗鱼TV直播网络游戏竞技、YY、一直播等让受众在随意聊天中放松快乐，以此来赢得广告费或打赏分成、转播版权收费等，这种直播新闻意义不大，信息真假难辨，而且有哗众取宠、博人眼球的目的，但属于视听媒体的一部分。随着最近新闻出版广电总局加强直播行业的监管，要求直播平台必须"持证上岗"，像斗鱼TV、虎牙TV、战旗TV、熊猫TV等，在拿证之前，难以开展个人秀场直播，更不用说其他新闻类、访谈类的直播节目了。

当然，整个视听媒体发展中直播常态化的趋势不会改变。未来一块块电子屏幕或全息屏幕分布在每个人的四面八方，播出正在发生的事件以及由此类事件引发的各种数据的三维动画分析。基于海量信息数据处理的可视化服务即将成为可能。不仅如此，随着3D全息影像技术的广泛运用，未来的视听媒体可以随时呈现出各个事件或物件的立体化三维图景，同时各种摄像机以及摄像头的摄录下，越来越多的视听新闻随时可能向全世界直播，一旦没有捕捉到相关画面，还可以模拟各种动画的方式呈现当时场景。人们工作和生活中随时会被各种直播的视听信息打乱，然后进入另一个媒体情境中去观看、思考。另外，四面八方越来越多的屏幕和摄像设备，视听媒体可以随时捕捉或者长时间记录发生的一切。如果受众确信新闻环境是不断变化的，新闻是从量变到质变的结果，那么未来的视听新闻将会最大限度地捕捉、呈现这些变化的过程。观察过程和观察结果都是新闻。而事实上，全方位的视听媒体报道可以准确定位新闻发生的时间地点，以及对各种新闻事实要素的准确呈现和多角度观察。

不仅如此，自媒体直播着每个人的生活状态。尤其是一旦遇到突发事件时，每一个的事件现场的记录者，也会通过自己的自媒体来直播事件发生时的现场情况。可以想象，未来全世界各地形形色色的摄像头，自媒体手里各种各样的像手机一样携带轻便使用简单的摄录设备等，都可以随时随地拍摄出视听内容并发布到网上，视听信息将出现裂变式、巨量爆发的过程，而其中许多内容会呈现出直播态，比当下电视新闻直播更丰富、全面和动感。"人人皆直播"将成燎原之势。特别是卫星技术广泛应用后，通过谷歌地图、百度地图等，未来可能看到一个城市或一条街道随时发生的变化。

而且，重大新闻事件现场、大型综艺节目演出现场等的直播，将会设置几十台乃至上百台机位，让观众自由切换机位来观看现场状况。观众在切换机位的同时，能从不同角度观察了解自己想看到的那一面，哪怕是后台的化妆、出场次序等。也就是说，未来的视听媒体直播不仅常态化，还是全方位的、尽量满足受众各种需求的。这样长时间的直播方式，比如一场动物迁徙的全方位直播，会给相关的科学研究、人文观察带来更多的一手材料和大量数据，只要观察者用心，可以掌握许多相关数据并从中获取灵感。当然，观察是客观的，而判断是理性的，在这样一个过程中，任何一方面的偏颇失误都会带来结果的错误。而全方位、多层次的直播会有效避免这一点，不管怎样，高度发达的视听媒体拍摄接收设备，加上基于海量数据研判之上的可视化服务和大数据算法基础之上的智能推荐，会让受众就同一内容在第一时间得到充足的多层面的有效的视听信息。当然，精品内容是直播业务突围的关键，像奥运会比赛直播、女排回国接机直播等，需要有强大的视听媒体来完成，而且还须不断升级专业制作内容和直播效果。

四 视听媒体发展将是人机一体化的过程，屏幕载体与人脑载体或合二为一

威廉·吉布森在1984年的小说《神经漫游者》中描绘了将电脑芯片植入人脑之中后带来的各种感觉体验，而以后随着技术的发展，这种可能会越来越大，芯片与大脑连接，也就意味着大脑与世界上的一切视听媒体相连接，意味着这个人的芯片和另一个人的芯片相互连接，两人的大脑也在连接，这时候一个人可以体验另一个人的感觉，可以置于他人的现实中并像他人一样去感受这个世界。可穿戴设备及芯片嵌入技术已经在探索且有了初步成效。而谷歌公司的终极目标就是大脑中植入微型芯片，大脑需要的信息，谷歌植

入的芯片会瞬间搜索后立即在大脑中得以呈现①。

从传统电视带着黑白雪花的影像到现在 4K 高清、Google 眼镜，媒介与人的关系最终会沿着"体外—体表—体内"这样一个进程发展。事实上，现在的苹果智能腕表 Apple Watch 已经具备体表的基本功能。在这种随身携带连接身体的智能腕表上，可以查看时间、拨打电话、语音聊天，可以浏览微信、微博中的视听信息和朋友圈信息，可以查阅当时天气、个人心跳等信息，同时还具有许多综合服务功能，比如即时通信、社交、陌生人交友、验证功能、金融支付功能等。目前许多老年人使用的可穿戴设备，就具有一定的连接人机的功能。

媒介是人体的延伸，麦克卢汉如是说，后来者也紧紧跟随，"工具和机器的发展过程，是人们试图改造环境，使人的机体得以加强和维系的过程，这种努力给人的机体以原来所没有的能力，或者在人的机体之外创造出一系列有利于自身平衡和生存的条件"②。未来的视听媒体的功能不仅仅传播某种信息或提供娱乐服务，更有可能是一种：视听内容＝视听信息＋视听体验＋视听场景，可视化、体验化、场景化、个性化成为显著特点，而媒介越来越泛化，媒体以及相应生产的视听信息会无限增多，各种自媒体加上各大视频网站、社交平台、移动手机、户外大屏、楼宇视屏等内容逐渐综合为一体，最终促使人与媒体走向人机合一的状态。首先是人与机相连，其次是机与机相连，再次是人与人相连，最终连接周围一切，"因为科技无处不在。它完全控制一切活动，指责一切非技术的解决方案不可靠或者无效力"③。媒介技术的快速发展，制造出的就是这种人机相连、互动乃至连通一切的智能传播体系。在这个体系中，传统生活中建立起来的社会关系会逐渐消退，更多的人退缩到自己的信息茧中，专注于各种视听媒体搭建起来的形形色色的网络关系。而各种视听信息，将会随着技术手段，越来越智能化地显示在人们眼前，或

---

① 译自 The Independent.谷歌终极目标：《芯片植入大脑》，2013 年 12 月，搜狐网（http://it.sohu.com/20131211/n391610308.shtml）。

② [法]刘易斯·芒福德：《技术与文明》，陈允明等译，中国建筑工业出版社 2009 年版，第 11 页。

③ [美]凯文·凯利：《科技想要什么》，熊祥译，中信出版社 2011 年版，第 232 页。

者直接传入大脑,终将使"一切媒介或技术,语言也好、武器也好,都会成为新物种或技术的环境"①。

像目前有些身体里嵌入的芯片可以测量人体血压血脂等症状一样,以后媒介与大脑神经相连后,人脑就是一个信息接收与发布平台。尽管这种技术目前处于设想状态并且一时难以企及,但已经在探索之中。像手机全息技术已经出现一样,很多曾经以为是想象的技术和场景正逐步得以实现。就人体与媒介的相连,最典型的莫过于谷歌眼镜。2014年7月谷歌眼镜正式开放直播功能,只要传收双方戴上谷歌眼镜后,在巴厘岛度假的传播主体就可以将眼前看到的一切景象通过谷歌眼镜拍摄后即时传送给远方的亲人;医生戴着谷歌眼镜直播实施手术的过程,没来得及去手术室的学生可以通过谷歌眼镜或其他视听媒体来接收观看学习;学生可以佩戴谷歌眼镜直播课堂上教授的讲课内容给远方的兄弟姐妹。虽然这一功能目前因为隐私、成本等问题被叫停,可它研发的方向意味着人与人的互联乃至人与世界的互联并非遥远。

一副跟普通眼镜差别不大的谷歌眼镜,佩戴之后可以将万里之遥的两个人或几个人从感官方面相互连接,人与人相连、人与物体相互连接,这种状态会让受众之间不用再通过具体的媒体平台进行交流,而是直接通过一个媒介从感官、气味、温度等多方面的交流。这样的媒介技术不断增多,人的神经就可以连接到更多的媒体平台或生产接收终端。比如人可以跟所有的摄像头连接,通过面部识别技术来找到自己想要找的人。这种情形下,如果将人作为一个传播载体,那么人脑就是一个信息收集和处理的虚拟屏幕、内核,而且这个屏幕从信息选择、接收到反馈来说,显得更为重要。也就是说,传播载体一直顺着两条线在实现,一是外在的屏幕载体,二是内在的人脑载体。当二者合二为一时,才能达到传播的至高境界,会无时差地汇总和处理巨大的信息量,成为人类感知系统的重要组成部分。媒介也由此成为人体的一部分。事实上,"从客厅里的大屏幕到便携高清晰小屏幕,再到可以折叠的大屏,这些改变无不体现了视听新媒体不断创新的技术、业务对用户需求、人

---

① [加] 马歇尔·麦克卢汉;[美] 昆廷、菲奥里、杰罗姆、阿吉尔编,《媒介与文明》,何道宽译,机械工业出版社2016年版,第170页。

本价值的挖掘和捕捉"①。

预言家认为,作为当下最具影响力的视听媒体——手机将在五年之内消失,未来会出现具有自我意识的智能机器人,替人们通知和处理各种需要的信息。而智能芯片等一旦植入身体里面,就成为一个综合媒体,让人们接收、使用信息更加私人化、灵活和方便。媒体内容无限增长,而媒介却更加轻薄与便携,甚至成为人体内部的一个构件。同时,因为有了分布式场景化设备和智能机器人,媒介的传播系统会更加开放,也更加强大。这将给人们的生活、行为习惯带来冲击性改变:"一切技术都是肉体和神经系统增加力量和速度的延伸。"②

第二节 视听媒体受众特征与个体呈现

作为接收主体的受众,对视听信息最终的走向和价值生成具有决定性的作用,把握新的媒介生态中的受众特征以及每一个个体的价值取向,无疑对视听媒体内容的有效传播起到举足轻重的作用。从传播学的基本环节来看,传统的受众一直处于被动的接收状态,而当下以互联网为基础的多元智能传播生态颠覆了以往单向的大水漫灌式的传播,点对点、多对多、面对面,受众通过不同渠道、不同媒介获得信息,再通过自己的判断来处理这样一个信息。可以说,受众是传播的终端、信息的终结者,又是信息的再造者、续传者,传统的受众角色已经被终止,"取而代之的是搜寻者、咨询者、浏览者、反馈者、对话者、交谈者等诸多角色中的一个"。③ 同时,受众分散于不同的国家、民族和地域,数量上随时变化,没有固定组织,混杂在信息过载、良

---

① 庞井君:《视听新媒体发展的基本趋势》,《中华读书报》2013年6月28日第5版。
② [加] 马歇尔·麦克卢汉:《理解媒介——论人的延伸》,何道宽译,译林出版社2011年版,第111页。
③ [英] 丹尼斯·麦奎:《受众研究》,刘燕南等译,中国人民大学出版社2006年版,第134页。

莠不齐的媒介环境中，却又形成一种巨大的力量改变着一切。像视频网站、手机电视、IPTV、微信视频公众号等的受众，收视环境更具私人化，收视内容海量化，不用在公共场合或者家庭集体来收看，观赏体验方面更加自由方便轻松自在。也就是说，传播形态的改变和受众身份特征的转变，对整个社会而言，是信息资源的重新配置、人们生活结构的重新改造、每一个个体价值的再次激活。把握视听媒体的受众在多元智能传播体系中呈现出来的特征和个体价值，有利于建造一个和谐美好的传播生态。

一 信息过载：受众将不断处于可变的情境模式中

情境一般用物质环境中的行为加以界定，"大多将关注点集中于人们在特定场所中所发生的接触"[1]。传播学者梅洛维茨认为，电子媒介导致空间感的失落，越来越多的情境发生在与媒介接触的过程中，而非具体的物质场所。他认为新媒体的广泛运用促成一系列旧有情境界限被打破，致使一些旧有的不同情境的合并，进而形成新的传播情境；另外，新媒体使不同情境之间的一些旧有的连接机会消失，导致新的分离。[2] "跨越广阔的时空距离去重新组织社会关系，"[3] 视听媒体的增多，导致信息的爆炸甚至是过载，而每个受众每天会置身于新的情境与新的行为之中，思考个人身份与存在价值。不断分离或融合的情境模式，会让每个人的行为调整至适合特殊环境的状态。也就是说，不同的视听媒体、视听内容及传播环境会导致受众新的行为或社会意义的产生。

1. 身份情境。在多屏时代，每个传播主体都想着让自己的信息传送给更多的受众，而每个受众都在不同的视听内容和媒介情境中展现不同的状态。就像参加一次社交活动，参加者会考虑私人的还是专业的、上级还是下级、正式还是随意等。现在不同的朋友圈就是不同的情境模式，不同的视听媒体中受众又处于不同的情境状态，传统电视受众和手机受众、网络视频受众会

---

[1] 张国良主编：《20世纪传播学经典文本》，复旦大学出版社2011年版，第515页。
[2] 参见周海英《从媒介环境学看新媒体对社会的影响》，《兰州学刊》2009年第6期。
[3] [英]安东尼·吉登斯：《现代性的后果》，田禾译，译林出版社2000年版，第47页。

成为几种不同的情境场域。每个人生活节奏不断加快,情境变化也越来越快。上海广播电视台台长王建军2015年电视观众节上演讲时说:"'速度',这是互联网时代的一个显著的特征……我的手机上,每天都有App冒出一个小红点,提示软件又要升级、更新、迭代了。"① 现在人们一睁眼就在玩手机玩微信,开车玩微信,开会玩微信,几乎随时在微信里发布自己的微视频或微状态,同时还忙于处理自己的其他事情,许多人像杂耍抛球一样在干着几样事情,大脑在不同的任务中不断切换,身份与行为也在不同情境模式中展现,碎片化的时间被充分利用。梅洛维茨指出,"不同情境的重叠或混淆会引起行为的错落,因此,真正不同的行为需要对应着不同的情境"②。刚才微信圈是同学,过阵子教室里是老师,等下来游戏中是学生,在不同的情境中,甚至一个人同一时间在扮演着不同的角色。在电视机前是亲人,在手机微信中是友人,在网络视频中是陌生的网友,不同的身份转化中,"说到底是以象征的方式寻求心理归属与依附"③。情景模式快速转变,意味着个人时间不断被挤占,个体压力增大,思考时间有限而追求不同的情境体验。特别是社交媒体提供的情境模式,让你在不同的场域中扮演不同的角色。而人在现实生活中往往在几个固定场所里活动,在以互联网为基础的视听媒体传播当中,受众却跨越了场所和情境。但同时也面临着另外一种问题,"在当代人机关系中,更为吊诡的是数字居民陷入了一种雪莉·特克尔称之为'群体性孤独'的境遇中:人们对科技期待的更多,对彼此却不能更亲密。就在我们远离面对面交谈的同时,又转而向人工智能寻求倾诉"④。

2. 消费情境。在媒体市场化程度越来越高的今天,视听媒体要生存,作为视听信息的副产品,广告会越来越多地充斥我们的周围。麦克卢汉曾形象地说:"大众文化兜售的梦幻就像滋味鲜美的诱饵,目的是要分散看门狗的注

---

① 王建军:《不加速行动,广电人将失去与互联网对话的机会》,腾讯网(http://dy.qq.com/article.htm? id=20150610A005TY00)。
② 王贵斌、斯蒂芬·麦克道威尔:《媒介情境、社会传统与社交媒体集合行为》,《现代传播》2013年第12期。
③ 高小康:《大众的梦》,东方出版中心1993年版,第7页。
④ 骆正林、曹钺:《"被扭曲的交流":社交媒体时代假新闻现象的三重批判》,《新闻与传播评论》2018年第4期。

意力，以便盗贼偷袭成功。"① 广告主和商家的目的，就是让消费者注意，就是给消费者猛烈洗脑，让消费者欲望外化和放大，从而对自己的产品感兴趣，达到推销产品的目的。当然，视听媒体越发达，广告竞争越激烈，广告水平也会越来越高，硬广告会越来越少，软广告会越来越多。观看一部好莱坞的大片，会发现有大量植入式广告，电梯楼道里的电视屏幕，让你在走动中不自觉中身处在一个被广告包围的情境中。你意识到广告无所不在遍布四周，但无法逃脱。广告就是通过各种手段和渠道进入你的潜意识。不仅如此，因为职业、收入、学历、年龄等的不同，不同的受众会收到不同的消费广告，让你在不同的广告情境中产生购买的冲动。

这是无可奈何的事情，传播主体的消费化会让更多的人陷入消费的幻象。大量广告的包围，是提醒、敦促人们消费，让人们不知不觉中成为一个消费动物，而且还是在一个近乎愉悦体验的消费情境之中，购买冲动促使你不买不行。商业资本会通过对信息符号的控制，来达到利润最大化，使受众深陷于消费情境中难以自拔，而视听媒体的作用愈加凸显，通过制造一个又一个消费情境，逐渐成为商业资本的"宠儿"。商业资本也会大行其道，打造新型的美女、新型的产品、新型的楼盘、新型的车辆，只要能通过视听信息完美地呈现，这些被拍摄的医学会会用尽各种方式诱导受众，让人们陷入消费的欲望之中难以自拔，甚至因为虚荣攀比而陷入超前消费的泥淖中痛苦不堪，最终为消费欲望吞咽苦果。

3. 拟仿情境。"去中心化"后的视听媒介生态是一种没有中心媒体但媒介林立的时代，人更多地生活在一种媒体营造的虚拟现实中，进行各种各样的生活，也就是李普曼提出来的"拟态环境"，一种"传播媒介通过对象征性事件或信息进行选择和加工、重新加以结构化以后向人们提示的环境"②。这种社会精英操控的"拟态环境"在受众的参与下，呈现出一种无序的、非现实的、值得警惕的状态。加上随着媒介技术的发展，智能化技术基础上的虚拟现实即将成为可能，人将越来越多地融入并生活在媒体营造的信息环境中。

---

① 何道宽：《读麦克卢汉〈机器新娘〉》，《文汇报》2004年11月22日。
② 郭庆光：《传播学教程》，中国人民大学出版社1999年版，第127页。

所谓真实，其实是视听内容传播到大脑后产生的一种错觉。明明是精心安排修饰过的"真人秀"节目，观众还以为是原汁原味地呈现；明明港片里营造出一种浓烈的凶杀暴力的"黑社会"状态，还以为现实里就是"黑社会"当道；明明身边有一个和舒淇不相上下的美女，偏偏要称为"翻版舒淇"；明明自己的造型服饰别具风味，但依然向影视女主角学习修改自己的穿着打扮；这个时代不是传媒在呈现现实，而是现实在模仿传媒，趋于虚化。某种程度上讲，当下人们的生活，是一个由各种媒介信息特别是视听信息构建起来的"镜像世界"，很多人生活在自己封闭的空间中，不可能做到"世界很大，我想去看看"，去遨游世界，观察体悟大千世界的美好与多姿，而只能通过各种形形色色的视听信息来了解和认知这个世界，并完成自己的认知与判断过程。尽管有人调侃说，"你连世界都没看，哪来的世界观？"① 但事实上，世界观的形成是人们在学习基础上接收到的各种信息的综合，是一种价值判断，而不需要亲身去见识或领略。问题是，置身于视听媒体设置的拟仿情境中，原文化部部长、作家王蒙在小说中写道："在电视节目生活化的同时，反过来整个人生也学到了节目化、作秀化的路子了。"② 人变得不够真切，"拟仿生活""装模作样"或"亦步亦趋"成为另外一种情境状态。

视听媒体营造出来的"拟仿现实"的效果，能满足受众某种无意识却无法效仿。哪怕媒体展现出来的场景无比真实，但波德里亚坚持认为它是一种既非现实又非想象的一种拟仿，是现实的强化形式，而又永远无法成为现实。波德里亚把法国的真人秀电视节目《阁楼故事》看作真实世界的媒体幻象，是一种现实中想得到而望而却步的窥探他人生活的一个渠道，是每个人想拟仿的现实想象。当现实中的集体无意识反映在媒体中，艺术化的拟仿变得如此逼真，拟仿就变得无比深刻和真实。人们向往媒体营造的图景而又不得不屈从现实的法则，想着挣脱生长却没有勇气和力量拔地而起。模拟与真实之间犹如镜子里的影像和镜子前的实物，眼睛里或许一时难辨真假，可事实上真真切切，一个摸得着抓得住，而另一个却看得见摸不着触不到。这跟网络

---

① 韩寒导演电影《后会无期》台词。
② 王蒙：《悬疑的荒芜》，《北京文学·中篇小说月报》2012年第4期。

游戏《疯狂城市》中所展现的一样，现实中不可能去抢劫、抢银行，而游戏中可以为所欲为并与警察决一生死。拟仿其实成了潜意识的一种表达。各种信息营造出来的"拟态环境"（又称为假环境），虽然说是现实的一种某种程度上的展现，也容易被大多受众看成另一种"拟仿现实"，"大众传媒提示的信息环境，越来越有了演化为现实环境的趋势"①。

二 圈子化发展：未来视听传播既张扬受众个性又尊重共性

学者彭兰在专著《网络传播概论》中认为由于新技术的出现，大规模、同质性的受众已经不复存在②。这是基于新技术对个性张扬提供条件的一种陈述。可美国作家海明威在其名著《丧钟为谁而鸣》的扉页引用了英国诗人约翰·多恩（1572—1631）在《紧急时刻的祷告》一书中的一段广为流传的布道词："没有人是一座孤岛，在大海里独踞，每个人都像一块小小的泥土，连接成整个陆地……因此不要打听丧钟为谁而鸣，它正为你而敲响。"③ 事实上，在媒体内容如此丰富信息流通更加自由的今天，全球化让每个人深切意识到人与人之间这种政治经济文化等方面的息息相关，你中有我我中有你。不仅如此，每一个受众都在寻找与自己有共同点的另外一些受众组合成圈子，除了相互之间交流共同兴趣爱好及人生价值观等话题之外，也希望传达共有的心声，以便形成一股强大的舆论场效应。

圈子自古有之，同乡、同事、同学，都会建立起不同程度的圈子形成朋党效应。以互联网为基础的视听媒体生态中，原有的社会组织关系逐步偏重于社交关系和社群关系。而在视听网络所营建的虚拟社会中，因为网民、头像、个性签名等代表自身，所以身份认同显得十分重要，群体压力照样存在。从表达层面来讲，网络圈子化就成为视听媒体传播中的常态，会有越来越多的受众通过展示自己创作的视听内容或评论他人内容等形式，通过拍摄新闻视频、个人秀、制作微电影、微记录等方式介入一个有共同话题的圈子里。

---

① 郭赫男：《我国大众传媒建构的"拟态环境"研究》，四川大学，博士学位论文，2006 年。
② 参见彭兰《网络传播概论》，中国人民大学出版社 2012 年版，第 1 页。
③ ［美］厄纳斯特·海明威：《丧钟为谁而鸣》，陈燕敏译，黄山书社 2012 年版，扉页。

这个圈子会有一定的价值信念及共同利益，志同道合、趣味相投或具有共同话题的圈子带来的后果，就是让没有能力加入圈子的受众渐渐感受到群体压力过大而逐渐被边缘化，从而重新成为"沉默的螺旋"。这样的受众要么沉寂下去，封闭自我，要么过于张扬个性而成为异类，要么跟着一个又一个的圈子打转。也就是说，在多媒介背景下，受众群体差异主要由相应的生活方式和交往圈子所决定。

受众个体差异主要基于每个人的文化背景、职业经历、个人性格、学识态度等。传授一体化促使受众的主体意识在加强，"受众接受心理由传统的接受信息向更加综合性、多维化地使用信息转变"①，由于受众自主选择能力的增强和传播和受众界限消失后"人人都是麦克风"，每一位受众都可以独立进行个性化的表达与个性化的选择，主体意识逐渐凸显，自我表达愿望可以实现。受众可以选择自认为合适的媒介来传情达意，说出对某一事件的看法或意见。视听媒体简单直接的影像摄制适合更广泛的人群使用，展现自我。各种自拍工具以及可以表情达意、传播视频的网站或传媒平台让受众表达个性成为可能。这也是马斯洛人类需求理论中自我实现层次的基本表现。个性的张扬是人的最高需求，而寻找认同感与安全感，这是浅层次的需求，也会成为最大面积的需求，成为受众的一种共性。

未来的圈子会建立在一个又一个庞大的综合视听传媒播控平台上，各种视听工具会促使圈子里的受众更加的直观和亲切。另外，与传统圈子受某种利益驱动不同，大数据背景下受众圈子化的兴盛，是受众在一定媒体平台中基于数据分析和平台推荐后逐渐形成并牢固建立起来的某种情感同盟的体现。圈子化形成的受众新秩序，会让私人话语绽放出硕大的花朵，也就是圈子里的个性将充分展现，在层出不穷的各种想法中脱颖而出，由此伴随的行为和视听内容也充满个人特色。现在一个个同学、老乡、朋友、同事、文艺、旅行等微信群，一个个不同视频网站上的论坛、版块等，都代表不同的圈子。有学者将私人话语的兴盛动因归纳为以下几方面："1. 中

---

① 郭琳：《多屏时代的媒体受众——从媒介融合背景下受众角色的转变谈起》，《电视研究》2010年第8期。

心意识形态控制的削弱。2. 社会结构的变化，使公共领域与私人领域互相渗透，媒体传播做到了私人领域。3. 世俗化潮流消解着神圣。4. 商业化因素使媒体为了收视率而越来越需要私人性的暴露来吸引人们的注意力。5. 大众传播中引入人际传播形式，有利于增强传播效果，但也把一些不愿让别人知道的隐私暴露出来。"① 当下视听媒体极力在搭建平等共享共建的开放平台，可各种志同道合或者趣味相投的受众还是会发生交互行为，通过自己创作拍摄的特色化的视听信息，来形成各种各样的"圈"。圈子里的视听内容某种程度上是私人性的话语，是无所顾忌的话语，而在大众传播过程中这些话语逐渐扩散，呈现出放大化的效应，这时候圈子的力量就展现出来了，圈子与圈子之间相互攻讦或相互支持，一种媒体信息新秩序随着圈子话语的强大与微弱开始建构起来。在这样的信息世界，个体的声音很多时候代表着一个圈子的声音，一个群体共同的声音。微弱与强大，在于圈子的凝聚力与圈子传播效果的大小。而一个又一个的圈子，让人们看到了网络重新出现的新的秩序。这种情形如学者赫伯特·席勒曾经指出的那样，随着全球化的蔓延和信息的繁多，"新电子工业，工业生产厂址的迁移，以及迅捷的国际传播的同时发生，一个新形式的等级组织结构正在全世界范围内建立起来"②。

另外，受众认知具有"依赖性、发展性和参与性"③，这是受众个性与共性在圈子里并存的体现。尊重共性、张扬个性，意味着媒介平台的平等与开放、包容与接纳。美国学者德弗勒等认为："真正大众传播媒介的兴起，在很大程度上，与权贵对社会政治控制的衰落和平民权力的提高是同时发生的。"④ 以视听媒体为主体的大众媒体传播是基于受众公平与平等、开放与独立的意识兴起壮大的，在这个过程中，多屏时代的受众有了更多的学习机会和选择能力，同时成为由下而上的内容提供者与沟通者。视听媒体的快速发展，会

---

① 徐丛青：《论"私人话语"适当回归私人领域》，《现代传播》2002 年第 3 期。
② ［美］苏·卡利·詹森：《批判的传播理论：权力、媒介、社会性别和科技》，曹晋主译，复旦大学出版社 2007 年版，第 91 页。
③ 童清艳：《信息时代媒介受众的认知结构分析》，《新闻与传播研究》2000 年第 4 期。
④ ［美］梅尔文·L. 德弗勒、埃弗雷特·E. 丹尼斯：《大众传播通论》，华夏出版社 1989 年版，第 119 页。

让更多的现代精英投身于一定的圈子，进行主题讨论、政治活动、经济变迁，并通过以视听内容的形式展现在人们眼前，显得更加客观、理性、文明，用事实说话，容忍、尊重他人的观点，促进一个媒介生态的和谐发展，"对媒介的批判性思考转为通过'赋权'促成健康的媒介社区"[①]。

三　受众重塑：大数据时代受众更多以自我为中心展开连接

未来以互联网为基础的多元智能传播体系中，每一位个体就是一个传播网络上的节点，而整个传播体系由无数个节点组成。一个节点会环绕或连接着许多个节点，没有一个节点会孤立于整个传播体系之外。而视听信息将从一个个节点中传播出来，汇聚在某些重要的节点上，然后向更广阔的层面进行裂变式的大众传播。尽管在这样一个信息过载、分化和隔离严重、隐私被大量侵犯的时代，绝大多数节点显得无比渺小，但正是这样无数个节点通过不同的传播渠道交叉传播，构成了今天的多元智能传播体系。

相对于媒介生态越来越复杂、媒体越来越精密的现代社会，虽然受众不断通过视听媒体直观地认知庞大的外部世界，可从每一个个体而言，不仅没有变得更加强大，反而会自我感觉更渺小、更孤独。这是现代性带来的分裂、紧张和焦虑。尽管现代性倡导政治民主、经济自由、文化多元、宗教宽容，而面对越来越多、越来越自由的选择，每个个体却难以寻找到价值归依之所。在这样的一个信息环境中，大多个体会更看重身边亲朋好友的生活状态与信息变化，各种社交工具也蓬勃兴盛。这样一个崭新的社交状态改变着各个行业的运作模式，不管是商业营销还是教育方法，都以个体受众为中心的点呈网络状散开。社交媒体会越来越发达。人与媒介技术之间的互动益发紧密，而去中心化趋势也越来越明显。每个人信息的获取还是各种活动的开展，都以自我为中心向外蔓延。

以互联网为基础的传播形态尽管激活了每位个体的力量，但也局限了个体的力量。随着传播节点的增多，更多受众不再将眼球只聚焦到宏大叙事或者重大事件上，而更侧重于关注亲朋好友中的点点滴滴，不管是微博、微信

---

① 陆晔：《媒介素养的全球视野与中国语境》，《今传媒》2008 年第 2 期。

还是豆瓣等，社交类平台由此兴起证明了这一点，各种吃穿住行自我秀、生活秀占据屏幕主要内容。尽管很多受众不断在强调个人的隐私权利，但有时还是更喜欢显摆或展露自己的一切，哪怕涉及隐私。显摆和隐私相比，不少人更喜欢显摆，更喜欢彰显自以为是的个体价值。这是人性使然，也是人类自身无法逃脱的宿命。传播的功能是为了放大每位个体的信息，而个体信息的放大有可能侵犯到隐私甚至引发违法犯罪活动。在以受众为中心的传播体系中，"个体是什么"以及"自由意志是什么"将成为经常思考和讨论的话题。

事实是，当下受众生活在一个不断加速进行信息连接的时代里，各种电子或非电子的屏幕随处可见，随着人们交流能力的提升，以自我为中心的"影像乌托邦"会成为碎片化的表达。网络里充斥着各种各样的文化冲突与身份转化，也存在着许多活跃的、富于阐释性的意识形态样式，以互联网为基础的传播范围的广阔性和信息的丰富性，使网络传播的统一性和多元性成了不变的主题，在以自我为中心的形形色色的信息和观点中，一些基本的价值原则、思考逻辑、是非观念等逐步建立起来，独特的思考、生活方式与个人价值观会成为尊重的对象，当然也会产生一些纷杂乱象、奇音怪声。正如有学者评论网络身份时所言，"人们能够获得更多元的信息来源，进入身份各异的网站，从而大大增加了每个网民对自我、对自身归属和对自身身份反省的空间"①。

四 技术力量：视听媒介技术控制下受众主体地位降低

"科技正在将所有生物的思维缝合在一起，把世界包裹在电子神经构成的振荡外套中，各大陆之间通过机器相互交流，整个社会每天被100万个安装好的摄像头所监控。"② 其实，截至目前，像谷歌、亚马逊等庞大的综合传媒集团，已经竭尽所能，潜入用户生活的每个角落，不断满足用户各

---

① [法] 阿尔弗雷德·格罗塞：《身份认同的困境》，王鲲译，社会科学文献出版社2010年版，第7页。

② [美] 凯文·凯利：《科技想要什么》，熊祥译，中信出版社2011年版，第337页。

种需求的同时，也在建立一种即时的直接式的传播方式，通过某种技术媒介与用户直接相连，更好地为用户服务的同时也掌握着用户方方面面的数据。

除了庞大的综合传媒集团有意识地搜集或"监控"用户的行为数据之外，各种自媒体或个体也不断上传各种各样的信息数据，成为自身的某种束缚。谷歌公司2012年4月推出"谷歌眼镜"。有了这款眼镜，每个人都是一个传播主体。这种眼镜可以跟智能手机一样辨别语音技术，持有者可以通过声音控制拍照、视频通话以及辨明方向等，如果持有谷歌眼镜，随时可以拍摄眼前看到的一切，而且连同自己的位置、所在的天气、周围的人群等，都能随时上传到网上，成为网络视听海洋中的一部分。这样的话，除非你隐居世外、隔绝人世，不然你的视听信息会有意无意地被人拍到，会被搜索或者通过面部识别技术用于其他途径。尽管政府会出台相应法规来保护受众这方面的隐私权，但没有人能保证自己的视听信息不被盗用或滥用。

"媒介是一种无休无止的存在，无论主动选择还是被动接受，现代人已无法置身于各种传播媒介设置的有形和无形的环境之外，媒介化是现代人不可逾越的生存状态。"① 一个能够告知真相的世界，才是值得生活的世界，但技术力量入侵受众生活的方方面面，具体会有怎样的危害或造成多大的危害，受众处于混沌状态。以互联网为基础的视听媒体的丰富和视听信息的爆炸式发展，会造成新的商业和创意，推动人类文明的前进，但当把视听信息综合之后异化成一个巨大的技术力量，可以让人们隐私彻底暴露或者对全民展开监控，这样的一个技术世界，是任何人不希望出现的。波兹曼终其一生都在揭露媒介和技术对文化的负面影响。尽管新的视听媒体极大地便利了人们的生活，但利弊共存，负面影响不可小觑。特别是媒介越来越便捷小巧乃至隐藏，人人会随时被监控和偷拍。无处不在的摄像头，未来每个人随身携带像行车记录仪一样便捷小巧的摄录器材等，可以监控外在的一切并存储下来，

---

① 樊葵：《媒介崇拜论：现代人与大众媒介的异态关系》，中国传媒大学出版社2008年版，第17页。

这样的人人用摄像机进行全记录的情状下，每个人就生活在电影《楚门的世界》① 里的楚门一样。

楚门在没发现真相之前，从来不会想到，自己从小到大生活的小城里，每秒钟有上千部摄像机对准他，他去的每一个地方、每一个角落，专门有为他设置的摄像机，捕捉他的一举一动，一个表情，一个颜色。每天每时每刻有无数的观众在看他，他其实是一个被视听媒体聚焦的真人秀。但他毫不知情。他身边的每个人都是演员。发现蹊跷的他，终于逃脱出了摄像头监控的牢笼。而未来的屏时代里，每个人都是他人的记录者，人们会越来越多地被视听设备拍摄到，越来越多的视听信息会处于一种不设防的状态，你的衣着、发型、模样，你用的手机、你行走的轨迹等，随时有可能被人查看，然后针对你的生活行为进行一系列活动，比如模仿或犯罪。每个人都很可能侵犯到别人隐私。美国电影《夜行者》就是讲述的一个视频收集者的故事。他深夜行动，窃取交警、刑警等的无线电话，然后第一时间赶到现场，拍摄视频后交给电视台播放。敬业精神可嘉，但新闻伦理明显不足，对死者的侵犯、对当事人隐私权的侵犯，都被影片生动地展现出来。那么，未来的多屏时代里，当各种各样的摄录仪器对准你时，谁能逃脱视听媒体繁荣后带来的被侵犯和监控的生活呢？

信息过载已经出现，各种形形色色的视听内容的拍摄制作上传中，对隐私的侵犯也越来越多。曾经以为可视电话是科幻小说里才有的东西，而今天我们已经完全实现。我们今天要预言的东西，不久的将来也很有可能实现。未来随身穿戴的智能设备，会不会有一个摄像头，像现在的执法记录仪一样，记录下我们所看到的一切，并随时随地可以上传到网上？也许有一天，每个人随时随地都是记录者、视听内容的发布者？这样的世界，在巨大的视听信息中几乎就没有秘密可言了！就像前段时间的成都女司机被男司机暴打的事件中，随着网民们挖掘，尽管女司机无公德的形象令人憎恨，但遗憾的是，

---

① 百度百科：电影《楚门的世界》是派拉蒙影业公司于 1998 年出品的一部电影。影片讲述了楚门是一档热门肥皂剧的主人公，他身边的所有事情都是虚假的，他的亲人和朋友全都是演员，但他本人对此一无所知，最终楚门不惜一切代价走出了这个虚拟的世界。

在随后事情的发展中，女司机的个人信息不断被挖掘，在宾馆登记住宿的信息成为众多网民关注的焦点，甚至有网友怀疑该女子与人通奸，计算出她在每月某几天来"大姨妈"等内容。事实上，该女司机在重庆上班，人在成都，到重庆时开房较多，但网友搜索到她每一次的开房记录，是不是侵犯到了这位女司机的隐私？这也令人吃惊于媒介力量的强大与毒辣，这样下去，以后我们的个人隐私，会不会随着某一次偶然的新闻事件在视听传播中彻底被公开化？而前段时间济宁女教师不雅艳照事件，本来是一场习以为常的感情纠纷，却因其前男友喝酒而在QQ空间上传两人亲密艳照，被他人传到网上，成为各大网络、传统媒体、自媒体等的头条，让事件迅速发酵闹得天下人皆知，两人都成为该事件的受害者，黯然离开岗位而隐姓埋名。

"机器—技术越是智能化，人的主体地位越是缺失；机器—技术空间的扩大，使得它的存在越来越成为自身合法性的证明；机器—技术产生的问题越多，需要的机器—技术就越多，机器—技术带来的恶行和罪过不过是自身发展不充分的结果；机器—技术发展越深入，它越成为一种路标：整合碎片化的世界只能靠永不停转的机器。"[1] 这也清晰地说明，技术将越来越多地嵌入人们的工作和生活中，形成名至实归的"技术力量"。而这种"技术力量"严重威胁着受众的选择权和传播中的主体地位，成为一种令人头疼的力量。视听媒介技术的进步，黑客势力的发展，受众的隐私随时会有被侵入的危险。在过去，各个信息点是分散的、切断的，不会轻易被人全部挖掘出来，而视听媒介技术越发展，影像分析功能及面部识别功能不断强大，一切在数字化的基础上会有机地连接起来，信用卡、保险费、一系列诉讼资料、消费记录以及受众车辆行驶的轨迹、个人活动的周围摄像头等，会随着受众一旦成为新闻事件的主角而被事无巨细地挖掘出来，让受众曝置于众目睽睽之下。所以在波兹曼看来，技术是自主发展的，具有自主性和生态性，"一旦被人接受，技术就会坚持不懈，就会按照它的设计的目标前进"[2]。麦克卢汉认为：

---

[1] 张雄：《现代性逻辑预设可以生成——关于三种路径的探讨》，转自任平《当代视野中的马克思主义哲学》，人民出版社2010年版，第576页。

[2] [美]尼尔·波兹曼：《技术垄断：文化向技术投降》，何道宽译，北京大学出版社2007年版，第3页。

"一旦拱手将自己的感官和神经系统交给别人,让人家操纵——而这些人又想靠租用我们的眼睛、耳朵和神经从中渔利,我们实际上就没有留下什么权利了。"① 事实上,像斯诺登指出美国绝密电子监听计划"棱镜计划",就是个人利用视听媒体自我净化、张扬个性与品质的一种体现,"我们不仅需要承认个人进行道德选择的能力,还要强调个人应为自我行为承担责任"②。

当然,这样的视听"监控"令人想到福柯所谓"全景监狱"那样的一种生活状态,"媒介就像一双充满权力的眼睛注视着我们的生活"③。媒介批判学派一般从两方面对媒介革新提出批判:一是指出传播过程中媒介奴役人、操纵人、控制人;二是媒介越来越趋向商业化、实用化、经验化。不管如何,当人们对媒介技术充满美好的期待时,媒介技术会不会将人类坠入另一个深渊?像希特勒通过广播媒介来控制人们的思想一样,很多的媒介技术在一种罪恶的理念下,会不会像打开潘多拉盒子一样给人类带来无数的苦难?在媒介技术越来越快速发展的今天,受众应该如何去面对这样强大的"技术力量",避免自己被"监控"呢?在享受"大数据"发送"福利"的同时,受众是否主动将自己的电话号码、家庭住址、生活资料等交给媒体无偿使用?不管怎样,在这样一个媒介快速发展的过程中,相对于技术力量的地位,受众的主体地位已经在下降,受众虽然接收数据分析后智能匹配的可视化服务,便利而快捷,但在依赖媒介技术的同时,个体的自由已经在不断收缩甚至受到了限制,主体性地位悄然下降。

五 抹平差距:视听媒体传播中传播受众知沟界限的消失

当一个社会体系中信息流快速增长时,受教育程度高和受教育程度低的人接收的信息并不一样。美国学者菲利普·蒂奇纳、多诺霍和奥里恩在1970年发表的《大众传播流动和知识差别的增长》一文中提出了"知识沟假设

---

① 周勇、黄雅兰:《从"受众"到"使用者":网络环境下视听信息接收者的变迁》,《国际新闻界》2013年第2期。
② [英]维克托·迈尔·舍恩伯格、肯尼思·库克耶:《大数据时代——生活、工作和思维的大变革》,盛杨燕等译,浙江人民出版社2013年版,第242页。
③ 刘斌:《大众媒介:权力的眼睛》,《现代传播·北京广播学院学报》2000年第2期。

（knowledge–gap hypothesis）"，简称"知沟"。这些学者认为，在大众传播向不特定人群传递信息过程中，通常而言，经济情况较好、教育程度较高的人比经济情况差、教育层次低甚至没受过教育的人，更容易接受或获取相应的信息。信息本来是为了促进公平、提高人们的认知水平，但在大众传播过程中，信息不仅使人们之间的知识沟越来越扩大，还让人与人之间的行为和态度有了差别。

"知沟效应"，其实对大众传播过程中信息渠道的均衡性、接收者在信息获取时的公平性上提出了异议。尤其是当下媒介生态中，信息高速公路上，人人都想搭上顺路车，带到目的地，但搭上后顺利抵达的只有个别人。这不仅仅是传播渠道的问题，也是受众选择带来的结果。学者蒂奇纳研究认为，大众传播过程中，传播者技能方面的差异是"知识鸿沟"扩大的一方面原因，但更重要的原因在于受众本身的知识经验、人际交往、人生经历、理解和记忆、信息的偏好型选择等会使"知识鸿沟"越来越扩大。

知沟的减弱，还表现在视听媒体的制作主体的大众化和全民化。随着媒介技术手段的进步，视听内容的制作门槛越来越低，制作方式越来越灵活，有可能一个小孩制作出来的内容，远远比一个摄制组拍摄的内容要精彩，方式特效更吸引人。在这样一个传播环境下，传者和受众之间的界限会越来越不明确。与此相应的是，年轻人和年长者之间，谁的知识多，谁的见识广，谁的消息灵通，已经不取决于年岁的沉淀，而在于对媒体掌握的娴熟程度上。童年在消失，并不是因为鱼龙混杂的网络文化让年少者过早地了解了网络中的不良信息，而是网络已经让知识不再按年龄来排列。青少年不再以晚辈身份向前辈亦步亦趋地学习，而是不断成为以互联网为基础的视听媒体的主体，青少年具有更强的学习和掌握新媒介能力，在技术、审美、习惯等方面以年轻身份反哺长者。

人与人之间的差距，特别是精神层面的差距随着媒介技术的进步将会越来越小，不断被抹平。随着许多背景资料和真人秀电视节目花絮的传出，大家发现，演员和观众可以互换，普通人发现英雄也有庸常的一面，而普通人也能展现出英雄气壮山河为他人牺牲的一面。像政治领袖照样有七情六欲，制造出"拉链门"等事件一样，普通人也会因见义勇为光彩夺目。媒体构建的"成功人士",也会还原成原型,比如李阳会暴打妻子,展现出的完全是一个传统中国男人的思维定式。

视听媒体一边不断塑造新的"神话",另一边又会快速"去魅",让一切人回归到平凡与普通。有些事物正在诞生,有些事物逐渐远去,旧的秩序已然打破,新的标准逐步确立。如何在以互联网为基础的视听媒体时代有所作为,就得明白这个时代所倡导的价值理念与呈现的受众特征。这也是媒介素质教育不可忽视的内容。在鱼龙混杂的信息环境中,做怎样一个人,将是受众建立在一定价值基础和数据分析之上的自发选择,这个选择的基础是平等的、没有贫富差别的。

第三节 大数据时代的受众需求与媒介控制

如前所述,传播学是研究信息流动的一门学科。信息传播一般由信源、编码、发送、渠道、接收、解码、反馈等环节组成。视听媒体的受众研究,就是围绕接收、解码、反馈等内容展开的。伴随着数字化时代的到来,以互联网为基础的媒介生态格局致使传播信息越来越即时、便捷、移动,人与人之间的关系趋向于无限整合、无比紧密。接收、解码、反馈信息成了一种权力,谁拥有更多信息甚至解析了内幕消息,就意味着这个人拥有了更多的权力,在某些事情的处置上可以捷足先登,掌握先机。如果人与人之间掌握的信息相对均衡,人们就处于一个相对有安全感的状态。

"新的权力来源不是少数人手中的金钱,而是多数人手中的信息。"[1] 在政治活动中,信息掌握不充分,可能会丧失很多机会和权利。在经济活动中,信息流通不畅,会带来资源分配的不公平或者资源配置效率低下。在今天这样一个信息化社会,"传播就是权力"已经得到了有力诠释,信息闭塞,将会让一个人失去很多机会,丧失发展先机。美国社会学家卡茨将媒介接触行为

---

[1] 参见蔡文之《网络传播革命:权力与规制》,上海人民出版社2011年版,第53页。

概括为一个"社会因素+心理因素→媒介期待→媒介接触→需求满足"的因果连锁过程。也就是说，传播不仅能够满足受众的信息需求，还能动地将信息继续传播出去，是一种"使用与满足"。

从古代简单的结绳记事到今天的信息爆炸，信息传播的效率和数据容量不知道提高了多少倍。自从人类有印刷术以来，所有的印刷材料加起来做成数据，只相当于200PB。可是现在百度每天会处理150PB左右，而淘宝每天活跃的数据量已经超过50PB①。也就是说，现在一年产生的信息数据，相当或多于过去上千年形成的信息。"作为现代人类，我们在不到1秒的时间内处理的信息量等于我们DNA用10亿年处理的信息量"②。特别是近百年来，人们传播信息的速度加快、内容增多、信息载体不断革新，信息化程度大大提升，传播载体也越来越呈现智能化、轻薄化、便携化等趋势，许多新闻事件都可以实现实时报道、现场直播。但在这样一个过程中，也给受众造成了巨大的困扰乃至成为恶瘤，就是真假信息难辨以及信息过载等诸多问题。而信息过载又让人们回到了过去得不到信息的状态，不安全感因素增多，"我们总是可以被联络上。我们不断地更新信息，并且总是沉浸在呈现世界面貌的、不间断的图像之中。我们从来都不是一个人待着，而是置身于强大的数据流里面"③。这样一种状态，让人们生活在对信息的患得患失之中，生怕漏掉了某些对自己有用的信息或者没有及时关注信息而造成严重的后果。美国数学家克劳德·香农对"信息"有过经典描述："信息的本质是不确定性的减少或消除。"④一旦信息量过大，又没有接受良好的媒介素养培训，这时候很容易陷入对信息不知所措的误区，不知道该看哪些，又该放弃哪些。而一旦与信息隔绝一段时间，又担心漏掉了哪些重要信息，会带来怎样一些严重的后果。这种不确定感促使受众处于惶恐不安的焦灼状态，内心难以平静。

"媒介从来就不是独立于社会之外的，无论是其作为技术还是手段，它都

---

① 参见[英]维克托·迈尔·舍恩伯格、肯尼思·库克耶《大数据时代：生活、工作、思维的大变革》，盛杨燕等译，浙江人民出版社2013年版，第12页。
② [美]凯文·凯利：《科技想要什么》，熊祥译，中信出版社2011年版，第23页。
③ [英]戴维·莫利：《传媒、现代性和科技——"新"的地理学》，郭大为等译，中国传媒大学出版社2010年版，第211页。
④ 参见孙静《克劳德·香农信息论及其现实意义》，《青年记者》2012年第3期。

被作为社会架构中的一部分而受到控制。"① 传播信息的最终目的是为了受众。作为权力主体的受众，具有传播权、知情权和传媒接近权。不管传统电视的中老年受众群体，还是新视听媒体如视频网站、手机电视、微信各种视频公众号的受众，尽管有的媒介特性不一、受众接收环境不同，但都会面临信息化时代到来后的种种困扰，如何满足受众的基本权利，以便更好地保持受众始终如一的媒体参与热情，凭借视听媒介技术"提供明确的方向和富有人情味的生活目的"②？目前来看，媒介技术对社会深层的文化心理以及人们思维方式和行为习惯产生的负面影响一时难以消除。那么，视听媒体如何在满足受众多方位需求的同时消除负面效应呢？作为接收主体，媒介和受众之间到底存在怎样的关系呢？

一 前瞻与预判：数据可视化服务使受众对未来行为有相对准确的认识

未来不可断定，但可以预测。在大数据背景下，高度发达的视听信息社会让传播主体相对精确地判断和预测到信息接收者今后的生活状态和各种可能。"虽然我们的过去由安全防火墙和隐私法保护着，但通过精密系统的预测，我们的未来却极易被人掌握。"③ 视听媒体的高度繁荣，特别是智能化的手机会逐渐记录每位受众的吃、穿、住、行，并分析其中的频次与开销大小等。这也意味着总结规律后未来的可能性会被一些人所掌握。比如视频网站会准确地掌握受众的收视习惯及特征；阿里巴巴和亚马逊会预测到人们的购物偏好；银行通过转账记录能测出人们的诚信度；百度搜索会根据你的搜索习惯为你推荐新闻头条；你在网上的一切行为都会记录下来成为商家牟利的依据；而视听媒体比如IPTV、手机电视等在某一时间节点和某一空间里发生的车祸、医疗、偷窃、抢劫事件等，都可以通过数据分析频次、概率、后果等，给受众以预判和提醒。尽管人们身不由己地陷入媒介的层层包围中，但

---

① 唐英：《论影响媒介控制的社会因素》，《西南民族大学学报》（人文社会科学版）2003年第24期。
② [美]尼尔·波斯曼：《技术垄断——文化向技术投降》，何道宽译，北京大学出版社2007年版，第42页。
③ [美]艾伯特·拉斯特·巴拉巴西：《爆发·大数据时代预见未来的新思维》，马慧译，中国人民大学出版社2012年版，第118页。

利弊相存,"媒介控制的关键不在事后处理而在于准确预见并做好规划"①。大数据的挖掘、整理和运用会给受众提供更多的指导内容,运用大数据来实现对用户行为的预测,已经成为媒体机构价值溢出的重要手段。

不仅如此,随着视听媒体即时收看、即时分享、智能体验等特征的出现,用于接收信息的智能化科技设备已经悄无声息地紧盯受众的一举一动,观看记录、转发记录,以及利用视听媒体综合服务功能进行的购房、买车、出行、娱乐、疾病、社保等,都被无所不在的视听媒体所掌握,信息不断被搜寻、发现、串联以及匹配、整合、分析,处理后用于预测受众接下来的需求和行为,给予提醒或告诫,并不动声色地将这种需求转化为经营商口袋中的钞票。

通过面部识别技术、银行卡消费支出等各种数据,用三维动画形式来模拟受众个人目前的生存处境与未来的发展状态,并通过视听媒体定时定期提供给固定的用户,以便让用户对未来发展有一个轮廓式的预判,由此指导自己的行为。这是个性化视听内容定制的发展趋势,也是视听媒体不断聚焦特定的受众群体、利用大数据进行的价值溢出。卫星技术、Google 眼镜的使用者、各种大街小巷的摄像头等,将会不断记录着你的行动并进行数据分析。"数据、科学以及技术都联合起来共同对抗那个最大的谜题——我们的未来,既是个人的又是社会的。"② 事实也是如此,人类生存的环境已经进入数字化呈现的地步,一切数字化的东西都可以用来挖掘、整理和分析,在此基础上,未来的信息传播是一种综合的、可判断的、预测性的视听内容跨屏推送,可以让接收者意识到自己生活的可能性所在。可能性预判和前瞻会成为视听媒体发展的一个重要内容,在不断判断中,患得患失将成为受众一种新的精神状态。

二 琐屑与娱乐:视听媒体应提供多层面信息增强受众的思考判断能力

大众在平庸烦嚣的信息中度过一天又一天,最终要么依赖对本身并无多少实质意义的琐碎信息,要么对过多的信息产生排斥感,将鱼龙混杂的信息

---

① 余志为:《论新媒介时代的"媒介控制"》,《编辑之友》2015 年第 9 期。
② [美] 艾伯特·拉斯特·巴拉巴西:《爆发·大数据时代预见未来的新思维》,马慧译,中国人民大学出版社 2012 年版,第 140 页。

一并拒之门外。面对"乱花渐欲迷人眼"的各种网络信息，是降低信息的关注程度呢，还是更加积极、自主地选择自己所需的信息，避免陷入一地鸡毛式的信息汪洋之中不堪负载呢？

相对于媒体政治控制、法律控制，"市场化的大众传播模式被认为是目前主要的也是理想的传播控制模式"①。一个明显的事实是，像大型的视听媒体机构以巨大的扩张能力和规模化生产能力，以及与其相适应的市场营销方式，会让更多相对低廉的视听信息产品通过不同屏幕进入大众的视野，而获得越来越多的受众喜爱，也使用户在不知不觉中被推送的信息浸染了，跟着大型传媒集团制造的信息话语导向走，从而失去辨别和反思的能力，"媒体通过有选择性地强化（或弱化）现有的'倾向'或大众文化中的某些元素，能够有效地影响公众舆论"②。

媒体的功能并不是把观点简单地强加给受众，可实际上不知不觉中成为这样一种状况。"大众传媒以一种无形的力量，时刻暗示并引导着我们的日常生活，从而形成对人们现实生活全方位的潜在控制。"③调查发现，市场上受欢迎的视听信息并不一定是真知灼见的、富有含金量的、经过层层论证的思考，而更多是一种以简单直接的方式引发感官的活动，特别是微信公众号、朋友圈中许多视听内容，以新奇特为主，提供消遣与娱乐或简单地戴着时评帽子的观点判断。

不仅如此，就视听信息来看，从内容到形式，现在越来越呈现出一种娱乐化的倾向。浙江大学传播研究所所长邵培仁粗略估计认为广播电视媒介有4/5是娱乐性的内容。娱乐类视听产品正在上升为新闻媒介的主要产品。另外，当下传统电视中一些引发轰动的真人秀节目、各种新闻资讯类节目，为了追求收视率、点击量而在制作时故意打造娱乐、猎奇与庸俗的一面。波兹曼对这方面的认识非常精辟，"无聊的东西在我们眼中充满了意义，语无伦次

---

① 段京肃、任亚肃：《论我国大众传播媒介的控制力量》，《杭州师范大学学报》（社会科学版）2010年第2期。
② ［英］詹姆斯·卡伦：《媒体与权力》，史安斌等译，清华大学出版社2006年版，第208页。
③ 吴玉玲：《现代信息社会媒介控制形成的条件与手段》，《新闻战线》2006年第3期。

变得合情合理"①。媒体传播娱乐性的视听内容无可厚非，但当一切都以娱乐的形式表现出来，或者以简单直接的方式灌输给受众，这是一种可怕的现象，也会让更多人迷失于超载琐碎的信息中，丧失了独立判断的能力。"我们的政治、宗教、新闻、体育、教育和商业都心甘情愿地成为娱乐的附庸，毫无怨言，甚至无声无息，其结果是我们成了一个娱乐至死的物种。"② 多少年前，施拉姆早就指出，大众传媒会变成"时间的窃贼"，而新奇特的、更酷更炫的视听内容，会挤占人们更多的碎片化时间，而人们也会心甘情愿地让这种时间被偷走。视听信息的泛滥，使娱乐化大行其道，媒介依赖症将出现在越来越多的人身上，轻信、盲从甚至个人崇拜等现象会泛滥起来。作家约翰·厄普代克和昂伯托·埃科早已指出："在现代由传媒领导的文化中，我们事实上有一个向中世纪的回归：过去是教会为每一个头脑提供一个想象的世界，现在传媒做这个工作，名人就是新的圣人。"③

在大数据背景下，视听媒体要想获得进一步发展，对各种视听信息进行分门别类的整理后，应该给受众提供多层面的信息，而不是单向的视听信息。而受众也应该是具有理性思维的独立个体，而不是视听媒体等的"应声虫"与"跟屁虫"。哲学家海德格尔提出：人应该如何诗意地栖息在大地上？福柯宣布"主体的死亡"，似乎是对网络世界里没有一个明确中心、没有权威、没有基础、没有本质、缺乏规则等的一种宣告。被动接收视听信息而无所思考与批判的人，就是马尔库塞笔下的"单向度的人"④，是丧失了理性批判精神的人，对社会现实只会被动接受而不去思考和反抗的人。诗人柯勒律治关于"到处是水却没有一滴水可以喝"，也许能代表这种失去具体分辨语境的信息环境。媒体的功能在于呈现，而不是思想麻痹或思想控制。视听媒体更应该通过多方的现场展现、人物采访、背景介绍、数据分析、三维动画制作、多种视听资料运用（比如无处不在的监控摄像头）来呈现或表达所要传播的信

---

① [美] 尼尔·波兹曼：《娱乐至死》，章艳译，广西师范大学出版社2004年版，第72页。
② 同上书，第6页。
③ [英] 唐·库比特：《上帝之后——宗教的未来》，王志成等译，宗教文化出版社2002年版，第4页。
④ [美] 赫伯特·马尔库塞：《单向度的人》，刘继译，上海译文出版社2006年版，第205页。

息，而不是简单的声音加图像。现在"手机恐慌症""手机控""屏幕控""低头族"等受众群体越来越多，碎片化的时间里简单的观点介绍或是非评价已经占据了受众头脑。丧失理性思考的受众会不会越来越"物化"，被技术元素所控制呢？

三　沉浸与拒绝：基于数据分析的信息智能匹配来降低受众接收成本

信息过载导致受众时间大量被挤占，刷屏一族在机械性的信息处理中丧失的不仅是花钱买的流量，更多的是时间、人力财力的浪费，以至于信息接收成本的增大。"一切坚固的东西都烟消云散了。"① 这句名言昭示着人类未来因信息过载而导致无所适从的命运。今天人们的主要的视听信息来源，除了一些强大的如传统电视、视频网站、手机电视、航空电视、车载电视、播客等外，更多是从微博、微信圈等视频公众号转发中获得。由于每个受众爱好各异、趣味不同，收看转发的视听信息也各不相同，结果是每个人接收到的信息就显得纷繁芜杂、质量高低不一。受众紧绷着神经，努力处理过去和未来的各种信息，而信息的泛滥会让人们增加一种莫名其妙的不安全感和负重感。"人们如饥似渴地期待下一个头条，所以现在的头条总免不了被遗忘……"②大量的视听信息如微信公众号中的各种茶水段子搞笑视频不断抢夺受众眼球，虽然好玩有趣，但当有时充斥微信圈或视听媒体时，光对标题进行机械式阅览就需要花不少时间，更不用说深度地去了解某一新闻或事件本身。传播学者施拉姆早就指出过大量的信息媒介是"时间的窃贼"，可越来越多的受众甘愿时间让这个窃贼盗走，因为这个窃贼充满魅力，又富有温情。

传播学大家卡茨认为，受众之间的关系错综复杂，每位受众有自己的生活圈子，同时又属于不同的社会团体，而且还和另外的团体成员经常打交道。各式各样的社会关系，使受众拥有各不相同的圈子的信息交流。但是，这样

---

① ［美］伯曼：《一切坚固的东西都烟消云散了》，周宪等编，商务印书馆2003年版，第43页。
② ［美］艾伯特·拉斯特·巴拉巴西：《爆发：大数据时代预见未来的新思维》，马慧译，中国人民大学出版社2012年版，第118页。

的圈子一旦成为信息的轰炸场，受众维护社会关系会更加劳累。"网民如果过分沉浸在自己选择和建构的信息环境中，其对于环境的感知和判断能力或许会有所下降。"① 多屏时代的到来，让时间被挤占而无动于衷，这是现代人的悲哀，也是现代人沉重的负担。未来到处都是屏幕，到处都是视听媒体，到处都有信息连接。"这就要求传统媒体在信息过载情况下树立起'信息服务为王'理念，其转型的关键和抓手是'信息智能匹配'。"② 也就是说，在海量的用户个人数据中挖掘、整理、分析出用户的各种行为习惯、兴趣偏好，通过媒体的订单化作业，给予每个用户不同的可视化信息服务，打造专属于每个用户独特的智慧门户，这样无疑会降低受众对视听信息的接收成本，以便防止这种现象出现："我们不知道如何吸收、过滤、评估和消化信息，也不知道如何通过参与和协作完善信息，更不知道何时何故应该关上电子设备、拒绝接受信息，信息对我们将有百害而无一利。"③

订单化的视听内容需要在大数据基础上完成。事实上，目前在这种信息环境中，不少视听媒体机构针对视听信息泛滥和娱乐化倾向严重，通过用户需求定制以及用户地点、情景模式和信息关注度高低等条件，提出了让信息更加智能化、个性化地与用户匹配，并建立数据库进行用户群组的分类。像"今日头条"的视频推送，通过用户个人需求方面提出的关键词匹配，加上用户以往浏览的相关数据，以及根据用户职业、学历、喜好等数据，进行汇聚、整理、跟踪和分析，并围绕用户消费、充值、反馈等数据信息，来了解和掌控不同用户的各种个性化潜在需求，进行精准信息推送，会大大减弱庞大的综合传媒集团有意无意强加于受众的在信息接收方面以及相关心理、思想方面的控制，给受众以思考和判断，同时也降低了受众的时间、人力、物力成本，让受众在轻松愉悦的状态中接收到自己需要的各种信息。另外，可以根据手机 GPS 定位，确定用户在办公场所、家里还是旅行中，推送相关的视听

---

① 周勇、黄雅兰：《从"受众"到"使用者"：网络环境下视听信息接收者的变迁》，《国际新闻界》2013 年第 2 期。
② 郭全中：《大数据时代传统媒体转型的关键》，《中国记者》2013 年第 7 期。
③ [美] 霍华德·莱茵戈德：《网络素养——数字公民、集体智慧和联网的力量》，张子凌等译，电子工业出版社 2013 年版，第 3 页。

内容；根据用户手机的睡眠模式、工作模式等确定推送时间；还可以根据某一信息关注评论度的高低来确定是否给相关用户推送。不少视频网站根据用户的性别、职业、年龄、收入等制定不同风格和内容的进入广告。IPTV 的开机广告也在尝试进行智能化分类，进行特色化个人化的视听广告推送。海量内容＋用户需求＋多维场景，这样的智能匹配模式未来会越来越精细化、个性化和特色化。

四 传播与控制：视听媒介的技术使用与受众选择

视听媒介技术革新从未止步，媒体边界在不断消失，综合功能多样、全面的视听媒体接连出现，让人们看到媒介技术的强大力量。事实上，当全息手机已经研制成功，VR 虚拟技术开始在各个产业应用，无人机汇聚成天眼，各种天网工程星罗棋布，机器人写手走上媒体舞台，增强现实和混合现实技术已经开始初露峥嵘并浸润现实时，人们没有理由不相信，未来人工智能对生活乃至信息环境的巨大冲击和影响。就像刀子可用来切割食物也可以用来杀人一样，一切新技术带来的新的媒介手段都是一把双刃剑。

1. 通过强化视听媒介话语来实现对受众思想自由的控制。美国社会学家丹尼尔·贝尔提出人类社会可划分为"前工业社会""工业社会"和"后工业社会"。而"后工业社会"中，如何组织和控制信息、知识和技术创新成为社会生活的中心[①]。在后工业社会中，有些人就想通过控制信息来享有独一无二的权力，特别是控制智能手机的视听信息，来完成自己的一些目标，实现自己的欲望。"我们将毁于我们所热爱的东西！"[②] 尼尔·波斯曼对技术世界的到来保持清醒和警惕，认为技术高度发展一旦导致人类失去道德根基，那么人们的精神活动和社会关系也将被瓦解。安德鲁·基恩在《网民的狂欢：关于互联网弊端的反思》中写道："伴随着网络的繁盛，愚昧和低品位，个人

---

① ［美］丹尼尔·贝尔：《后工业社会的来临——对社会预测的一项探索》，高铦等译，商务印书馆 1997 年版，第 73 页。
② ［美］尼尔·波兹曼：《娱乐至死》，章艳译，广西师范大学出版社 2004 年版，第 1 页。

主义和极权统治也大量涌现。"① 毁掉人类家园的是否是人们引以为豪的媒体？从著作《美丽新世界》到《娱乐至死》，以及《网民的狂欢》，有关视听媒体的丧钟开始敲响，让人意识到这个世界上，有些东西除了有致命的诱惑外，还有最令人肝肠寸断的毒性，像愈演愈烈的电视节目娱乐化会不会让受众成为放弃思考的"单向度的人"？

事实上，如前所述，浙江大学传播研究所所长邵培仁粗略估计认为广播电视媒介有 4/5 是娱乐性的内容。娱乐类视听产品正在上升为新闻媒介的主要产品。另外，当下传统电视中一些引发轰动的真人秀节目、各种新闻资讯类节目，为了追求收视率、点击量而在制作时故意打造娱乐、猎奇与庸俗的一面。媒介话语对娱乐化地不断标榜使越来越多的人失去了思考和判断，跟着媒介提供的思想形态去思考或表述。不仅如此，庞大的综合视听传媒集团的出现，会从多个渠道上覆盖最大多数的受众，不仅为大众提供生动的视听娱乐和消遣信息，还通过传播单一的意识形态或观点来改变大众的认知和常识。因为这种庞大的综合视听媒体影响力巨大，品牌知名度和认可度高，许多受众会不知不觉中接受其思想或观点，媒体从而以无形的力量潜移默化地全方位控制着受众的生活。

2. 通过视听媒介技术对受众行为自由的控制。2015 年上映的美国电影《王牌特工》中，一个想控制人类的恶魔，通过控制全世界的智能手机，想让世界变成人与人相互残杀的局面。尽管最后这一企图没有实现，但有人通过免费赠送通话的智能卡，来掌握控制人类命运的开关，这种想法和行为是非常值得人们警惕的。

其实很早以前，英国著名哲学家边沁已经预见性地意识到这个社会会出现一种"全景监狱"式的状态。后来哲学家福柯认为，每个生活在监狱里的人都是被监督者，相互监督者，也是自我监督者。多屏时代更容易监控人们生活的角角落落，奥威尔描述的"老大哥"会不会出现？事实上，以互联网为基础的视听信息的增多，人们晒出各色各样的视听信息，当监

---

① [美]安德鲁·基恩：《网民的狂欢：关于互联网弊端的反思》，南海出版公司 2010 年版，第 7 页。

控头遍布每个角落时，根据面部识别功能以及车辆等识别功能，相互之间的监看以及专门机构的监看，不可避免地降临在每个人身上。"虽然网络旨在将所有的使用者平等地连接起来，它却不能不依靠为数有限的连接开关和实体连接设备。"① 当产业巨头或政府要人将这样一个控制互联网世界的开关或设备掌握在自己手里，为了一己私利或者某种歇斯底里的观念目标，监控全球的视听信息或者所有的智能手机，那将是怎样的一个局面呢？前两年，斯诺登出面指责美国政府监控全球引起轩然大波，实际上，没有斯诺登我们不知道现在被监控到了什么程度。用视听媒介技术或信息数据分析来监控每一个人的行为，无疑是一种可怕的技术桎梏。"那些掌握网络结构生产技术的人——除公司和政府决定着互联网上运行的软硬件的类型之外——是新的政治掮客。因为，虽然肯定会遇到阻碍和挑战，但是，这些人经常有能力决定网络结构的部件，这些部件通常规范着网络行为。"②

马尔库塞认为，"媒介以无孔不入的方式进入人们的卧室、私人领域，乃至思想，侵入个人需要领域，使个人模糊了'真是需要'和'虚假需要'"，"把统治者的特殊利益当作普遍利益来宣传和灌输，通过混淆意识形态化赢得了利益，并且成为整个社会中无所不在的传播渠道"③。政府也好，传媒利益巨头也罢，企图干涉和控制传媒的事例比比皆是。基于此，如何防止少数一部分人或利益集团利用权力和资本，在大数据基础上操纵和控制整个网络世界，绑架传播主体和镜像世界，或者以某种法案的方式来理所应当地监控每个人的生活，这是每一个受众需要从制度层面、经济层面和思想层面警惕的。自由和安全到底谁先谁后，为了公众利益是否侵犯个体隐私，这些都是需要集聚众多的智慧，讨论之后联合起来监督、抵抗和处理的问题。前段时间国内女大学生学费被骗后气急身亡，就是个人信息泄露后被犯罪分子利用所致，也是犯罪分子对信息有了控制权和使用权之后导致的悲剧。

3. 通过控制媒介使用权来控制受众头脑。传统电视也好，视频网站、

---

① 吴修铭：《总开关——信息帝国的兴衰变迁》，中信出版社2011年版，第232页。
② ［英］安德鲁·查德威克：《互联网政治学：国家、公民与新传播技术》，任孟山译，华夏出版社2010年版，第26页。
③ 胡翼青主编：《西方传播学术史手册》，北京大学出版社2015年版，第157页。

IPTV、微信视频公众号、车载航空电视等，会提供各种各样的引人注目的视听信息，以便获得受众更多的注意力。是受众来控制这些视听媒体，还是视听媒体控制受众大量的碎片化时间，这成了一个问题。在各种各样的媒介技术陷阱后面，存在着受众对信息选择权的掌控问题。受众"由接受选择变为选择接受，由单向接受信息变为多向使用信息，由单次接收信息变为多次使用信息"①。对这样的接收方式受众应该有一个明确的选择，这是受众权利使然，"选择什么样的媒介手段（如电视、广播、报纸、网络）和媒介内容一方面取决于特定的生存情境和现实要求，另一方面与个体受众自身的认知结构密切相关"。② 信息选择和媒介渠道选择是根据自己的经验、爱好、认知等进行的一种有偏好的选择，在客观环境自由的前提下可以自由选择，可有时候"人们对赞同性信息的心理偏好。也就是说……个人有意地寻找赞同性的信息，躲避非赞同性信息，以保持态度的一致"③。这样一种信息选择状态，会使受众的选择权逐渐丧失，"面对受众的信息偏好心理，尽管传播媒介也千方百计地设法通过受众的信息选择关，但总有一些信息被受众'拒之门外'"④。就媒体选择而言，受众知道自己需要什么样的媒体；受众知道自己有什么需要，并知道这些需要之间轻重缓急之差别；受众知道现有媒体是否满足了自己的各种需要；受众还知道预期或想象，正在出现的新媒体是否能够满足自己未被满足的需要⑤。当然，选择新旧视听媒体过程中，决定因素并不仅仅是受众的需求，同时还要考虑到受众的媒介使用习惯、经济情况、工作岗位等，不可能一个农民整天玩手机，也不可能一个站岗的士兵成天看电视，有时候，受众选择媒介的因素是多方面的。但不管选择看传统电视还是 IPTV，或者视频网站、微信视频公众号，以及其中的视听节目，都应该根据受众的综合情

---

① 周勇、黄雅兰：《从"受众"到"使用者"：网络环境下视听信息接收者的变迁》，《国际新闻界》2013 年第 1 期。
② 童清艳：《信息时代媒介受众的认知结构分析》，《新闻与传播研究》2000 年第 4 期。
③ 全国八院校《社会心理学教程》编写组：《社会心理学教程》，兰州大学出版社 1986 年版，第 369 页。
④ 段京肃：《大众传播学——媒介与人和社会的关系》，北京大学出版社 2011 年版，第 283 页。
⑤ 祝建华、王晓华：《权衡需求理论与数码电视的市场前景》，收入《中国传播学会成立大会暨第九次全国传播学研讨会论文集》，2006 年 4 月。

况来确定，而不是盲目加以匹配。

当然，受众的需求是无限的、善变的、多层次的，个性需求是基于复杂多变、幽微深暗的人性，而智能化的视听信息匹配推送技术服务是一种较为僵化的关联推送，很难做到贴心如意地满足人性方方面面的需求。也就是说，新的信息过滤机制或许能短暂地缓解一下人们对信息过载的焦虑，但基本上难以彻底解决这个问题。当受众把选择权交由技术手段来解决问题的时候，个人的牺牲自然会被无限放大。"作为互联网的使用者，我们还有机会去塑造互联网的参与机制，去捍卫我们依照自己意愿创建和使用数字媒体的自由。如果我们不为自己的利益斗争，别人将决定我们的命运。"① 所以，尽管智能信息匹配和关联信息是受众所需，但任何时候，受众要保持对视听媒介技术的选择权和使用权。一旦发现媒介技术达不到自己所需，就可以随时更换，而不能被媒介技术所左右。"如果我们现在不采取行动保住似乎可以随时使用的选择权，那么就像历史已经提示过的那样，有人就要为了壮大自己的力量将这些权利从我们手中夺走，到那个时候，自由选择的信息时代将一去不返，我们也只能落得哭诉无门。"②

4. 受众的媒介选择权是一个长期的坚持过程。值得注意的是，这种被媒介所控制或操纵的时代，选择权问题一直是充满争议和批判的。像马尔库塞、尼尔·波兹曼等对媒介理性或工具理性主导的世界表示怀疑，认为会禁锢人们的心灵导致人文理性的缩减甚至会导致人的"异化"或"物化"。而本雅明、麦克卢汉、莱文森等对媒体技术的发展张开怀抱欢迎。保罗·莱文森相对尊重人的主动性，认为技术只是决定事物可能发生，但人才是技术发展的主导者，技术要经过人的选择才能真实发生。在这个选择过程中，人可以对技术进行理性选择，通过人类特有的自控与判断能力，主动去选择或改进媒介。在他看来，一切的媒介都是人类选择的结果，"人会为了生存而选择适合

---

① ［美］霍华德·莱茵戈德：《网络素养——数字公民、集体智慧和联网的力量》，张子凌等译，电子工业出版社2013年版，第3页。
② 吴修铭：《总开关——信息帝国的兴衰变迁》，中信出版社2011年版，第135页。

需求的东西。适者生存的媒介就是适合人类的媒介"[①]。随着时代发展和技术变革，可以看出许多被淘汰的媒介并非没有可取之处，而是已经不适应时代的发展需要被新的媒介所取代。在这样一个过程中，受众的作用显得异常突出。绝大多数受众选择的视听媒介才是时代需要的媒介，故步自封或停滞不前的媒介注定要被淘汰。受众在不断选择媒介过程中享受传播带来的好处，这是一个长期的过程，一旦放弃选择权就放弃了传播信息的权利。就视听媒体而言，受众选择了智能手机为媒介，更喜欢手机里播放的视频内容，那么传统电视会逐渐边缘化；受众选择了智能电视，喜欢用电视屏幕来操控一切，那么电脑就会慢慢边缘化；受众选择了身体内置芯片，让信息与大脑相连接，那么携带便利的手机也会边缘化。受众对媒介渠道的选择和媒介内容的选择一样重要，一旦放弃了这种选择而沉湎于固有的视听渠道和内容中，那也意味着受众放弃了思考，拱手让出了感官。有学者指出，"人是积极驾驭媒介的主人。不是在媒介中被发送出去，而是在发号施令，创造媒介的内容。对别人已经创造出的内容，人拥有自主选择能力"[②]。这是对未来受众能够把握和控制媒介选择权、使用权的一种自信和期许。

当然，媒介平台的管理如果设置得无限制的自由，也会引发很多社会、法律问题。媒介应该在法律规定的框架内有所控制。"在我们所处的时代，置身于变革的风口浪尖的不再是技术本身，而是技术所带来的人的素质进步。"[③] 毋庸置疑，在以互联网为基础的多元智能传播生态中，屏幕和视听内容的增多会让受众处于一种信息过载的负担中，只有将媒介技术控制与受众媒介素养结合起来，展现受众在媒体影响下积极的一面，对一些复杂的信息有批判性的思考和解读能力，这样才能保持传播主体与接收主体的地位，减少冗杂信息的干扰，有理性地参与到公共事务中去。也就是说，多屏时代视听媒体高度繁荣、视听信息过载带来的负效应不能只依靠法律来解决或用技术进行

[①] [美]保罗·莱文森：《数字麦克卢汉》，何道宽译，社会科学文献出版社2001年版，第287—288页。

[②] [美]保罗·莱文森：《手机：挡不住的呼唤》，何道宽译，中国人民大学出版社2004年版，第7页。

[③] [美]霍华德·莱茵戈德：《网络素养——数字公民、集体智慧和联网的力量》，张子凌等译，电子工业出版社2013年版，第3页。

维护，只有提高受众媒介素养，在法律的框架下争取从个人修为及综合素质方面解决这个问题，通过法律层面、道德层面、伦理层面、礼仪层面的处理，让更多的受众明白应该做什么而不应该做什么，由此进行相应的媒体平台上的行为话语及视听内容的规范建设，尊重圈子规则与网络秩序，将媒介技术对受众的负面作用控制到最低，避免"技术力量"控制人类，这样才能"规范用户的网络信息行为，维护网络信息秩序等方面，能够发挥明显作用，甚至在消除有害信息方面可以充当'准法律'的角色"①，建立一个和谐健康的视听媒体传播环境。

第四节 媒介智能化中的时空迷思

如前所述，媒介融合是一个动态的、智能化的过程，最终目的是搭建一个多元共建、开放共享、即时便捷、自我进化的智能传播体系。从媒介发展来看，融合革新极大地促进着人类文明的进化、智能化水平的提升和信息传播活动的自由度的拓展，在延伸感官、拓展时空的同时会导致不同的时空偏向乃至消融了现实范畴中的尺度、距离、分秒等时空概念，影响和重塑人们对时间和空间的感知，呈现出自然空间、心理空间；私人空间、公共空间；生物空间、虚拟空间；社交空间、物理空间以及单位时间、媒介时间；历史时间、未来时间；机械时间、碎片化时间；个体时间、共享时间等不同维度的时空嬗变，引发传播和承受主体思维范式的转换以至对自身身份认同的重新思考。

一 视听媒体所营造的时空观念和媒介技术变革形成共振，充满巨大的不确定性

视听信息在时空置换乃至叠加中不断获取、重建、置换，充满着巨大的不确定性、虚拟性、流动性、散乱性、互动性等特点。整体来看，当下媒介

---

① 匡文波：《网络传播学概论》，高等教育出版社2009年版，第71页。

智能化中呈现出媒介形态多样化、精巧化、艺术化；媒体内容多元化、社交化、平台化；媒介功能移动化、多元化、综合化，同时大数据基础上的媒介技术发展不断贴近人性，人类想象力在媒介革新中不断扩张，由此形成传受主体无处不在的存在感，技术门槛降低后随时随地呈现自我的成就感，网络存储功能的强大和难以毁灭性引发的ID不朽感。传播和受众主体在裂变式的海量信息中如浮尘一样考量着自我的价值，这种浮尘效应加上智媒化沉浸式体验带来的时空置换和身份认同，使当下媒介融合中的传播特征呈现出从融媒到智媒，从大众化传播到社交化传播，从信息的被动接收到主动选择，从人机一体、万物相连到万物皆媒、自我进化，每个信息节点上的传受主体会在不同时空中自由穿梭、安身立命，时空观念和媒介技术变革形成共振，重构着传播与人类的意义及象征。

就国内技术层面看看，AR、VR、大数据、人工智能等高新技术促使媒介急剧变革。2017年底，新华社发布全球媒体个人工智能平台"媒体大脑"，提出建设智能化编辑部。人工智能某种意义上是一种高端算法支配和主导下的技术运用。2018年底发布全球首个合成新闻主播"AI合成主播"，运用了最新的人工智能技术。人工智能在大数据和计算能力双重引擎驱动下深刻影响社会运作，改变行业格局，打破各种边界，新闻传播业自然面临重新洗牌、重建格局。学者李沁用"沉浸人"和"泛众"来解释新传播环境中的人，并提出在沉浸传播中"人是终极媒介状态，是真正的超媒介，也是未来生物媒介的主体"①。这样一个从传统媒体到智能化乃至人成为超媒介的过程，让传受双方更注重表达自我和寻找存在感。由此带来时空置换、媒体界限不断消失、信息传播不断多元与精准、受众需求主动满足等类人化的智能化传播特征。

二 视听媒体引发的时空嬗变会导致受众形成强烈的"浮尘效应"

媒介智能化与时空观念形成共振关系，是一个时空嬗变的过程。对受众而言，线下时空、线上虚拟的不同时空真实与虚拟交织、延伸与压缩并存，

---

① 李沁：《沉浸传播的形态特征研究》，《现代传播》2013年第2期。

信息的交流往往会在不同时空之间不断转化。在这样一个过程中，受众的精神上、心理上、身体上的存在感会有明显的变化，碎片化的时间体验、空间化场景的再造、沉浸式体验中的信息偏好、不同媒介平台带来的时空裂痕、不同讲述带来的思维方式、各色观念带来的生活方式等，特别是不同网络节点上形成的存在感、信息不会消除的 ID 不朽感、把握不住未来趋向的缥缈感、技术依赖的获得感，以及不同时空叠加的无归属感、对现实肉身牵绊难以摆脱的无助感，使得绝大多数受众产生一种浮尘般飘浮且一旦聚光后明显存在、聚集后形成强大力量的"浮尘效应。"这种存在状态会影响媒介融合中的发展方向与伦理规则，并形成一种巨大的力量。

媒介进化史就是人类的传播史、文明史，媒介智能化引发的时空压缩或延展带来了受众身份认同方面的焦虑感与紧张感，由此形成浮尘效应，趋向不朽伦理。人类认知时空、现实时空、虚拟时空中，只有视听媒体高度智能化后营造的多种虚拟时空中，各色 ID 如浮尘般看不见摸不着，飘忽不定却又存在。浮尘世界，可以说是多个虚拟时空的真实写照。在这样一个世界里，每一个个体的存在是看不见摸不着的，而却实实在在地存在，你可以追根溯源，会找到它存在的痕迹，或者在更细致的观照下自然会呈现出它的形象。大量的浮尘是根本看不见摸不着的，可它们的确在不同的媒介平台上存在着，当每一个个体的力量被激活，会形成巨大的海啸效应。更多的时候，每一个个体以 ID 形式默默地生活在媒介营造的多个时空中，只有跟他有交集的社交亲朋们发现它存在着，并相互吸引、交流、互动。在这样一个万物互联、人机交织、媒介不断自我进化的状态下，时空会叠加、置换，速度会改变、停滞。如果说造梦，媒介就是最大的梦工场，但这样的梦工场是资本驱使下商品化作用的结果。

细究起来，《阿凡达》不仅仅是一部科幻电影，它就是我们未来媒介智能化营造的时空景象，人可以通过智媒生活在另一个时空中，真真切切感受到异域时空的生存状态。不同时空的重新叠加与组合、置换，迫使人类文明在另一种异域的文明中重新思考自身的意义。当然，人类感官力求在媒介革新中不断延伸扩展，虚拟时空将沟通另外一个维度的时空，最终让人们走上不朽。中国古人"立德立功立言"意味着不朽，而在虚拟时空中，立言已经成为每个个体都可以实现的事情，比起每个人死后虚无缥缈的灵魂，虚拟时空中的形象、文字、思想都会以数据的形式保存下来，直至地球毁灭或宇宙大爆炸。媒介越高级、越智能，传授个体漂浮不定、难以掌握的"浮尘"感越明显，聚在一起能形成呼啸的力量，聚不到时杂乱的、无序的、冲撞的、萦绕的，不能给人明确的体系，却让人意识到这样一个环境的存在，飘忽不定却又依附于各式各样的圈子或时空来寻找某种身份认同，会进一步导致归属问题上的紧张感、焦虑感和碎裂感。"我们把新技术称为自我截除，它们生成新的环境，单个有机体在这样的环境面前是孤立无助的。"①

三　智能化媒介中的时空迷思与现实回归

尽管波兹曼等学者认为技术会垄断人类文化，而就此对媒介技术抱有深深的悲观，但接受分析学派非常强调受众的能动作用和主体地位，认为受众在媒介面前具有抵抗和颠覆性的能量。而莱文森认为媒介技术虽然日趋革新，但最终走向是可以既回归到前技术时代（面对面交流）的环境，又能保持强大的时空延伸能力，也就是可以实现"肉身在场"与"远距离交流"的"双赢"状态。"新的感知摧毁了视觉空间的垄断和优先地位，使旧的空间显得古怪，就像实验室的门披上盔甲一样古怪。"② 具有主观能动性的受众，面对一个极具碎裂感、无序感的状态不可能无动于衷，"浮尘效应"容易使人充满孤独感和绝望感，所以再智能化的媒介也不能将一切人类的生活、生命所需处理成为数据而得到成功，以数据为中心的理念会让人类失去每个个体拥有的诸多细微的区别而陷入教条式的分类当中，如何从视听媒体营造的真切的不同时空中回归现实生活，从各种虚拟生活的媒介依赖症中走出来、进入面对面的真实交流，将成为受众不懈的精神追求与思考路径，并竭力去重拾那种前技术时代的人与人之间的亲密关系，以

---

① ［加］马歇尔·麦克卢汉：［美］昆廷·菲奥里、杰罗姆·阿吉尔编，《媒介与文明》，何道宽译，机械工业出版社2016年版，第124页。
② 同上书，第5页。

及人类与生俱来的渴望交流并获得温暖的群聚状态，将是越来越急迫的一个话题。人非圣贤，技术亦非万能，不管是真假难辨的信息需要核查，还是越来越严重的信息迷雾、浮尘效应需要重新梳理，以及智能化媒介引发的伦理问题的重新规整，工具理性和价值适切的有机交融，还依然需要人工干预来解决。这最终寄希望于中坚分子引导下的受众的主观能动性、抵抗与重建的力量。

参考文献

一　中文著作

爱群、胡翼青：《受众研究的理论与实践》，江苏人民出版社2005年版。

包亚：《现代性与空间的生产》，上海教育出版社2003年版。

鲍海波：《媒介文化的阐释与批判》，中国社会科学出版社2009年版。

鲍立泉：《技术视野下媒介融合的历史与未来》，华中科技大学出版社2013年版。

曹劲松、庄传伟：《政府新闻发布》，江苏人民出版社2009年版。

曹鹏：《把脉中国传媒》，中国广播电视出版社2008年版。

巢乃鹏：《网络受众心理行为研究》，新华出版社2002年版。

陈焱：《好莱坞模式：美国电影产业研究》，北京联合出版公司2014年版。

陈阳：《全球传播》，北京大学出版社2009年版。

程洁：《新数字媒介论稿》，上海三联书店2007年版。

崔保国：《2012年中国传媒产业发展报告》，社会科学文献出版社2012年版。

单晓红：《媒介素养引论》，浙江大学出版社2008年版。

邓圻圻、李兴国：《网络传播与新闻媒体》，北京广播学院出版社2001年版。

丁迈：《典型报道的受众心理实证研究》，中国传媒大学出版社2008年版。

段京肃：《大众传播学——媒介与人和社会的关系》，北京大学出版社 2011 年版。

范以锦：《数字化时代的传媒产业》，暨南大学出版社 2008 年版。

方建移、张芹：《传媒心理学》，浙江大学出版社 2004 年版。

方建移、章洁：《大众传播心理学》，浙江大学出版社 2007 年版。

高小康：《大众的梦》，东方出版中心 1993 年版。

宫承波：《传播学纲要》，中国广播电视出版社 2007 年版。

黄河主编：《政府新媒体传播——直面新媒体带来的挑战与机遇》，光明日报出版社 2012 年版。

减海群、张晨阳：《受众学说：多维学术视野的观照与启迪》，复旦大学出版社 2007 年版。

蒋晓丽：《传媒文化与媒介研究》（上），四川大学出版社 2007 年版。

蒋原伦：《媒介文化与消费时代》，中央编译出版社 2004 年版。

匡文波：《网络传播学概论》，高等教育出版社 2009 年版。

雷建军：《视频互动媒体》，清华大学出版社 2007 年版。

黎斌主编：《电视融合变革：新媒体时代传统电视的转型之路》，中国国际广播出版社 2011 年版。

李彬、杨芳、尹丽娟编：《清华新闻传播学前沿讲座录》，清华大学出版社 2006 年版。

李欣人：《反思与重构：西方传播理论的人学解读》，高等教育出版社 2011 年版。

刘昶、甘露、黄慰汕：《欧洲优秀电视节目模式解析》，中国广播电视出版社 2010 年版。

刘婧一：《应对媒介融合：新环境下的电视节目营销》，中国传媒大学出版社 2008 年版。

刘晓红：《西方传播政治经济学研究》，上海人民出版社 2007 年版。

卢军：《宽带风暴：视频点播与网络游戏》，清华大学出版社 2002 年版。

陆小华：《新媒体观——信息化生存时代的思维方式》，清华大学出版社 2008 年版。

吕巧平：《媒介化生存——中国青年媒介素质研究》，中国传媒大学出版社 2007 年版。

马杰伟、张潇潇、陈韬文：《媒体现代：传播学与社会学的对话》，复旦大学出版社 2011 年版。

马凌、蒋蕾编：《媒介化社会与当代中国》，复旦大学出版社 2011 年版。

南帆：《双重视域——当代电子文化分析》，江苏人民出版社 2001 年版。

欧阳宏生：《电视批评学》，四川大学出版社 2006 年版。

潘知常、林玮：《传媒批判理论》，新华出版社 2002 年版。

秦志希等：《媒介文化新视点》，武汉大学出版社 2010 年版。

苏林森：《媒介消费与宏观经济的关系研究》，中国人民大学出版社 2012 年版。

覃信刚：《媒介融合、台网互动解析》，云南人民出版社 2013 年版。

唐旭军主编：《中国新媒体发展报告》（2013），社会科学文献出版社 2013 年版。

王井、智慧主编：《电视节目策划》，武汉大学出版社 2012 年版。

王明轩：《即将消亡的电视》，中国传媒大学出版社 2009 年版。

王青亦：《真实电视：电视仪式与审美幻象》，中国传媒大学出版社 2012 年版。

文昊：《民国的报业巨头》，中国文史出版社 2013 年版。

文长辉：《媒介消费学》，中国传媒大学出版社 2007 年版。

吴信训：《文化传播新论：以历史与现实为镜鉴》，上海人民出版社 2008 年版。

吴修铭：《总开关——信息帝国的兴衰变迁》，中信出版社 2011 年版。

笑阳：《偷窥历史学家的书桌》，中央编译出版社 2011 年版。

谢耕耘、陈虹：《真人秀节目：理论、形态和创新》，复旦大学出版社 2007 年版。

邢虹文：《电视、受众与认同》，上海交通大学出版社 2013 年版。

徐国源、谷鹏：《当代传媒生态学》，三联书店 2006 年版。

徐沁：《媒介融合论——信息化时代的存续之道》，中国传媒大学出版社

2009年版。

严励主编:《网络传播学概论》,郑州大学出版社2007年版。

杨汉云:《网络视频新闻编辑与制作》,中南大学出版社2006年版。

杨魁,刘晓程:《危机传播研究新论》,中国社会科学出版社2011年版。

杨状振:《重组话语:新媒体时代的中国电视批评》,上海交通大学出版社2012年版。

易绍华:《电视的活路——数字化背景下电视媒体的网络化生存研究》,厦门大学出版社2010年版。

殷乐:《电视娱乐:传播形态及社会影响研究》,中国社会科学出版社2011年版。

尹韵公:《中国新媒体发展报告》(2012),社会科学文献出版社2012年版。

余春泉、王跃进、韩复龄:《中国传媒上市公司研究》,中国广播电视出版社2011年版。

喻国明、丁汉青、支庭荣、陈端编著:《传媒经济学教程》,中国人民大学出版社2009年版。

喻国明、张小争:《传媒竞争力——产业价值链案例与模式》,华夏出版社2005年版。

喻国明:《变革传媒——解析中国传媒转型问题》,华夏出版社2005年版。

张鸣:《辛亥:摇晃的中国》,广西师范大学出版社2011年版。

张绍刚:《全球金牌电视节目解析》,北京大学出版社2011年版。

张晓辉:《大众媒介变迁中的隐私公开现象研究》,中国传媒大学出版社2012年版。

张咏华:《媒介分析:传播技术神话的解读》,复旦大学出版社2003年版。

赵均主编:《中国传媒经典个案》(1998—2008),中国传媒大学出版社2010年版。

赵勇:《大众媒介与文化变迁:中国当代媒介文化的散点透视》,北京大学出版社 2010 年版。

赵子忠：《内容产业论：数字新媒体的核心》，北京广播学院出版社 2005 年版。

郑欣：《空间的分割——新媒体广告效果研究》，中国传媒大学出版社 2008 年版。

郑兴东：《受众心理与传媒引导》，新华出版社 2004 年版。

钟新：《危机传播：信息流及噪音分析》，中国传媒大学出版社 2007 年版。

周宪、刘康：《中国当代传媒文化研究》，北京大学出版社 2011 年版。

庄晓东主编：《传播与文化概论》，人民出版社 2008 年版。

二　中译著作

［德］恩斯特·卡希尔：《人论》，李琛译，光明日报出版社 2009 年版。

［德］哈贝马斯：《公共领域的结构转型》，曹卫东、王晓钰等译，学林出版社 1999 年版。

［德］瓦尔特·本雅明：《机械复制时代的艺术作品》，王才勇译，江苏人民出版社 2006 年版。

［法］皮埃尔·布尔迪厄：《关于电视》，许钧译，南京大学出版社 2011 年版。

［法］让·波德里亚：《象征交换与死亡》，车槿山译，译林出版社 2009 年版。

［法］让-弗洛索瓦·利奥塔尔：《后现代状态》，车槿山译，南京大学出版社 2011 年版。

［加］埃里克·麦克卢汉等：《麦克卢汉精粹》，何道宽译，南京大学出版社 2010 年版。

［加］哈罗德·伊尼斯：《传播的偏向》，何道宽译，中国人民大学出版社 2003 年版。

［加］马歇尔·麦克卢汉：《机器新娘》，何道宽译，中国人民大学出版社 2004 年版。

参考文献

［加］马歇尔·麦克卢汉：《理解媒介——论人的延伸》，何道宽译，译林出版社 2011 年版。

［加］文森特·莫斯可：《传播政治经济学》，胡春阳、黄红宇、姚建华译，上海译文出版社 2013 年版。

［加］文森特·莫斯可：《数字化崇拜：迷思、权力与赛博空间》，黄典林译，北京大学出版社 2010 年版。

［美］丹尼尔·贝尔：《后工业社会的来临——对社会预测的一项探索》，高铦等译，商务印书馆 1997 年版。

［美］Ben H. Bagdikian：《新媒体垄断》，邓建国、张诗耘、杨保达、吕强龙、李笑楠译，清华大学出版社 2013 年版。

［美］罗伯特·M. 恩特曼：《恩特曼媒介化政治：政治传播新论》，董关鹏译，清华大学出版社 2011 年版。

［美］安德鲁·基恩：《网民的狂欢：关于互联网弊端的反思》，丁德良译，南海出版公司 2010 年版。

［美］保罗·莱文森：《莱文森精粹》，何道宽编译，中国人民大学出版社 2007 年版。

［美］保罗·莱文森：《新新媒介》，何道宽译，复旦大学出版社 2011 年版。

［美］道格拉斯·凯尔纳：《媒介文化——介于现代与后现代之间的文化研究、认同性与政治》，丁宁译，商务印书馆 2004 年版。

［美］赫伯特·马尔库塞：《单向度的人》，刘继译，上海世纪出版集团 2008 年版。

［美］理查德·韦斯特，林恩·特纳：《传播理论导引：分析与应用》，中国人民大学出版社 2007 年版。

［美］玛西雅·雷登·特纳：《新媒体教父》，华经译，机械工业出版社 2002 年版。

［美］尼尔·波斯曼：《技术垄断——文化向技术投降》，何道宽译，北京大学出版社 2007 年版。

［美］尼尔·波兹曼：《娱乐至死》，章艳译，广西师范大学出版社 2004 年版。

[美]苏·卡利·詹森：《批判的传播理论：权力、媒介、社会性别和科技》，曹晋主译，复旦大学出版社2007年版。

[美]约翰·菲斯克：《电视文化》，祁阿红、张鲲译，商务印书馆2005年版。

[美]约翰·菲斯克：《理解大众文化》，王晓钰、宋伟杰译，中央编译出版社2006年版。

[美]约翰·费斯克：《传播研究导论：过程和符号》，许静译，北京大学出版社2008年版。

[美]约翰·费斯克：《关键概念：传播与文化研究辞典》，李彬译注，新华出版社2004年版。

[美]约翰·维维安：《大众传播媒介》，顾宜凡等译，北京大学出版社2010年版。

[意]安东尼奥·葛兰西：《狱中札记》，曹雷雨、姜丽等译，中国社会科学出版社2000年版。

[英]艾伦·格里菲思：《数字电视战略：商业挑战与机遇》，罗伟兰译，中国传媒大学出版社2006年版。

[英]安德鲁·查德威克：《互联网政治学：国家、公民与新传播技术》，任孟山译，华夏出版社2010年版。

[英]戴维·莫利、凯文·罗宾斯：《认同的空间——全球媒介、电子景观与文化边界》，司艳译，南京大学出版社2001年版。

[英]戴维·莫利：《电视、受众与文化研究》，史安斌译，新华出版社2005年版。

[英]科林·斯巴克斯：《全球化、社会发展与大众媒介》，刘舸、常怡如译，社会科学文献出版社2009年版。

[英]利萨·泰勒、安德鲁·威利斯：《媒介研究：文本、机构与受众》，吴靖、黄佩译，北京大学出版社2005年版。

[英]罗杰·迪金森等：《受众研究读本》，单波译，华夏出版社2006年版。

[英]马凌诺夫斯基：《文化论》，费孝通译，华夏出版社2002年版。

[英] 尼克·史蒂文森：《认识媒介文化：社会理论与大众传播》，王文斌译，商务印书馆 2001 年版。

[英] 唐·库比特：《上帝之后——宗教的未来》，王志成、思竹译，宗教文化出版社 2002 年版。

[英] 威尔伯·施拉姆：《传播学概论》，何道宽译，新华出版社 1984 年版。

[英] 维克托·迈尔-舍恩伯格、肯尼思·库克耶：《大数据时代：生活、工作、思维的大变革》，盛杨燕、周涛译，浙江人民出版社 2013 年版。

[英] 西奥·西奥博尔德：《信息的骨头》，陈志伟、刘声峰译，电子工业出版社 2014 年版。

[英] 约翰·塔洛克：《电视受众研究——文化理论与方法》，严忠志译，商务印书馆 2004 年版。

[英] 詹姆斯·卡伦：《媒体与权力》，史安斌、董关鹏译，清华大学出版社 2006 年版。

[英] 詹姆斯·卡伦：《去西方化媒介研究》，卢家银、崔明伍、杜俊伟、王雷译，清华大学出版社 2011 年版。

三 期刊论文

白冰：《信息化时代背景下：浅谈节目主持人角色形象的构建》，《戏剧之家》2016 年第 1 期。

鲍海波、马兵：《媒体娱乐化：满面笑容的文化敌人》，《新闻记者》2012 年第 3 期。

曾凡斌：《大数据对媒体经营管理的影响及应对分析》，《出版发行研究》2013 年第 2 期。

陈国权：《勉为其难的全媒体平台》，《中国报业》2012 年第 10 期。

陈雪虎：《走向媒介文化研究》，《北京师范大学学报》（社会科学版）2004 年第 2 期。

陈振明：《当代资本主义社会变化了的文化模式：法兰克福学派对大众文化的批判》，《哲学研究》1995 年第 11 期。

戴程：《全球化视野下新媒体与传统媒体融合问题研究——以电视媒体网络媒体为例》，《新闻界》2009 年第 2 期。

戴山山：《美国视频网站内容生产的经验与启示》，《理论月刊》2016 年第 4 期。

冯海超：《透视美国大数据爆发前景》，《互联网周刊》2011 年第 5 期。

韩建中：《视听新媒体的崛起对我国电视群落的影响》，《现代传播》2011 年第 11 期。

韩运荣、高顺杰：《微博舆论中的意见领袖素描——一种社会网络分析的视角》，《新闻与传播研究》2012 年第 3 期。

何清涟：《当前中国社会结构演变的总体性分析》，《书屋》2000 年第 3 期。

胡占凡：《电视与新媒体融合发展的思考与前瞻》，《电视决策参考》2014 年第 1 期。

季娴：《浅析新媒体平台在栏目宣传中的作用——以〈中国好声音〉为例》，《电影评介》2012 年第 21 期。

李勤勇、赵霞浅：《论媒介融合环境下的电视节目创新策略》，《中国广播电视学刊》2012 年第 11 期。

刘玲：《世界五大传媒集团新媒体战略比较分析》，《出版科学》2011 年第 19 期。

刘斌：《大众媒介：权力的眼睛》，《现代传播》2000 年第 2 期。

刘东明：《网络视频营销漫路求索》，《广告大观综合版》2008 年第 4 期。

刘桐春、韩燕：《〈中国梦想秀〉：电视大片时代的"快乐公益"》，《中国广播电视学刊》2012 年第 8 期。

陆地、靳戈：《大数据：电视产业转型升级的支点和交点》，《电视研究》2014 年第 4 期。

吕海媛：《大数据与电视媒体的未来》，《视听界》2013 年第 3 期。

孟建、赵元珂：《媒介融合：粘聚并造就新型的媒介化社会》，《国际新闻界》2006 年第 7 期。

孟志军：《困境与突围：省级卫视合作模式探析》，《编辑之友》2012 年第 11 期。

倪宁：《大数据时代的传播观念变革》，《西北大学学报》2014 年第 1 期。

彭兰：《社会化媒体，移动终端，大数据：影响新闻生产的新技术因素》，《新闻界》2012 年 8 月下。

钱庆义：《论媒介融合语境下电视媒体的发展》，《新闻与传播研究》2011 年第 3 期。

王长潇：《传统电视与视听新媒体融合发展路径的选择与拓展》，《国际新闻界》2011 年第 12 期。

王哲平、王子轩：《从理论视角看电视人离职潮》，《视听界》2015 年第 3 期。

文卫华、李冰：《大数据时代的数据新闻报道》，《现代传播》2013 年第 5 期。

邬建中：《浅析大数据时代我国互联网电视产业的发展策略》，《现代传播》2013 年第 12 期。

谢梅：《消费语境中的传媒意识形态：融合与共建》，《当代文坛》2012 年第 6 期。

谢新洲、安静、杜智涛、张悦：《新媒体时代：舆论引导的机遇和挑战》，《新华文摘》2012 年第 11 期。

徐锐：《媒介融合：视听新媒体创意产业的跨界发展》，《河北社会科学》2013 年第 1 期。

徐慕：《大数据基础上的社会认知》，《中国电子科学研究院学报》2013 年第 1 期。

闫云霄：《网络视频营销手段的创新与变革》，《新闻界》2011 年第 3 期。

晏于飞：《探索网络视频的品牌传播价值之路——优酷视频营销价值研讨会速写》，《创意传播》2011 年第 8 期。

殷晓蓉：《全球媒体兼并：本质特性何在？》，《新闻记者》2003 年第 2 期。

余明阳、舒咏平：《论"品牌传播"》，《国际新闻界》2002 年第 3 期。

喻国明：《关于当前传媒发展的若干思考》，《编辑学刊》2014 年第 5 期。

赵丽：《试论电视节目主持人的传播策略》，《山西广播电视大学学报》

2010 年第 2 期。

郑维东、张天莉：《网络视频发展深化对电视媒体的影响》，《收视中国》2012 年第 11 期。

朱剑飞、杜若礼：《广电在大数据时代的创新之路初探》，《南方广播电视学刊》2014 年第 5 期。

朱剑飞、邵靓：《网络时代媒介舆论引导力的建构与强化》，《中国广播电视学刊》2012 年第 8 期。

左志新：《传统媒体突围之路：融合跨界求发展——媒体融合与跨界发展高峰论坛侧记》，《传媒》2015 年第 6 期上。

何兰萍：《我国大众文化研究最新动态述评》，《学术论坛》2002 年第 3 期。

胡瑛、程丽蓉：《自制元年：视频网站自制节目的再思考》，《编辑之友》2015 年第 5 期。

李岚：《融合背景下电视产业发展的战略转型》，《中国广播电视学刊》2011 年第 1 期。

鲍海波、王蓓蓓：《媒介文化语境下的网络恶搞及其双向归置》，《新闻传播学研究》2007 年第 3 期。

鲍海波、薛晨：《感性追逐还是理性选择——对"电视娱乐热"的冷思考》，《现代传播》2007 年第 5 期。

鲍海波：《文化转向与媒介文化研究的任务》，《新闻与传播研究》2006 年第 3 期。

蔡骐、蔡雯：《娱乐化浪潮中的媒介文化——文化研究与传播政治经济学的解读》，《湖南大众传媒职业技术学院学报》2007 年第 1 期。

蔡雯：《"全媒体战略"中的内容生产创新》，《新闻战线》2013 年第 1 期。

曹轲、庄慎之、陈雨：《南都全媒体集群构想》，《南方传媒研究》2010 年第 23 期。

陈序：《娱乐模式：从明星表演到百姓游戏》，《新闻记者》2005 年第 2 期。

戴阿宝：《鲍德里亚：现代性困顿中的时尚》，《国外理论动态》2004 年第 3 期。

邓榕、刘琼：《网络视频营销的问题及对策》，《新闻界》2011 年第 1 期。

董天策：《以电视娱乐文化作为研究范畴与视域》，《新闻与传播研究》2005 年第 2 期。

高丙中：《精英文化、大众文化、民间文化：中国文化的群体差异及其变迁》，《社会科学战线》1996 年第 2 期。

高红波：《媒介融合下美国电视业对中国的启示》，《现代视听》2010 年第 11 期。

耿文婷：《美感文艺与快感文艺：春节联欢晚会与游戏娱乐节目之比较》，《清华大学学报》2003 年第 1 期。

管宁：《消费文化语境中文学美感形态的"物化"倾向：上世纪 90 年代以来文学一个侧面的考察》，《人文杂志》2004 年第 6 期。

郭镇之：《舆论监督、客观性与新闻专业主义》，《电视研究》2000 年第 3 期。

何龙群：《中国改革开放的历史进程及其基本经验》，《广西民族学院学报》（哲学社会科学版）2001 年第 4 期。

何煜：《媒介融合与电视媒体资源的数字化转型》，《浙江传媒学院学报》2011 年第 6 期。

胡泳、张耀升：《社交媒体的精准化信息传播》，《对外传播》2015 年第 4 期。

黄升民、杨雪睿：《碎片化：品牌传播与大众传媒新趋势》，《现代传播》2005 年第 6 期。

黄勇：《消费时尚的社会学分析》，《西南师范大学学报》（人文社会科学版）2005 年第 4 期。

蒋原伦：《媒体文化：传播过程中的开放体系》，《北京师范大学学报》（人文社会科学版）2002 年第 6 期。

蒋原伦：《媒体文化刍议》，《天津社会科学》（社会科学版）2002 年第 1 期。

景志刚、朱寿桐：《批判视野中的中国电视娱乐节目》，《中国电视》

2002年第10期。

靖鸣、臧诚：《媒介融合时代信息流动模式、分众化传播及媒体对社会凝聚力的影响》，《新闻与传播研究》2011年第5期。

李震：《〈摩罗诗力说〉与中国诗学的现代转型》，《中国社会科学》2009年第3期。

李良荣：《重大主题报道的整合传播》，《中国广播电视学刊》2007年第7期。

李玫：《浅析我国新闻娱乐化》，《新视野》2005年第2期。

刘寰、段敬芳：《新媒体时代的精准传播与富媒体应用》，《新闻传播》2013年第12期。

刘卫东、荣荣：《网络时代的媒介权力结构与社会利益变迁——以当代中国社会意识形态为视角》，《新闻与传播研究》2012年第2期。

刘晓燕：《数字化的机遇与困境：美国报业转型的五个层面》，《新闻实践》2012年第4期。

陆丹：《用大数据挖掘常态新闻选题的新意》，《今传媒》2014年第7期。

陆地、靳戈：《中国网络视频发展的四大趋势》，《新闻爱好者》2015年第3期。

吕海媛：《大数据与电视媒体的未来》，《视听界》2013年第3期。

郑瑜：《媒介融合：新媒体时代的发展观》，《当代传播》2007年第3期。

吕艳梅、朱新梅：《2012：视听新媒体发展动向》，《中国广播电视学刊》2013年第2期。

马云：《未来30年是令人恐惧的30年》，《新商务周刊》2015年第13期。

倪志新：《全媒体、多角度、立体展示，创新重大主题报道模式》，《中国记者》2013年第3期。

庞井君：《媒介融合背景下中国广播影视产业发展的思考》，《现代传播》2013年第2期。

庞井君：《中国视听新媒体的现状与发展趋势》，《新闻战线》2011年第9期。

钱庆义：《论媒介融合语境下电视媒体的发展》，《新闻爱好者》2011年第 3 期。

石长顺、梁媛媛：《现代视听新媒体产业模式研究》，《现代传播》2016年第 2 期。

史安斌、赵涵漠：《运用互联网思维夯实第一媒体——2011 年中国电视业践行媒体融合战略的回顾与反思》，《电视研究》2015 年第 3 期。

苏维靖、高洋：《浅谈凤凰卫视的品牌营销策略》，《新闻战线》2015 年第 2 期。

孙爱群：《〈羊城晚报〉全国两会报道的全媒体传播策略与实践》，《中国记者》2015 年第 5 期。

王虎：《媒体融合背景下传统电视与新媒体的整合营销策略分析》，《声屏世界》2009 年第 1 期。

仲明：《视听新媒体时代：激战序幕悄然开启》，《中国报业》2013 年第 7 期。

王明轩：《大数据与视频媒介产业链重构》，《南方电视广播学刊》2014 年第 2 期。

王首程：《忧患中革新图存——"华南媒体边缘化"热议中的冷思考》，《南方广播电视学刊》2014 年第 5 期。

王水明：《民生时代重大主题报道的创新——浙江卫视〈经典浙江〉回眸》，《新闻实践》2007 年第 7 期。

邬建中：《浅析大数据时代我国互联网电视产业的发展策略》，《现代传播》2013 年第 12 期。

吴飞、吴风：《新闻专业主义理念的建构》，《中国人民大学学报》2004 年第 6 期。

吴自力：《全媒体热潮下的冷思考》，《新闻实践》2011 年第 1 期。

徐大文：《浅析消费文化语境下主旋律电视剧的突围》，《影视艺术》2012 年第 5 期。

徐小立、秦志希：《论消费文化语境下新闻传媒的变异》，《新闻与传播研究》2010 年第 5 期。

许建华：《消费文化语境下电视文化消费的独特性》，《电视研究》2007

年第 9 期。

许静：《全球化视角下中国电视节目的创新路径》，《编辑之友》2012 年第 11 期。

姚君喜、刘春娟：《"全媒体"概念辨析》，《当代传播》2010 年第 6 期。

殷乐：《新媒体视频的传播特征、发展格局及趋势分析》，转引自《中国新媒体发展报告》（2010），尹韵会主编，社会科学文献出版社 2010 年版。

余龙：《CNN 转型对中国电视媒体的启示》，《青年记者》2015 年第 3 期（下）。

喻国明、戴元初：《媒介融合情境下的竞争之道——对美国电视的新竞争策略的观察与分析》，《新闻与写作》2008 年第 2 期。

喻国明：《关于当前传媒发展的若干思考》，《编辑学刊》2014 年第 5 期。

袁晓寒：《电视节目主持人形象建构初探》，《传播与版权》2013 年第 5 期。

翟光勇：《中国网络视频行业竞争态势与发展战略研究》，《学术界》2011 年第 4 期。

张爱凤：《微博空间的文化政治》，《新闻大学》2013 年第 3 期。

张书娟：《消费文化语境下中国媒介素养的缺失与建构》，《新闻窗》2011 年第 3 期。

张微、杨晓云：《真人秀节目如何叫好又叫座》，《新闻窗》2008 年第 6 期。

张文锋：《论网络视频广告的营销传播》，《现代视听》2009 年第 12 期。

张晓洁：《"中国好声音"：网络好生意》，《中国数字电视》2012 年第 11 期。

赵玲玲：《消费文化背景下的电视娱乐现象》，《内江师范学院学报》2009 年第 5 期。

四 博士论文类

陈卫亮：《全媒体环境下的媒介融合研究》，复旦大学，博士学位论文，2012 年。

董天策：《消费时代的中国传媒文化研》，四川大学，博士学位论文，2006 年。

杜晓红：《电视文化中的"快感"研究》，苏州大学，博士学位论文，2011 年。

方雪琴：《IPTV 受众消费行为研究》，华中科技大学，博士学位论文，2008 年。

何霄峰：《我国传媒产业资本运营分析》，山东大学，博士学位论文，2005 年。

李静修：《全媒体视野下的受众审美心理研究》，吉林大学，博士学位论文，2013 年。

刘莉：《关于我国当前电视传媒品牌传播策略的分析》，东北师范大学，博士学位论文，2006 年。

刘秀梅：《多元媒介融合背景下电视节目主持传播的机遇与挑战》，浙江大学，博士学位论文，2009 年。

曲玮：《媒介环境下电视核心竞争力》，陕西师范大学，博士学位论文，2011 年。

王春鸣：《新媒介环境下的文化症候——基于童年和儿童问题研究的视角》，华东师范大学，博士学位论文，2013 年。

吴红雨：《当代中国电视受众需求研究》，复旦大学，博士学位论文，2008 年。

王勇：《媒介融合背景下我国广电全媒体发展研究》，武汉大学，博士学位论文，2013 年。

王卓霞：《伯明翰学派的电视观》，中国艺术研究院，博士学位论文，2013 年。

肖叶飞：《媒介融合语境下广播电视经济性规制研究》，华中科技大学，博士学位论文，2012 年。

谢梅：《新闻与消费》，四川大学，博士学位论文，2007 年。

邢虹文：《受众的社会分化与社会认同的重构——基于上海电视媒介的现实路径分析》，上海大学，博士学位论文，2011 年。

徐小立：《1990 年以来中国传媒消费主义文化研究》，武汉大学，博士学位论文，2006 年。

徐沁：《泛媒体时代的生存法则——论媒介融合》，浙江大学，博士学位论文，2008 年。

杨拓：《电子媒介文学研究》，江西师范大学，博士学位论文，2011 年。

易绍华：《数字化背景下中国电视媒体的网络化生存研究》，武汉大学，博士学位论文，2009 年。

曾军辉：《电视媒体与微博融合传播研究——以中央电视台和新浪微博为例》，中国社会科学院，博士学位论文，2013 年。

五 报纸文章类

姜奇平：《从精准到推荐：大数据时代重构网络广告商业模式》，《互联网周刊》2012 年第 20 期。

韩浩月：《跨界这把火应该怎么烧》，《京华时报》2015 年 6 月 16 日第 8 版。

刘峣：《大数据时代新闻业谋变》，《人民日报》（海外版）2015 年 6 月 25 日第 8 版。

赛迪智库软件与信息服务研究所：《美国将发展大数据提升到战略层面》，《中国电子报》2012 年 7 月 17 日第 3 版。

孙忠：《传媒业迎来阿里旋风阿里巴巴 12 亿元参股第一财经》，《上海证券报》2015 年 6 月 5 日第 8 版。

喻国明：《传播学何以成为热门学科？》，《解放日报》2014 年 2 月 13 日第 11 版。

张玉玲：《凤凰传媒：中国出版业最大跨国并购如何"炼"成？》，《光明日报》2014 年 7 月 30 日第 10 版。

周翰林、黄亮：《多数企业微信公众账号成僵尸》，《河北青年报》2014 年 9 月 23 日第 2 版。

六 电子文献类

祁凯琳：《数据显示 2014 年全球互联网用户已超过 30 亿》，2014 年 11 月，中国新闻网（http：//www.chinanews.com/gj/2014/11-26/6814821.shtml）。

杨雪、李天宇：《女司机因变道惹怒男司机 35 秒内 4 次被踢中脸部》，2015 年 5 月，网易官网（http：//j.news.163.com/docs/10/2015050408/AOOTOB889001OB89.html）。

周清树：《庆安枪击案警察曾两次拔枪 子弹穿过死者心脏》，2015 年 5 月，凤凰网（http：//i.ifeng.com/news/sharenews.f？aid=98491728）。

波波编译：《2014 年关于大数据的 12 个预言轨迹》，2013 年 12 月，网界网（http：//www.pinggu.org/tongjixueke/1717.html）。

宁薇：《"电视数据"的社交战争》，2013 年 11 月，IT 经理世界（http：//www.pinggu.org/tongjixueke/1287.html）。

王建军：《不加速行动，广电人将失去与互联网对话的机会》，2015 年 6 月，腾讯网（http：//dy.qq.com/article.htm？id=20150610A005TY00）。

吕焕斌：《湖南电视台台长：启动全媒体战略是走上不归路》，2014 年 12 月，腾讯网（http：//dy.qq.com/article.htm？id=20141220A000Z400）。

段菁菁：《大数据时代，把电视观众"挖"出来》，2013 年 12 月，新华网（http：//news.xinhuanet.com/newmedia/2013-12/22/c_132987126.htm）。

冷哲：《新闻业的 2014 年：正在低俗？正在沦陷？正在重生？》，2014 年 12 月，中国社会科学网（http：//www.cssn.cn/xwcbx/xwcbx_rdjj/201412/t20141224_1455573.shtml）。

谢睿：《腾讯迎战大数据时代：用户端和客户端双向布局》，2012 年 6 月，腾讯网（http：//tech.qq.com/a/20120602/000024.htm）。

喻国明：《传统媒体如何在同互联网"兼容"中寻找机会》，2014 年 7 月，新媒体观察（http：//www.xmtnews.com/p/623）。

栾春晖：《传统媒体转型之困：思维体制不变何以重新崛起》，2014 年 3 月，凤凰网（http：//tech.ifeng.com/internet/detail_2014_03/12/34687538_

0. shtml0）。

陈海玲：《微信抢红包抢瘫系统一夜干了支付宝8年的活?》，2014年1月，新华网（http：//news. xinhuanet. com/yzyd/tech/20140130/c_ 119190131. htrnl）。

赵治国：《2014年度中国传媒备忘录》，2015年9月，淘乐网（http：//www. cnxc114. com/news/34590. html）。

后　记

传播学是一门人文与科学并重的学科，失去了经验实证分析的传播学无疑是纸上谈兵，而失去了人文反思的价值维度，就很难发现传播媒介变革与人的信息自由之间相关的某种张力。库利将传播定义为"人类关系赖以存在和发展的机制——心灵的所有象征符号，以及穿越空间传送它们和在时间中保存它们的手段"[①]。以传播技术演变为切入点，来考察社会结构调整、受众心理变化、媒介形态演变与话语控制之间的相互变更和博弈，是媒介生态学研究的重要指向，也是传播学研究的使命使然。

从当下传播实践的角度看，以互联网为基础的多元智能传播体系是一个传统的传播关系重新被塑造或彻底被颠覆的时代，从过去大量信息单向传播到如今交互式的传播，意味着人们的传播观念和行为方式已经在改变。视听媒体制作主体多元化、媒介特性放大化、传播策略多重化、运作主体资本化、接收主体移动化与智能化，受众发展个性化与主动化、信息匹配精准化、媒介技术与受众日渐一体化等，成为当下视听媒体最明显的传播形态。目前看来，以线性传播研究为主的传播理论框架在未来视听媒体传播过程中将不断升级为以交互传播为主的新理论框架。

整体而言，本书是从视听媒体发展格局与媒介技术发展趋势着眼，以大众传播学中的传播基本环节为重点，以视听媒体发展现状和趋向为根据，在行文中力图对视听媒体的传播主体、传播过程、传播策略、资本运营以及未来受众需求和个体价值呈现等问题做一番探究，同时思考未来视听媒体发展

[①] 胡翼青主编：《西方传播学术史手册》，北京大学出版社2015年版，第53页。

中传播渠道变迁、媒介技术力量增长、智能化信息匹配、虚拟时空中 ID 不朽及"浮尘效应"等，以此回应当下媒介生态学研究中出现的一些问题。

如前所述，当下视听媒体发展格局是传统广播影视与新的视听媒体，如视频网站、手机移动电视、IPTV、微博视听信息、微信互联电视、移动公交电视、楼宇电视、户外视频、腕表视频、短视频平台等集合在一起，相互交融又各显身手，共同创造传媒市场又各不相让，最终朝一体化方向发展。加上未来会有各种各样的屏幕包围人们，一切信息会以视听内容的方式呈现，随着媒介功能的强大，"万能媒介"和多元视听媒介并存发展，人机一体化终将成为现实。当然这一切还在变化当中。虽然说以大数据为基础的多屏世界中视听媒体的发展还属于起步阶段，特别是传统电视在转型升级过程中，只是对现实生活进行多方位影像展现及思考，对用户数据进行简单的分类与反馈，而未来的视听媒体很有可能是眼睛、耳朵、鼻子等的无限延伸，人眼成"千里眼"，随时能看到卫星侦测到东西；人耳成"顺风耳"，能听到万里之外的海啸；鼻子能感受到万里之外的气味。尽管这有些科幻的意味，实际上媒介技术日益革新，三五年变革为另一种形态。在以互联网为基础的开放共享共建等理念倡导下，智能多元传播体系的建立使一切皆有可能。可以说，从目前媒介技术的发展趋势来看，媒介开始与人体相连，以至最终人与人、人与物、物与物的全面连接，乃至虚拟时空中人工智能体的影像呈现等。

创新传播方式，连接是为了共建，使用是为了共享。视听媒体不再是传统电视的代名词，也不是视频网站、IPTV、手机电视、航空电视、公交电视等的专利，视听媒体外延不断扩展，形态多种多样，各种监控摄像头、Google 眼镜、VR 虚拟技术等将不断具有视听媒体的种种特性。当然，视听媒体发展中会逐渐搭建起一个开放平台，自产内容的同时需要有大量的用户来生成内容，而视听摄录设备成本降低及技术门槛消失，使用户生产内容不成问题，但如何生产优质内容，储存、分析、处理和应用平台上产生的用户数据，会成为视听媒体基本的业务模式和发展条件，在此基础上，给受众和用户提供分众化的信息服务将成为媒体竞争的必备技能。

市场利益的驱使和竞争的结果，会让视听媒体越来越向高级状态发展，在这个过程中，只有嫁接市场资本，通过并购、兼并或者重组等形式建立起视听内容产业链，才会使一家视听媒体或几家媒体呈现出愈加强大的状态，才会在媒介技术上加快创新，信息产品上打造品牌内容，从而让未来媒介更具智能。现在不少媒体大佬或者媒体机构正想方设法撬动资本的力量来改变视听媒体内部的结构，进行技术的调整以及发展方向的变更等，以便使媒体更加的人性化、品牌化、智能化、全球化、社交化。只有顺应这样的趋势并在大数据分析之上推行相应的发展策略，才能让所属的视听媒体立于不败之地，或者进行相应的转型升级，以开放共享共建的平台赢得更多的用户。未来的视听传媒格局，定然是多家庞大的拥有众多用户和掌握海量数据流量的平台型视听媒体为主导、许多精品专卖店性质的特色视听媒体为补充、形形色色的依附于各种平台上的自媒体为主体的媒体格局。而视听媒介会越来越趋于轻薄、艺术、智能，甚至会成为人体内部一构件。

尽管媒介融合发展成为近年来学界关注的焦点，但事实上随着媒介技术的发展与媒介形态的更新，不少学界以前提倡的融合过程中的技术手段、运作机制及传播观念等已经显得不合时宜。在视听媒体发展格局中，传统电视、视频网站、短视频平台、微博、微信视听链接、楼宇电视、手机电视、微信互联电视等，都成为视听内容传播的重要渠道。内容即时化、来源多样化、体验丰富化、互动双向化、信息归类化、渠道全面化等已经成为当下视听媒体的基本特征。传统视听媒体与新的视听媒体的比拼，很大程度上是一种优胜劣汰、你死我活的竞争。传统媒体制胜的唯一法宝在于弃旧出新，更换自身的传播基因，以强大的资本和人员力量建立起与新媒体能够抗衡的平台型视听媒体。

媒介技术快速发展不见得是好事，特别是一个社会的人文素养并没有提升到另一个高度时，技术难免会反制人类。当下是一个信息过载的时代，以后信息量会越来越庞大，越来越繁杂，越来越挤占人的生活时间。海量的信息中每一个人承担着诸多角色，包括成为大量信息的运营者和组织者。同时，信息过载导致受众的媒介消费心理、使用习惯等发生了一系列的变化，去中心化、去边界化和去权威性等明显。越来越多的屏幕让大众生活在一个屏的时代。看屏与刷屏将成为人们生活的常态。这样的状态对每一个受众而言，目前而言无疑是有害的、不健康的，心灵难得安详。无论如何，媒介技术应该为人类服务，多屏时代的视听媒体在大数据背景中应该更加便捷、舒适、人性化、智能化，但现实情况是，这一过程带来的信息过载与受众个体价值的消失，也让受众手足无措，处于一种碎裂的悬坠状态，在不断的时空置换中形成如浮尘一般的"浮尘效应"。提早意识到这样一种媒介情景状态，并有效培养受众的媒介素养，以便在信息过载的时代里宠辱不惊，不被冗杂信息所迷失或媒介技术所控制，这是值得每一个研究者努力去思考的课题。因为每一位受众如果是有一定媒介素养的现代公民，才有可能为人类正面临的媒介生态和信息环境做出一分自己的努力。

另外，我得再啰唆几句。这本书里，我力图呈现的视听媒体发展趋向与未来媒介发展可能。在这一场死了无数脑细胞和蜕了层皮般的思想跋涉中，我意识到创新的重要性和思维前瞻的重要性。个人喜欢读书，也喜欢思考，又喜欢天马行空的想象，期冀自己在思想方面有所创新，能享受思维创新带来的乐趣，希冀创作方面有所成绩。在一个又一个近乎通宵达旦的阅读与创作中，这篇论文已经竭尽我目前的知识储备和思考限度。我会像对待我的孩子一样爱护它。在参阅一些文献资料时，我突然发现，因为媒介技术的革新，许多学者曾出版的著作或博士论文几乎成为一种媒介历史资料，而跟当下的技术发展和传播现状毫不沾边，媒介技术变革速度惊人，而人的观念、思维却远远落后，这是一种要命的感觉。人的思想应该走在时代的前列。

学海无涯人生苦短，人生美好的时光总那么匆匆！这本书在博士论文的基础上完成。我得感谢读过的几所大学，西南师大、四川大学和陕西师大，在这几所风景如画、名师辈出的学府里，我度过人生美好的几段华章。实在不知道用什么样的语句来说校园生活有多么美好，但我知道那里的一草一木透露出知识的光辉和生命的芳泽！感谢每一位亲人般的师长，言谈举止将会成为我今后的榜样！我已逝的爷爷冶森林，本科时的邓刚、邓力老师等，硕士的里赞老师等，博士的李震老师等，还有更多的亲人，确实，没有你们，就不会有这本书的诞生，而一句感谢，更不能表达你们对我的关爱。感谢生命中有缘的同门，你们可亲又可爱，谈吐有致、卓有成见，让我暗地里赞叹！最最感谢的，还是我的父母赋予我生命、哺育我成长，千言万语都无法穷尽这一份感激与未能伺候身侧的愧疚。同时，我的妻子马慧茹女士，咱俩相识

后　　记

相知相携，这是多么大的机缘。读博期间，我们共同经受了人生中亲人离去的极端考验，也饱尝了女儿嘉莹来到人世的喜悦。我们共同走过那么多年，还将携手到老。从你身上，我看到了那么多美好的品质，那么多开心的笑容和真情流露的眼泪，这是命运给我最大的馈赠。因为有你，其他那些不完美的不得不去处理的事情，可以坦然而有力地去面对。

这本书的完成，是一个句号，也是一个逗号。另外，这本书的出版得益于北方民族大学"高层次人才引进项目"的资助，非常感谢学校的支持。这只是我一个时间节点上的见证，而未来还有更多值得我去探索的课题。我一定会继续未竟的求索之路！